इस्लाम के सिद्धांत और उस के मूल आधार

लेखक
डा. मुहम्मद बिन अब्दुल्लाह बिन सालेह अस-सुहैम

अनुवादक
अताउर्रहमान ज़ियाउल्लाह

الإسلام أصوله ومبادؤه

المؤلف
محمد عبدالله السحيم

ترجمة
عطاء الرحمن ضياء الله

مراجعة
ذاكر حسين وراثة الله

Hindi
الهندية
हिंदी

This book has been conceived, prepared and designed by the Osoul Centre. All photos used in the book belong to the Osoul Centre. The Centre hereby permits all Sunni Muslims to reprint and publish the book in any method and format on condition that 1) acknowledgement of the Osoul Centre is clearly stated on all editions; and 2) no alteration or amendment of the text is introduced without reference to the Osoul Centre. In the case of reprinting this book, the Centre strongly recommends maintaining high quality.

 +966 11 445 4900

 +966 11 497 0126

 P.O.BOX 29465 Riyadh 11457

 osoul@rabwah.sa

 www.osoulcenter.com

शुरू करता हूँ अल्लाह के नाम से जो बड़ा मेहरबान (कृपालु)
निहायत रहम करने वाला (दयालु) है

विषय सूची

प्राक्कथन	9
मार्ग कहाँ है?	15
अल्लाह सर्वशक्तिमान का अस्तित्व, उसका एकमात्र पालनहार होना, उसकी एकता और उसका एकमात्र पूजा योग्य होना	16
ब्रह्माण्ड की रचना	33
ब्रह्माण्ड की रचना की तत्वदर्शिता	39
मनुष्य की रचना और उसका सम्मान	45
महिला का स्थान	51
मनुष्य की पैदाइश की हिक्मत	57
मनुष्य को धर्म की आवश्यकता	61
सच्चे धर्म का मापदंड (कसौटी)	67
धर्मों का प्रकार	75
वर्तमान धर्मों की स्थिति	79
नबूवत (ईशदूतत्व) की वास्तविकता	87
नबूवत की निशानियाँ	93
मानव जाति को संदेष्टाओं की ज़रूरत	97
आख़िरत	103
रसूलों की दावत के नियम एवं सिद्धांत	111
अनंत संदेश (रिसालत)	115
ख़त्मे नबूवत	127
इस्लाम की परिभाषा	130
इस्लाम के सिद्धांत और उसके स्रोत	139
पहली श्रेणी : इस्लाम	151
इस्लाम में इबादत का बयान	156
दूसरी श्रेणी : ईमान	159
तीसरी श्रेणी : एहसान	181

इस्लाम की खूबियां एवं अच्छाईयां	185
१- इस्लाम अल्लाह का दीन है	186
२- व्यापकता	187
३- इस्लाम ख़ालिक़ (अल्लाह) और मख़लूक़ (बंदों) के बीच संबंध	187
४- इस्लाम दुनिया और आख़िरत दोनों के लाभ	188
५- सरलता (साधारण)	189
६- न्याय (इंसाफ़)	191
७- भलाई का आदेश देना और बुराई से मना करना	191
तौबा (प्रायश्चित)	195
इस्लाम का पालन न करने वाले का परिणाम	201
१- भय और असुरक्षा	202
२- कठिन जीवन	202
३- वह अपने साथ और अपने आसपास के ब्रह्माण्ड के साथ संघर्ष	203
४- वह अज्ञानता का जीवन गुज़ारता है	205
५- वह अपने ऊपर और अपने आसपास के लोगों पर ज़ुल्म	205
६- दुनिया में अपने आप को अल्लाह की घृणा और क्रोध	206
७- उसके लिए विफलता और घाटा लिख दिया जाता है	207
८- अल्लाह के साथ कुफ़्र और उसकी नेमतों की नाशुक्री	208
९- वह वास्तविक जीवन से वंचित कर दिया जाता है	208
१०- वह सदैव अज़ाब (यातना) में रहेगा	210
समापन	213

प्राक्कथन

إِنَّ الْحَمْدَ لِلَّهِ نَحْمَدُهُ وَنَسْتَعِينُهُ وَنَسْتَغْفِرُهُ وَنَعُوذُ بِاللَّهِ مِنْ شُرُورِ أَنْفُسِنَا وَمِنْ سَيِّئَاتِ أَعْمَالِنَا، مَنْ يَهْدِهِ اللَّهُ فَلَا مُضِلَّ لَهُ وَمَنْ يُضْلِلْ فَلَا هَادِيَ لَهُ، وَأَشْهَدُ أَنْ لَا إِلَهَ إِلَّا اللَّهُ وَحْدَهُ لَا شَرِيكَ لَهُ، وَأَشْهَدُ أَنَّ مُحَمَّدًا عَبْدُهُ وَرَسُولُهُ، صَلَّى اللَّهُ عَلَيْهِ وَسَلَّمَ تَسْلِيمًا كَثِيرًا. أَمَّا بَعْدُ:

सभी प्रशंसायें अल्लाह के लिए हैं, हम उसकी प्रशंसा और गुणगान करते हैं, उसी से सहायता मांगते हैं और उसी से क्षमा-याचना करते हैं। तथा हम अपनी आत्मा की बुराईयों और अपने दुष्कर्मों से अल्लाह की शरण में आते हैं। अल्लाह जिसे मार्गदर्शन प्रदान कर दे उसे कोई पथभ्रष्ट नहीं कर सकता और जिसे वह पथभ्रष्ट कर दे उसे कोई मार्ग दर्शाने वाला नहीं। मैं गवाही देता हूँ कि अल्लाह के सिवा कोई सत्य पूज्य नहीं, वह अकेला है उसका कोई साझी नहीं। तथा मैं गवाही देता हूँ कि मुहम्मद उसके बंदे और रसूल हैं, अल्लाह उन पर बहुत अधिक दया और शांति अवतरित करे।

अल्लाह की प्रशंसा और पैग़म्बर  पर दरूद के बाद:

अल्लाह सर्वशक्तिमान ने अपने संदेशवाहकों को संसार की ओर भेजा; ताकि संदेशवाहकों के आने के बाद अल्लाह के ख़िलाफ़ लोगों के लिए कोई तर्क और प्रमाण न रह जाए, और उसने मार्गदर्शन, दया, प्रकाश और उपचार के लिए पुस्तकें उतारीं। अतीत में संदेष्टा विशेष रूप से अपनी जाति के लोगों की ओर भेजे जाते थे और उनकी किताब का संरक्षण उन्हीं लोगों को सौंपा जाता था; इसी कारण उनकी पुस्तकें मिट गईं, और उनकी शरीअतों (धर्मशास्त्र) में हेर-फेर, परिवर्तन व बदलाव कर दिया गया; क्योंकि वे एक सीमित अवधि में एक विशिष्ट समुदाय के लिए अवतरित हुई थीं।

फिर अल्लाह तआला ने अपने दूत मुहम्मद  को चुनकर उन्हें सभी ईशदूतों और संदेशवाहकों की अंतिम कड़ी बना दिया। अल्लाह तआला ने फ़रमाया:

﴿ مَّا كَانَ مُحَمَّدٌ أَبَآ أَحَدٍ مِّن رِّجَالِكُمْ وَلَٰكِن رَّسُولَ ٱللَّهِ وَخَاتَمَ ٱلنَّبِيِّۧنَ ﴾

"(लोगो!) मुहम्मद ﷺ तुम्हारे आदमियों में से किसी के बाप नहीं, लेकिन आप अल्लाह के पैग़म्बर और सारे नबियों (ईशदूतों) की अंतिम कड़ी हैं।" (सूरतुल अहज़ाबः ४०)

तथा आप को सब से अच्छी किताब से सम्मानित किया और वह महान कुरआन है, और अल्लाह सर्वशक्तिमान ने उसके संरक्षण का दायित्व स्वयं लिया है, उसके संरक्षण को लोगों के हवाले नहीं किया है। इस लिए फ़रमायाः

﴿ إِنَّا نَحْنُ نَزَّلْنَا الذِّكْرَ وَإِنَّا لَهُ لَحَافِظُونَ ﴾

"बेशक हम ने ही कुरआन को उतारा है और हम ही उसकी हिफ़ाज़त करने वाले हैं।" (सूरतुल हिज्रः ९)

और आप की शरीअत (धर्मशास्त्र) को क़यामत आने तक बाक़ी रखा, और अल्लाह सर्वशक्तिमान ने स्पष्ट कर दिया कि आप की शरीअत के बाक़ी रहने के लिए आवश्यक तत्वों में से उस पर ईमान लाना, उसकी ओर दूसरों को आमंत्रित करना और उस पर धैर्य से काम लेना है। अतः मुहम्मद ﷺ का तरीक़ा और आप के बाद आप के अनुयायीयों का तरीक़ा ज्ञान और समझ-बूझ के साथ अल्लाह की ओर लोगों को बुलाना और आमंत्रित करना रहा है। अल्लाह तआला ने इस तरीक़े को स्पष्ट करते हुए फ़रमायाः

﴿ قُلْ هَٰذِهِ سَبِيلِي أَدْعُو إِلَى اللَّهِ عَلَىٰ بَصِيرَةٍ أَنَا وَمَنِ اتَّبَعَنِي وَسُبْحَانَ اللَّهِ وَمَا أَنَا مِنَ الْمُشْرِكِينَ ﴾

"आप कह दीजिए मेरा मार्ग यही है, मैं और मेरे मानने वाले पूरे विश्वास और भरोसे के साथ अल्लाह की ओर बुला रहे हैं, तथा अल्लाह पाक है और मैं मुश्रिकों में से नहीं हूँ।" (सूरतु यूसुफः १०८)

और आप ﷺ को अल्लाह के मार्ग में पहुँचने वाले कष्ट पर धैर्य करने का आदेश दिया गया है। चुनाँचे अल्लाह का फ़रमान हैः

﴿ فَاصْبِرْ كَمَا صَبَرَ أُولُو الْعَزْمِ مِنَ الرُّسُلِ ﴾

"आप उसी तरह सब्र करें जिस तरह कि दृढ़ संकल्प वाले संदेशवाहकों ने सब्र किया।" (सूरतुल अहक़ाफः ३५)

और अल्लाह तआला ने फ़रमायाः

﴿ يَٰٓأَيُّهَا ٱلَّذِينَ ءَامَنُوا۟ ٱصْبِرُوا۟ وَصَابِرُوا۟ وَرَابِطُوا۟ وَٱتَّقُوا۟ ٱللَّهَ لَعَلَّكُمْ تُفْلِحُونَ ﴾

"ऐ ईमान वालो! धैर्य करो, सहनशीलता से काम लो, जमे रहो और अल्लाह से डरते रहो, ताकि तुम्हें सफलता प्राप्त हो।" (सूरतु आले इमरानः २००)

इस ईश्वरीय तरीक़े का पालन करते हुए, मैं ने पैगंबर ﷺ की सुन्नत से मार्गदर्शन प्राप्त करते हुए और अल्लाह की किताब से ज्ञान हासिल करते हुए अल्लाह के रास्ते की तरफ लोगों को आमंत्रित करने के लिए यह पुस्तक लिखी है, जिस में संक्षेप के साथ मैं ने ब्रह्माण्ड की रचना, मनुष्य की रचना और उसका सम्मान, उसकी तरफ संदेष्टाओं के भेजे जाने और पिछले धर्मों की स्थितियों को स्पष्ट किया है। फिर मैं ने इस्लाम का अर्थ और उसके स्तंभों का परिचय प्रस्तुत किया है। अतः जो व्यक्ति मार्गदर्शन चाहता है तो ये उस के प्रमाण उस के सामने हैं, और जो व्यक्ति निजात प्राप्त करना चाहता है तो मैं ने उसके मार्ग को उसके लिए स्पष्ट कर दिया है। जो व्यक्ति ईशदूतों, संदेष्टाओं और सुधारकों का पग पालन करना चाहता है तो ये उनका रास्ता है। जो व्यक्ति उस से उपेक्षा और विमुखता प्रकट करता है, तो उसने अपने आप को बेवक़ूफ़ बनाया और गुमराही के रास्ते पर चला।

यह तथ्य है कि प्रत्येक धर्म के अनुयायी, लोगों को अपने धर्म की ओर बुलाते और आमंत्रित करते हैं, और यह मान्यता रखते हैं कि सच्चाई केवल उसी के अंदर है उसके अलावा में नहीं है। तथा प्रत्येक आस्था के अनुयायी, लोगों को अपने अक़ीदा व सिद्धांत के प्रस्तुतकर्ता का पालन करने और अपने मार्ग के नेता का सम्मान करने का अहवान करते हैं।

परंतु मुसलमान अपने रास्ते या विचारधारा का पालन करने का आमंत्रण नहीं देता है; क्योंकि उसका कोई विशिष्ट रास्ता या विचारधारा नहीं है, बल्कि वास्तव में उसका धर्म अल्लाह का वह धर्म है जिसे उस ने अपने लिए पसंद कर लिया है। अल्लाह तआला का फ़रमान हैः

﴿ إِنَّ ٱلدِّينَ عِندَ ٱللَّهِ ٱلْإِسْلَٰمُ ﴾

"निःसन्देह अल्लाह के निकट धर्म इस्लाम ही है।" (सूरतु आले इमरानः १९)

तथा वह किसी मनुष्य के सम्मान के लिए आमंत्रित नहीं करता है, क्योंकि अल्लाह के धर्म में सभी मनुष्य समान और बराबर हैं, उनके बीच मात्र तक़्वा की वजह से अंतर है। बल्कि वह लोगों को इस बात के लिए आमंत्रित करता है कि वे अपने पालनहार के रास्ते पर चलें, उसके पैगंबरों पर ईमान लाएं, और उसकी उस शरीअत का पालन करें जिसे उसने अपने अंतिम पैग़म्बर मुहम्मद ﷺ पर अवतरित किया है और आप को सभी लोगों में उसका प्रचार करने का आदेश दिया है।

अतः मैं ने इस पुस्तक को अल्लाह के उस धर्म की ओर आमंत्रण देने के लिए लिखा है जिसे उस ने अपने लिए पसंद कर लिया है, और जिसके साथ अपने अंतिम संदेष्टा को अवतरित किया है, तथा उस व्यक्ति के लिए मार्गदर्शन है जो मार्गदर्शन का इच्छुक है और उस व्यक्ति के लिए पथ-प्रदर्शक है जो सौभाग्य का अभिलाषी है। अल्लाह की क़सम कोई भी व्यक्ति इस धर्म के अलावा कहीं भी असली खुशी नहीं पा सकता, तथा किसी भी व्यक्ति को चैन व शांति नहीं मिल सकती सिवाय इस के कि वह अल्लाह को अपना पालनहार मानते हुए, मुहम्मद ﷺ को अपना रसूल मानते हुए और इस्लाम को अपना धर्म मानते हुए विश्वास रखे। चुनाँचे -प्राचीन और वर्तमान काल में- इस्लाम स्वीकार करने वाले हज़ारों लोगों ने इस बात की गवाही दी है कि उन्हें वास्तविक जीवन की पहचान इस्लाम स्वीकारने के बाद हुई, और उन्हों ने खुशी व सौभाग्य का स्वाद इस्लाम की छाया में चखा... चूँकि हर मनुष्य सौभाग्य का अभिलाषी है, वह चैन व शांति के खोज में रहता है और सच्चाई को ढूंढता है, इस लिए मैं ने इस पुस्तक का संकलन किया है। मैं अल्लाह से प्रार्थना करता हूँ कि वह इस कार्य को विशुद्ध रूप से अपने लिए, उसके रास्ते की तरफ बुलाने वाला बनाए, तथा उसे स्वीकृति प्रदान करे और उसे सत्कर्म में से बना दे जो उसके करने वाले को लोक व परलोक में लाभ देता है।

तथा मैं ने इस पुस्तक को किसी भी भाषा में प्रकाशित करने या किसी भी भाषा में इसका अनुवाद करने की अनुमति दे दी है इस शर्त के साथ कि वह जिस भाषा में इसका अनुवाद करने वाला है इसके अनुवाद में ईमानदारी का प्रतिबद्ध रहे।

और मैं हर उस व्यक्ति से जो अरबी भाषा में मूल पुस्तक या इसके किसी अनुवादित संस्करण के बारे में कोई आलोचना या शुद्धि रखता है, अनुरोध करता हूँ कि कृपया नीचे लिखे पते पर मुझे सूचित करे।

सभी प्रशंसायें शुरू और अंत में, प्रत्यक्ष और अप्रत्यक्ष में अल्लाह के लिए हैं, सभी प्रशंसायें सार्वजनिक और गुप्त रूप से उसी के लिए हैं, तथा लोक व परलोक में सभी प्रशंसायें उसी के लायक़ हैं, तथा आसमान भर, ज़मीन भर, और हमारा पालनहार जो भी चाहे उसके भर प्रशंसायें और गुणगान उसी के लिए हैं। अल्लाह तआला हमारे ईशदूत मुहम्मद, उनके साथियों और प्रलय के दिन तक उनके मार्ग पर चलने वाले सभी लोगों पर अधिक दया व शांति अवतरित करे।

लेखक:

डा. मुहम्मद बिन अब्दुल्लाह बिन सालेह अस-सुहैम

रियाद, १३/१०/१४२० हिज्री

पोस्ट बाक्सः १०३३, रियाद १३४२

एवं पोस्ट बाक्सः ६२४६ रियाद ११४४२

मार्ग कहाँ है?

जब मनुष्य बड़ा हो जाता है और समझदार बन जाता है, उसके मन में बहुत से प्रश्न उभरने लगते हैं। जैसे: मैं कहाँ से आया और क्यों आया? और परिणाम क्या होगा और किसने मुझे पैदा किया? और मेरे चारों ओर इस ब्रह्माण्ड की रचना किसने की है? और इस ब्रह्माण्ड का मालिक कौन है और इसे कौन नियंत्रित करता है? और इसी प्रकार के अन्य प्रश्न।

मनुष्य स्वतः इन प्रश्नों के उत्तर देने में असमर्थ है, तथा आधुनिक विज्ञान भी इनका उत्तर देने में सक्षम नहीं है। क्योंकि ये मुद्दे धर्म की परिधि के अंतर्गत आते हैं। इसी लिए इन मुद्दों के संबंध में अनेक कथन और विभिन्न मिथ्याएं, अंधविश्वास और कहानियाँ पायी जाती हैं जो मनुष्य की व्याकुलता और चिंता को और बढ़ा देती हैं, तथा मनुष्य के लिए इन प्रश्नों का पर्याप्त और संतोषजनक उत्तर प्राप्त करना संभव नहीं है सिवाय इस के कि अल्लाह तआला उसे सत्य धर्म का मार्गदर्शन प्रदान कर दे, जो इन और इन जैसे अन्य मुद्दों के बारे में निर्णायक वक्तव्य प्रस्तुत करता है। क्योंकि ये मुद्दे परोक्ष (अनदेखी चीज़ों) में से हैं, और केवल सच्चा धर्म ही सत्य और ठीक बात कह सकता है। इस लिए कि केवल सच्चा धर्म ही है जिसकी वह्य (प्रकाशना) अल्लाह ने अपने ईशदूतों और सन्देष्टाओं की ओर की है। अतः मनुष्य के लिए आवश्यक है कि वह सत्य धर्म की ओर आए, उसका ज्ञान हासिल करे और उस पर ईमान लाए। ताकि उसकी बेचैनी समाप्त हो, उसके संदेहों का निवारण हो और उसे सीधा मार्ग प्राप्त हो।

अगले पन्नों में मैं आप को अल्लाह के सीधे मार्ग का अनुसरण करने के लिए आमंत्रित करूंगा, और आप की नज़र के सामने उसके कुछ प्रमाण, तर्क और सबूत प्रस्तुत करूंगा, ताकि आप निष्पक्षता, ध्यान और धैर्य के साथ इन में विचार करें।[1]

---

१ अधिक जानकारी के लिए देखें: किताब (अल-अक़ीदतुस्सहीहा व मा युज़ाद्दोहा) लेखक: शैख़ अब्दुल अज़ीज़ बिन बाज़ रहिमहुल्लाह और (अकीदतो अहलिस्सुन्नह वल-जमाअह) लेखक: शैख़ मुहम्मद बिन सालेह अल-उसैमीन।

अल्लाह सर्वशक्तिमान का अस्तित्व, उसका एकमात्र पालनहार होना, उसकी एकता और उसका एकमात्र पूजा योग्य होना

काफिर लोग निर्मित और रचित देवताओं, जैसेः पेड़, पत्थर और मानव की पूजा करते हैं। इसी लिए जब यहूदियों और मुशरिकों (बहुदेववादियों) ने अल्लाह के पैगंबर ﷺ से अल्लाह के गुण विशेषण के बारे में प्रश्न किया और यह कि वह किस चीज़ से है? तो अल्लाह ने यह (उत्तर) अवतरित कियाः

﴿قُلْ هُوَ ٱللَّهُ أَحَدٌ ﴿١﴾ ٱللَّهُ ٱلصَّمَدُ ﴿٢﴾ لَمْ يَلِدْ وَلَمْ يُولَدْ ﴿٣﴾ وَلَمْ يَكُن لَّهُۥ كُفُوًا أَحَدٌۢ﴾

“कह दीजिए वह अल्लाह एक है। अल्लाह बेनियाज़ है। न उस ने (किसी को) जना, और न (किसी ने) उसको जना। और न कोई उसका समकक्ष (हमसर) है।” (सूरतुल इख़्लास)

और उस ने अपने बन्दों से अपना परिचय कराते हुए फ़रमायाः

﴿إِنَّ رَبَّكُمُ ٱللَّهُ ٱلَّذِى خَلَقَ ٱلسَّمَٰوَٰتِ وَٱلْأَرْضَ فِى سِتَّةِ أَيَّامٍ ثُمَّ ٱسْتَوَىٰ عَلَى ٱلْعَرْشِ يُغْشِى ٱلَّيْلَ ٱلنَّهَارَ يَطْلُبُهُۥ حَثِيثًا وَٱلشَّمْسَ وَٱلْقَمَرَ وَٱلنُّجُومَ مُسَخَّرَٰتٍۭ بِأَمْرِهِۦٓ ۗ أَلَا لَهُ ٱلْخَلْقُ وَٱلْأَمْرُ ۗ تَبَارَكَ ٱللَّهُ رَبُّ ٱلْعَٰلَمِينَ﴾

“बेशक तुम्हारा रब वह अल्लाह है, जिस ने आसमानों और ज़मीन को छः दिन में बनाया, फिर वह अर्श पर मुस्तवी हो गया। वह ढांपता है रात से दिन को कि वह (रात) उस (दिन) को तेज़ चाल से आ लेती है, और (पैदा किए) सूर्य, चांद और सितारे इस हाल में कि वे उसके हुक्म के अधीन हैं। सुनो! उसी के लिए है पैदा करना और हुक्म देना। सर्व संसार का पालनहार अल्लाह बहुत बरकत वाला है।” (सूरतुल आराफ़ः ५४)

और अल्लाह सर्वशक्तिमान ने फ़रमायाः

﴿ٱللَّهُ ٱلَّذِى رَفَعَ ٱلسَّمَٰوَٰتِ بِغَيْرِ عَمَدٍ تَرَوْنَهَا ۖ ثُمَّ ٱسْتَوَىٰ عَلَى ٱلْعَرْشِ ۖ وَسَخَّرَ ٱلشَّمْسَ وَٱلْقَمَرَ ۖ كُلٌّ يَجْرِى لِأَجَلٍ مُّسَمًّى ۚ يُدَبِّرُ ٱلْأَمْرَ يُفَصِّلُ ٱلْءَايَٰتِ لَعَلَّكُم بِلِقَآءِ رَبِّكُمْ تُوقِنُونَ ﴿٢﴾ وَهُوَ ٱلَّذِى مَدَّ ٱلْأَرْضَ وَجَعَلَ فِيهَا رَوَٰسِىَ وَأَنْهَٰرًا ۖ وَمِن كُلِّ ٱلثَّمَرَٰتِ جَعَلَ فِيهَا زَوْجَيْنِ ٱثْنَيْنِ ۖ يُغْشِى ٱلَّيْلَ ٱلنَّهَارَ﴾

“अल्लाह वह है जिस ने आसमानों को बिना खंभे के ऊँचा कर रखा है कि तुम उसे देख रहे हो, फिर अर्श पर मुस्तवी हो गया, और उसी ने सूर्य व चाँद को

इस्लाम के सिद्धांत और उस के मूल आधार

अधीन कर रखा है, हर एक नियमित अवधि तक चल रहा है। वही काम की तदबीर करता है, व विस्तार के साथ निशानियाँ बयान करता है, ताकि तुम अपने रब से मिलने का यक़ीन कर लो। और वही है जिस ने ज़मीन को फैलाकर बिछा दिया, और उस में पहाड़ और नदियाँ बनाईं और उस में हर प्रकार के फलों के जोड़े दोहरे-दोहरे पैदा किए, वह रात से दिन को छिपाता है।'' (सूरतु रअदः २,३)

यहाँ तक कि आगे फ़रमायाः

﴿ ٱللَّهُ يَعۡلَمُ مَا تَحۡمِلُ كُلُّ أُنثَىٰ وَمَا تَغِيضُ ٱلۡأَرۡحَامُ وَمَا تَزۡدَادُۖ وَكُلُّ شَيۡءٍ عِندَهُۥ بِمِقۡدَارٍ ۝٨ عَٰلِمُ ٱلۡغَيۡبِ وَٱلشَّهَٰدَةِ ٱلۡكَبِيرُ ٱلۡمُتَعَالِ ﴾

''हर मादा अपने पेट में जो कुछ रखती है, अल्लाह उसको अच्छी तरह जानता है, और पेट का घटना-बढ़ना भी, और हर चीज़ उसके पास एक अंदाज़े से है। छिपी और खुली बातों का वह इल्म रखने वाला है, सब से बड़ा सब से उँचा और सब से अच्छा है।'' (सूरतु रअदः ८,६)

और अल्लाह तआला ने फ़रमायाः

﴿ قُلۡ مَن رَّبُّ ٱلسَّمَٰوَٰتِ وَٱلۡأَرۡضِ قُلِ ٱللَّهُۚ قُلۡ أَفَٱتَّخَذۡتُم مِّن دُونِهِۦٓ أَوۡلِيَآءَ لَا يَمۡلِكُونَ لِأَنفُسِهِمۡ نَفۡعٗا وَلَا ضَرّٗاۚ قُلۡ هَلۡ يَسۡتَوِي ٱلۡأَعۡمَىٰ وَٱلۡبَصِيرُ أَمۡ هَلۡ تَسۡتَوِي ٱلظُّلُمَٰتُ وَٱلنُّورُۗ أَمۡ جَعَلُواْ لِلَّهِ شُرَكَآءَ خَلَقُواْ كَخَلۡقِهِۦ فَتَشَٰبَهَ ٱلۡخَلۡقُ عَلَيۡهِمۡۚ قُلِ ٱللَّهُ خَٰلِقُ كُلِّ شَيۡءٖ وَهُوَ ٱلۡوَٰحِدُ ٱلۡقَهَّٰرُ ﴾

''आप पूछिये कि आकाशों और धरती का रब कौन है? कह दीजिए अल्लाह। कह दीजिए क्यों तुम फिर भी इस के सिवाय दूसरों को मददगार बना रहे हो जो ख़ुद अपनी जान के भी भले-बुरे का हक़ नहीं रखते, कह दीजिए क्या अंधा और आंखों वाला बराबर हो सकता है? या क्या अंधेरा और उजाला बराबर हो सकता है? क्या जिन्हें ये अल्लाह का साझीदार बना रहे हैं उन्हों ने भी अल्लाह की तरह पैदा की है कि उनके देखने में पैदाइश संदिग्ध (मुतशाबिह) हो गई? कह दीजिये कि केवल अल्लाह ही सभी चीज़ों का पैदा करने वाला है, वह अकेला है और ज़बरदस्त ग़ालिब है।'' (सूरतु रअदः १६)

अल्लाह सर्वशक्तिमान ने अपनी आयतों को उन के लिए गवाह और सबूत स्थापित किए हैं। चुनांचे फ़रमायाः

﴿ وَمِنْ ءَايَٰتِهِ ٱلَّيْلُ وَٱلنَّهَارُ وَٱلشَّمْسُ وَٱلْقَمَرُ ۚ لَا تَسْجُدُوا۟ لِلشَّمْسِ وَلَا لِلْقَمَرِ وَٱسْجُدُوا۟ لِلَّهِ ٱلَّذِى خَلَقَهُنَّ إِن كُنتُمْ إِيَّاهُ تَعْبُدُونَ ﴿٣٧﴾ وَمِنْ ءَايَٰتِهِۦٓ أَنَّكَ تَرَى ٱلْأَرْضَ خَٰشِعَةً فَإِذَآ أَنزَلْنَا عَلَيْهَا ٱلْمَآءَ ٱهْتَزَّتْ وَرَبَتْ ۚ إِنَّ ٱلَّذِىٓ أَحْيَاهَا لَمُحْىِ ٱلْمَوْتَىٰٓ ۚ إِنَّهُۥ عَلَىٰ كُلِّ شَىْءٍ قَدِيرٌ ﴾

"और रात व दिन, सूरज और चाँद उसकी निशानियों में से हैं, तुम सूरज को सज्दा न करो और न ही चांद को, बल्कि तुम केवल उस अल्लाह के लिए सज्दा करो जिस ने इन सब को पैदा किया है, अगर तुम को उसी की इबादत करनी है। और उस की निशानियों में से यह भी है कि आप ज़मीन को दबी हुई देखते हैं, फिर जब हम उस पर पानी बरसाते हैं तो वह ताज़ा होकर उभरने लगती है, बेशक जिस ने इस को ज़िंदा किया है वही मुर्दों को ज़िंदा करने वाला है। निःसंदेह वह हर चीज़ पर क़ादिर (सक्षम) है।" (सूरतु फ़ुस्सिलतः ३७,३६)

और अल्लाह तआला ने फ़रमायाः

﴿ وَمِنْ ءَايَٰتِهِۦ خَلْقُ ٱلسَّمَٰوَٰتِ وَٱلْأَرْضِ وَٱخْتِلَٰفُ أَلْسِنَتِكُمْ وَأَلْوَٰنِكُمْ ۚ إِنَّ فِى ذَٰلِكَ لَءَايَٰتٍ لِّلْعَٰلِمِينَ ﴿٢٢﴾ وَمِنْ ءَايَٰتِهِۦ مَنَامُكُم بِٱلَّيْلِ وَٱلنَّهَارِ وَٱبْتِغَآؤُكُم مِّن فَضْلِهِۦٓ ۚ إِنَّ فِى ذَٰلِكَ لَءَايَٰتٍ لِّقَوْمٍ يَسْمَعُونَ ﴾

"और उस की निशानियों में से आसमानों और ज़मीन को पैदा करना और तुम्हारी भाषाओं और रंगों का अलग-अलग होना भी है, निःसंदेह इस में जानने वालों के लिए निशानियाँ हैं। और उसकी निशानियों में से रात और दिन को तुम्हारा सोना, और तुम्हारा उसके फ़ज़्ल (रोज़ी) को तलाश करना भी है, निःसंदेह इस में कान लगा कर सुनने वालों के लिए बहुत सी निशानियाँ हैं।" (सूरतुर्रूमः २२,२३)

और उस ने सौन्दर्य और पूर्णता की विशेषताओं के साथ अपना वर्णन करते हुए फ़रमायाः

﴿ ٱللَّهُ لَآ إِلَٰهَ إِلَّا هُوَ ٱلْحَىُّ ٱلْقَيُّومُ ۚ لَا تَأْخُذُهُۥ سِنَةٌ وَلَا نَوْمٌ ۚ لَّهُۥ مَا فِى ٱلسَّمَٰوَٰتِ وَمَا فِى ٱلْأَرْضِ ۗ مَن ذَا ٱلَّذِى يَشْفَعُ عِندَهُۥٓ إِلَّا بِإِذْنِهِۦ ۚ يَعْلَمُ مَا بَيْنَ أَيْدِيهِمْ وَمَا خَلْفَهُمْ ۖ وَلَا يُحِيطُونَ بِشَىْءٍ مِّنْ عِلْمِهِۦٓ إِلَّا بِمَا شَآءَ ۚ وَسِعَ كُرْسِيُّهُ ٱلسَّمَٰوَٰتِ وَٱلْأَرْضَ ۖ وَلَا يَـُٔودُهُۥ حِفْظُهُمَا ۚ وَهُوَ ٱلْعَلِىُّ ٱلْعَظِيمُ ﴾

"अल्लाह तआला ही सच्चा पूज्य है, जिसके सिवा कोई पूजा के योग्य नहीं, वह ज़िन्दा और सब को थामने वाला है, न उसे झपकी आती है और न ही नींद,

आसमानों और ज़मीन की समस्त चीज़ें उसी के लिए हैं। कौन है जो उसकी आज्ञा के बिना उस के सामने सिफ़ारिश कर सके। वह जानता है जो उन के सामने है और जो उनके पीछे है, और वह उसके ज्ञान में से किसी चीज़ का घेरा नहीं कर सकते, मगर जितना वह चाहे। उसकी कुर्सी की वुसअ़त (प्रशस्तता) ने ज़मीन व आसमान को घेर रखा है, वह (अल्लाह) उनकी हिफ़ाज़त से न थकता और न उकताता है, वह तो बहुत बुलंद और बहुत बड़ा है।'' (सूरतुल बक़राः २५५)

और एक दूसरे स्थान पर फ़रमायाः

﴿غَافِرِ ٱلذَّنۢبِ وَقَابِلِ ٱلتَّوۡبِ شَدِيدِ ٱلۡعِقَابِ ذِى ٱلطَّوۡلِۖ لَآ إِلَٰهَ إِلَّا هُوَۖ إِلَيۡهِ ٱلۡمَصِيرُ﴾

''वह पाप को माफ़ करने वाला और तौबा क़बूल करने वाला, कड़ी सज़ा देने वाला और इनाम देने वाला है, उस के सिवा कोई सच्चा पूज्य नहीं, और उसी की तरफ वापस जाना है।'' (सूरतु ग़ाफ़िरः ३)

और फ़रमायाः

﴿هُوَ ٱللَّهُ ٱلَّذِى لَآ إِلَٰهَ إِلَّا هُوَ ٱلۡمَلِكُ ٱلۡقُدُّوسُ ٱلسَّلَٰمُ ٱلۡمُؤۡمِنُ ٱلۡمُهَيۡمِنُ ٱلۡعَزِيزُ ٱلۡجَبَّارُ ٱلۡمُتَكَبِّرُۚ سُبۡحَٰنَ ٱللَّهِ عَمَّا يُشۡرِكُونَ﴾

''वही अल्लाह है जिस के सिवा कोई सच्चा पूज्य नहीं, वह बादशाह, बहुत पाक, सभी दोषों से साफ, सुरक्षा व शांति प्रदान करने वाला, रक्षक, ग़ालिब, ताक़तवर और बड़ाई वाला है। अल्लाह पाक है उन चीज़ों से जिनको ये उसका साझी बनाते हैं।'' (सूरतुल हश्रः २३)

यह सर्वशक्तिमान, तत्वदर्शी, सच्चा पूज्य, पालनहार जिस ने अपने बन्दों से अपना परिचय कराया है, और अपनी आयतों को उनके लिए साक्ष्य, और सबूत स्थापित किए हैं, और अपना वर्णन पूर्णता के गुण विशेषण के साथ किया है, - उसके अस्तित्व, उसकी रुबूबियत, और उसकी उलूहियत पर ईशदूतों के धर्मशास्त्र, बौद्धिक अनिवार्यता, और प्रकृति तर्क स्थापित करती है, तथा इस पर सभी समुदायों की सर्वसहमति है। इस बारे में कुछ बातें मैं अगले पन्नों में उल्लेख करूंगा। रही बात उसके अस्तित्व और रुबूबियत के प्रमाणों की तो वे निम्नलिखित हैं:

① इस ब्रह्माण्ड की रचना और इसके अंदर विद्यमान अद्‌भुत व उत्कृष्ट कारीगरी:

ऐ मनुष्य! यह महान ब्रह्माण्ड जो आप को चारों ओर से घेरे हुए है, और जो कि आकाश, सितारों, गंगाओं, तथा बिछाई हुई ज़मीन से मिलकर बना है, जिस में एक-दूसरे से मिले हुए टुकड़े हैं, जिन में उगने वाली चीज़ें उतनी विभिन्नता के साथ भिन्न-भिन्न होती हैं, जिन में हर प्रकार के फल हैं, और जिन में सभी प्राणियों में से आप दो जोड़े पायेंगे.... तो इस ब्रह्माण्ड ने अपनी रचना स्वयं नहीं की है, और निश्चित रूप से इस का एक स्रष्टा और बनाने वाला होना ज़रूरी है; क्योंकि यह संभव नहीं है कि वह स्वयं अपने आप की रचना कर सके, तो फिर वह कौन है जिस ने इस अद्‌भुत प्रणाली पर उसकी रचना की है, और उसे इस प्रकार उत्तम ढंग से पूरा किया है, और उसे देखने वालों के लिए निशानी बना दिया है। वह एकमात्र सर्वशक्तिमान अकेला अल्लाह ही है, जिस के सिवाय कोई पालनहार नहीं और उस के अलावा कोई सच्चा पूज्य नहीं।

अल्लाह तआला ने फ़रमाया:

﴿أَمْ خُلِقُوا مِنْ غَيْرِ شَيْءٍ أَمْ هُمُ الْخَالِقُونَ ۝٣٥ أَمْ خَلَقُوا السَّمَاوَاتِ وَالْأَرْضَ ۚ بَل لَّا يُوقِنُونَ﴾

"क्या यह लोग बिना किसी पैदा करने वाले के स्वयं पैदा हो गये हैं? या यह स्वयं उत्पत्तिकर्ता (पैदा करने वाले) हैं? क्या इन्हों ने आकाशों और धरती को पैदा किया है? बल्कि यह विश्वास न करने वाले लोग हैं।" (सूरतुत्तूर: ३५,३६)

ये दोनों आयतें निम्न तीन भूमिकाओं पर आधारित हैं:

① क्या ये लोग अनस्तित्व से पैदा किये गए हैं?

② क्या उन्हों ने अपने आप को स्वयं पैदा किया है?

③ क्या उन्हों ने आकाश और धरती को पैदा किया है?

तो जब वह लोग अनस्तित्व से नहीं पैदा किए गए हैं और उन्हों ने अपने आप को भी पैदा नहीं किया है और न ही उन्हों ने आकाश और पृथ्वी को पैदा किया है, तो यह निश्चित हो गया कि एक पैदा करने वाले के अस्तित्व को मानना ज़रूरी है जिस ने इन्हें पैदा किया है और आकाश व धरती को भी पैदा किया है।

२ प्रकृति:

स्वभाविक रूप से सभी प्राणी स्रष्टा के स्वीकारने पर पैदा किए गए हैं, और यह कि वह हर चीज़ से महान, सब से बड़ा, और सब से अधिक महिमा वाला, और सब से परिपूर्ण है। और यह बात गणित विज्ञान के सिद्धांतों से भी अधिक और अच्छी तरह प्रकृति में बैठी हुई है, और इस के लिए तर्क स्थापित करने की आवश्यकता नहीं है सिवाय उस व्यक्ति के जिसकी प्रकृति (स्वभाव) बदल गई हो और वह ऐसी परिस्थितियों से दो चार हुआ हो जिन्हों ने उसे उसकी मान्यताओं से फेर दिया हो।(1)

अल्लाह तआला ने फ़रमाया:

﴿فِطْرَتَ ٱللَّهِ ٱلَّتِى فَطَرَ ٱلنَّاسَ عَلَيْهَا ۚ لَا تَبْدِيلَ لِخَلْقِ ٱللَّهِ ۚ ذَٰلِكَ ٱلدِّينُ ٱلْقَيِّمُ وَلَٰكِنَّ أَكْثَرَ ٱلنَّاسِ لَا يَعْلَمُونَ﴾

"अल्लाह तआला की वह फ़ितरत (प्रकृति) जिस पर उस ने लोगों को पैदा किया है, अल्लाह के ब्रह्माण्ड को बदलना नहीं है, यही सच्चा दीन है, किन्तु ज़्यादातर लोग नहीं जानते।" (सूरतुर्रूमः ३०)

और नबी ﷺ ने फ़रमायाः

"प्रत्येक पैदा होने वाला -बच्चा- (इस्लाम) की फ़ितरत (प्रकृति) पर जन्म लेता है, फिर उस के माता-पिता उसे यहूदी बना देते हैं या ईसाई बना देते हैं या मजूसी (अग्नि पूजक) बना देते हैं। जिस प्रकार कि जानवर पूरे जानवर को जन्म देते हैं। क्या तुम उन में कोई नाक कटा जानवर पाते हो? फिर अबू हुरैरा رضي الله عنه फरमाते हैं: और अगर तुम चाहो तो पढ़ोः ﴿فِطْرَتَ ٱللَّهِ ٱلَّتِى فَطَرَ ٱلنَّاسَ عَلَيْهَا ۚ لَا تَبْدِيلَ لِخَلْقِ ٱللَّهِ﴾ अल्लाह की वह फ़ितरत जिस पर उस ने लोगों को पैदा किया है, अल्लाह के ब्रह्माण्ड को बदलना नहीं है।"(2)

और नबी ﷺ ने फ़रमायाः

"सुनो, निःसंदेह मेरे पालनहार ने मुझे यह आदेश दिया है कि मैं तुम्हें उन

---

१ देखिएः मजमूआ फ़तावा शैखुल इस्लाम इब्ने तैमिया पेजः ४७-४६, ७३.

२ बुख़ारी, किताबुल क़द्र, अध्याय-३, मुस्लिम, किताबुल क़द्र, हदीसः २६५८, शब्द इन्हीं के हैं।

बातों की शिक्षा दूं जिन से तुम अनभिज्ञ हो, जिन की उस ने मुझे आज के दिन शिक्षा दी है। हर वह माल जो मैं ने किसी बन्दे को प्रदान किया है, हलाल है और मैं ने अपने सभी बन्दों को सच्चे धर्म का पालन करने वाला बनाकर पैदा किया, परंतु उनके पास शयातीन आए और उनको उनके धर्म से फेर दिया और उन पर उन चीज़ों को हराम कर दिया जो मैं ने उनके लिए हलाल किया था और उन्हें हुक्म दिया कि वे मेरे साथ उस चीज़ को साझी ठहराएं जिसके बारे में मैं ने कोई दलील नहीं उतारी।''[1]

३ समुदायों की सर्वसहमतिः

सभी –प्राचीन और आधुनिक– समुदायों की इस बात पर सर्वसहमति है कि इस ब्रह्माण्ड का एक स्रष्टा है और वह सर्वसंसार का पालनहार अल्लाह है, और वह आकाशों और धरती का पैदा करने वाला है, उसकी रचना में उसका कोई साझी नहीं, जिस तरह कि उसके राज्य में उसका कोई शरीक व साझी नहीं।

पिछले सुमदायों में से किसी समुदाय के बारे में यह बात वर्णित नहीं है कि वह यह आस्था रखती थी कि उनके देवता आसमानों और ज़मीन के पैदा करने में अल्लाह के साझेदार रहे हैं, बल्कि वे यह आस्था रखते थे कि अल्लाह ही उनका और उनके पूज्यों का पैदा करने वाला है। चुनांचे उसके अलावा कोई स्रष्टा नहीं, और न ही उसके अलावा कोई जीविका (रोज़ी) प्रदान करने वाला है, तथा लाभ और हानि केवल उसी सर्वशक्तिमान के हाथ में है।[2]

अल्लाह तआला ने मुशरिकों के अल्लाह की रुबूबियत (एकमात्र पालन- हार होने) को स्वीकारने के बारे में सूचना देते हुए फ़रमायाः

﴿وَلَئِن سَأَلْتَهُم مَّنْ خَلَقَ ٱلسَّمَٰوَٰتِ وَٱلْأَرْضَ وَسَخَّرَ ٱلشَّمْسَ وَٱلْقَمَرَ لَيَقُولُنَّ ٱللَّهُ فَأَنَّىٰ يُؤْفَكُونَ ﴿٦١﴾ ٱللَّهُ يَبْسُطُ
ٱلرِّزْقَ لِمَن يَشَآءُ مِنْ عِبَادِهِۦ وَيَقْدِرُ لَهُۥٓ إِنَّ ٱللَّهَ بِكُلِّ شَىْءٍ عَلِيمٌ ﴿٦٢﴾ وَلَئِن سَأَلْتَهُم مَّن نَّزَّلَ مِنَ ٱلسَّمَآءِ مَآءً فَأَحْيَا
بِهِ ٱلْأَرْضَ مِنۢ بَعْدِ مَوْتِهَا لَيَقُولُنَّ ٱللَّهُ قُلِ ٱلْحَمْدُ لِلَّهِ بَلْ أَكْثَرُهُمْ لَا يَعْقِلُونَ﴾

---

१ इसे इमाम अहमद ने अपनी मुस्नद ४/१६२ में रिवायत किया है, तथा मुस्लिम ने किताबुल जन्नह व सिफ़्तो नईमिहा व अहलिहा (हदीसः २८६५) में रिवायत किया है और शब्द उन्हीं के हैं।

२ देखिएः मजमूआ फ़तावा शैखुल इस्लाम इब्ने तैमिया, १४/३८०-३८३, व ७/७५.

"और अगर आप उन से प्रश्न करें कि आसमानों और ज़मीन को किस ने पैदा किया, और सूर्य व चांद को किस ने आदेश-अधीन किया? तो वे यही उत्तर देंगे कि अल्लाह! तो फिर ये किधर फिरे जा रहे हैं। अल्लाह तआला अपने बन्दों में से जिसे चाहे बढ़ाकर रोज़ी देता है और जिसे चाहे कम, बेशक अल्लाह तआला हर चीज़ जानने वाला है। और अगर आप उन से पूछें कि आसमान से पानी बरसाकर ज़मीन को उसकी मृत्यु के बाद किस ने ज़िन्दा किया? तो वे यही उत्तर देंगे कि अल्लाह। आप कह दें कि सभी प्रशंसायें अल्लाह ही के लिए हैं। बल्कि उन में से अधिकतर लोग नासमझ हैं।" (सूरतुल अंकबूतः ६१-६३)

और अल्लाह तआला ने फ़रमायाः

﴿وَلَئِن سَأَلْتَهُم مَّنْ خَلَقَ السَّمَاوَاتِ وَالْأَرْضَ لَيَقُولُنَّ خَلَقَهُنَّ الْعَزِيزُ الْعَلِيمُ﴾

"यदि आप उन से प्रश्न करें कि आकाशों और धरती की रचना किस ने की है? तो निःसंदेह उनका यही उत्तर होगा कि उन्हें सर्वशक्तिमान और सर्वज्ञानी अल्लाह ही ने पैदा किया है।" (सूरतुज़ जुख़रुफ़ः ९)

४ बुद्धि की अनिवार्यता:

बुद्धि के लिए इस बात को स्वीकार किए बिना कोई चारा नहीं कि इस ब्रह्माण्ड का एक महान स्रष्टा है, क्योंकि बुद्धि देखती है कि ब्रह्माण्ड एक आविष्कृत और पैदा की गई चीज़ है और यह कि उस ने अपने आप को स्वयं पैदा नहीं किया है। जबकि आविष्कृत चीज़ के लिए एक आविष्कारक (पैदा करने वाले) का होना आवश्यक है।

मनुष्य इस बात को जानता है कि उसका सामना संकटों और आपदाओं से होता रहता है, और जब मनुष्य उन्हें दूर करने पर सक्षम नहीं होता है तो वह अपने दिल के साथ आसमान की ओर ध्यान करता है और अपने पालनहार से फ़रियाद करता है ताकि वह उसकी परेशानी को दूर कर दे और उसकी चिंता को दूर कर दे, भले ही वह अन्य दिनों में अपने पालनहार को नकारता रहा हो और मूर्ति की पूजा करता रहा हो। चुनाँचे यह एक ऐसी अनिवार्यता है जिसे नकारा नहीं जा सकता, और उसको स्वीकारना ज़रूरी है, बल्कि जब जानवर

पर भी कोई विपत्ति आती है तो वह भी अपने सिर को उठाता है और अपनी दृष्टि को आसमान की ओर करता है। अल्लाह तआला ने मनुष्य के बारे में सूचना दी है कि जब उसे कोई हानि पहुँचती है तो वह अपने पालनहार की ओर भागता है और उस से अपने संकट को दूर करने के लिए प्रश्न करता है। अल्लाह तआला ने फ़रमायाः

﴿وَإِذَا مَسَّ ٱلْإِنسَٰنَ ضُرٌّ دَعَا رَبَّهُۥ مُنِيبًا إِلَيْهِ ثُمَّ إِذَا خَوَّلَهُۥ نِعْمَةً مِّنْهُ نَسِىَ مَا كَانَ يَدْعُوٓا۟ إِلَيْهِ مِن قَبْلُ وَجَعَلَ لِلَّهِ أَندَادًا﴾

"और मनुष्य को जब कभी कोई विपदा पहुंचती है तो खूब तवज्जुह से अपने रब को पुकारता है, फिर जब अल्लाह उसे अपने पास से नेमत प्रदान कर देता है तो वह इस से पहले जो दुआ करता था उसे बिल्कुल भूल जाता है और अल्लाह के लिए शरीक बनाने लगता है।" (सूरतुज़्ज़ुमरः ८)

और अल्लाह तआला ने मुशरिकों की हालत के बारे में सूचना देते हुए फ़रमायाः

﴿هُوَ ٱلَّذِى يُسَيِّرُكُمْ فِى ٱلْبَرِّ وَٱلْبَحْرِ ۖ حَتَّىٰٓ إِذَا كُنتُمْ فِى ٱلْفُلْكِ وَجَرَيْنَ بِهِم بِرِيحٍ طَيِّبَةٍ وَفَرِحُوا۟ بِهَا جَآءَتْهَا رِيحٌ عَاصِفٌ وَجَآءَهُمُ ٱلْمَوْجُ مِن كُلِّ مَكَانٍ وَظَنُّوٓا۟ أَنَّهُمْ أُحِيطَ بِهِمْ ۙ دَعَوُا۟ ٱللَّهَ مُخْلِصِينَ لَهُ ٱلدِّينَ لَئِنْ أَنجَيْتَنَا مِنْ هَٰذِهِۦ لَنَكُونَنَّ مِنَ ٱلشَّٰكِرِينَ ﴿٢٢﴾ فَلَمَّآ أَنجَىٰهُمْ إِذَا هُمْ يَبْغُونَ فِى ٱلْأَرْضِ بِغَيْرِ ٱلْحَقِّ ۗ يَٰٓأَيُّهَا ٱلنَّاسُ إِنَّمَا بَغْيُكُمْ عَلَىٰٓ أَنفُسِكُم ۖ مَّتَٰعَ ٱلْحَيَوٰةِ ٱلدُّنْيَا ۖ ثُمَّ إِلَيْنَا مَرْجِعُكُمْ فَنُنَبِّئُكُم بِمَا كُنتُمْ تَعْمَلُونَ﴾

"वही (अल्लाह) तुम को थल और जल में (ख़ुश्की और दरिया में) चलाता है, यहाँ तक कि जब तुम नाव में होते हो, और वह नाव लोगों को उचित हवा के साथ लेकर चलती हैं और वह लोग उन से ख़ुश होते हैं। उन पर एक झोंका तेज़ हवा का आता है और हर ओर से उन पर मौजें उठती चली आती हैं, और समझते हैं कि वह घिर गए हैं तो वह लोग दीन को अल्लाह ही के लिए ख़ालिस करते हुए उसे पुकारते हैं कि अगर तू हम को इस से बचा ले तो हम अवश्य शुक्र करने वाले बन जायेंगे। फिर जब वह उन को बचा लेता है, तो वे तुरंत ही ज़मीन में नाहक़ विद्रोह करने लगते हैं। ऐ लोगो! ये तुम्हारा विद्रोह तुम्हारे लिए वबाल होने वाला है, (ये) दुनिया की ज़िंदगी के कुछ फ़ायदे हैं, फिर हमारे पास ही तुम को आना है, तो हम तुम्हारा सारा किया हुआ तुम को बतला देंगे।" (सूरतु यूनुसः २२,२३)

और अल्लाह सर्वशक्तिमान ने फ़रमायाः

﴿وَإِذَا غَشِيَهُم مَّوْجٌ كَالظُّلَلِ دَعَوُا اللَّهَ مُخْلِصِينَ لَهُ الدِّينَ فَلَمَّا نَجَّاهُمْ إِلَى الْبَرِّ فَمِنْهُم مُّقْتَصِدٌ وَمَا يَجْحَدُ
بِآيَاتِنَا إِلَّا كُلُّ خَتَّارٍ كَفُورٍ﴾

“और जब उन पर मौजें सायबानों की तरह छा जाती हैं तो वे दीन को अल्लाह ही के लिए ख़ालिस करके उसे पुकारने लगते हैं, फिर जब वह उन्हें बचाकर थल की ओर लाता है, तो उन में से कुछ ऐतिदाल (संतुलन) पर रहते हैं और हमारी आयतों का इन्कार वही करते हैं जो विश्वासघाती और नाशुक्रे हैं।” (सूरतु लुक़मानः ३२)

यह पूज्य जिस ने ब्रह्माण्ड को अनस्तित्व से अस्तित्व में लाया, मनुष्य को बेहतरीन रूप में पैदा किया, उसकी फ़ितरत (प्रकृति व स्वभाव) में अपनी उपासना और अपने प्रति समर्पण को बैठा दिया, बुद्धियाँ उसकी रुबूबियत और उसकी उलूहियत के अधीन हो गईं और सभी समुदाय उस की रुबूबियत को मानने पर सहमत हैं... उस पूज्य का अपनी रुबूबियत व उलूहियत में अकेला होना ज़रूरी है, तो जिस प्रकार पैदा करने में कोई उसका शरीक नहीं, उसी तरह उसकी इबादत में भी कोई उसका साझेदार नहीं, और इसके प्रमाण बहुत हैं:

١ इस ब्रह्माण्ड में केवल एक ही पूज्य है, वही पैदा करने वाला और रोज़ी देने वाला है, तथा वही लाभ पहुंचाता है और हानि दूर करता है। अगर इस ब्रह्माण्ड में कोई दूसरा भी पूज्य होता तो उसका भी कोई काम, रचना और आदेश होता, और दोनों में से कोई भी दूसरे पूज्य की साझेदारी को पसंद न करता। (देखिएः शरहुल अक़ीदा अत्तहाविया, पेजः ३६) तथा दोनों में से एक को दूसरे पर अधिपत्य प्राप्त होता, और हार जाने वाले का पूज्य होना संभव नहीं है, बल्कि ग़ालिब होने वाला ही सच्चा पूज्य है, उसकी इबादत में कोई उसका शरीक नहीं जिस तरह कि उसकी रुबूबियत में उसका कोई साझेदार नहीं। अल्लाह तआला ने फ़रमायाः

﴿مَا اتَّخَذَ اللَّهُ مِن وَلَدٍ وَمَا كَانَ مَعَهُ مِنْ إِلَٰهٍ إِذًا لَّذَهَبَ كُلُّ إِلَٰهٍ بِمَا خَلَقَ وَلَعَلَا بَعْضُهُمْ عَلَىٰ بَعْضٍ
سُبْحَانَ اللَّهِ عَمَّا يَصِفُونَ﴾

“अल्लाह ने अपने लिए कोई सन्तान नहीं बनाया, और न ही उसके साथ

कोई और पूज्य है, वर्ना हर पूज्य अपनी मख़लूक़ को लिए-लिए फिरता और हर एक-दूसरे पर ऊँचा होने की कोशिश करता जो गुण यह बताते हैं अल्लाह उन से पाक है।'' (सूरतुल मोमिनूनः ९१)

२ इबादत का हक़दार केवल अल्लाह है जो आसमानों और ज़मीन का मालिक है। क्योंकि मनुष्य केवल उसी पूज्य की निकटता प्राप्त करता है जो उसे लाभ दे सके और उसकी हानि को दूर कर सके और उस से बुराई और फ़ित्नों को हटा सके। और इन कामों को केवल वही कर सकता है जो आसमानों और ज़मीन और उनके बीच की चीज़ों का मालिक हो। अगर उसके साथ दूसरे पूज्य भी होते जैसा कि मुशरिकों का कहना है तो बन्दे अवश्य वह रास्ते अपनाते जो सच्चे बादशाह अल्लाह की उपासना की तरफ पहुँचाने वाले हैं; क्योंकि अल्लाह के अलावा पूजे जाने वाले ये सभी लोग (स्वयं) अल्लाह की इबादत करते थे और उसकी निकटता प्राप्त करते थे, अतः जो भी व्यक्ति उस अस्तित्व की निकटता चाहता है जिस के हाथ में लाभ व हानि है, तो उस के लिए शोभित है कि वह उस सच्चे पूज्य की इबादत करे जिस की इबादत आसमानों और ज़मीन और उस के अंदर की सभी चीज़ें करती है, जिन में अल्लाह को छोड़ कर पूजे जाने वाले ये पूज्य भी हैं।

अल्लाह तआला ने फ़रमायाः

﴿قُل لَّوْ كَانَ مَعَهُۥٓ ءَالِهَةٌ كَمَا يَقُولُونَ إِذًا لَّٱبْتَغَوْا۟ إِلَىٰ ذِى ٱلْعَرْشِ سَبِيلًا﴾

''आप कह दीजिए, अगर उसके साथ बहुत से पूजा पात्र होते, जैसा कि ये कहते हैं, तो अवश्य वह अब तक अर्श के मालिक का रास्ता तलाश कर लेते।'' (सूरतुल इस्राः ४२)

और सच्चाई तलाश करने वाले को अल्लाह तआला का यह फ़रमान पढ़ना चाहिएः

﴿قُلِ ٱدْعُوا۟ ٱلَّذِينَ زَعَمْتُم مِّن دُونِ ٱللَّهِ ۖ لَا يَمْلِكُونَ مِثْقَالَ ذَرَّةٍ فِى ٱلسَّمَٰوَٰتِ وَلَا فِى ٱلْأَرْضِ وَمَا لَهُمْ فِيهِمَا مِن شِرْكٍ وَمَا لَهُۥ مِنْهُم مِّن ظَهِيرٍ ﴿٢٢﴾ وَلَا تَنفَعُ ٱلشَّفَٰعَةُ عِندَهُۥٓ إِلَّا لِمَنْ أَذِنَ لَهُۥ﴾

''आप कह दीजिए! अल्लाह के अतिरिक्त जिन-जिन का तुम्हें भ्रम है सब

को पुकार लो, न उन में से किसी को आकाशों तथा धरती में से एक कण का अधिकार है न उनका उन में कोई भाग है और न उन में से कोई अल्लाह का सहायक है। और सिफ़ारिश (शफ़ाअत) भी उसके पास कुछ लाभ नहीं देती सिवाय उनके जिन के लिए वह आज्ञा दे दे।" (सूरतु सबाः २२,२३)

कुरआन की ये आयतें चार बातों के द्वारा अल्लाह के अलावा से दिल के संबंध को काट देती हैं:

१ ये साझेदार अल्लाह के साथ एक कण के भी मालिक नहीं हैं, और जो कण भर चीज़ का भी मालिक न हो वह न तो लाभ दे सकता है न हानि पहुँचा सकता है, तथा वह इस बात का भी अधिकारी नहीं कि वह पूज्य बने या अल्लाह का साझेदार हो। बल्कि स्वयं अल्लाह ही उनका मालिक है और वह अकेला ही उन पर नियंत्रण रखता है।

२ वे सब आसमानों और ज़मीन में से किसी भी चीज़ के मालिक नहीं हैं और उनके लिए उन में कण बराबर भी साझेदारी नहीं है।

३ अल्लाह का उसकी मख़्लूक़ में से कोई मददगार नहीं है, बल्कि अल्लाह ही उनकी ऐसी चीज़ों पर मदद करता है जो उनको लाभ पहुँचाती हैं और हानिकारक चीजों को उन से दूर करती हैं। क्योंकि वह उन से पूरे तौर पर बेनियाज़ है जबकि लोगों को अपने पालनहार की ज़रूरत है।

४ ये साझेदार अल्लाह के पास अपने मानने वालों के लिए सिफ़ारिश करने के मालिक नहीं हैं और न ही उन्हें इसकी आज्ञा दी जाएगी, और अल्लाह तआला केवल अपने औलिया दोस्तों को ही सिफ़ारिश करने की आज्ञा देगा और ये औलिया केवल उन्हीं के लिए सिफ़ारिश करेंगे जिनके कथन, कर्म और आस्था (अक़ीदे) से अल्लाह खुश होगा।[1]

५ सर्वसंसार के मामले का व्यवस्थित होना और उसका अपने मामले को

---

१ देखिएः कुर्रतो उयूनिल मुवह्हेदीन, लेखकः शैख अब्दुर्रहमान बिन हसन रहिमहुल्लाह पेजः १००.

मज़बूत व सुदृढ़ रखना इस बात का सब से बड़ा प्रमाण है कि इसका प्रबंधक व नियंत्रक एक ही पूज्य, एक ही राजा, और एक ही पालनहार (रब) है, उसके अलावा मख़्लूक़ (सृष्टि) का कोई अन्य पूज्य नहीं, और उसके अलावा उनका कोई पालनहार नहीं। तो जिस प्रकार इस ब्रह्माण्ड का दो ख़ालिक़ (स्रष्टा) होना असंभव है उसी प्रकार दो पूज्य का होना भी असंभव है। अल्लाह तआला ने फ़रमायाः

﴿لَوْ كَانَ فِيهِمَآ ءَالِهَةٌ إِلَّا ٱللَّهُ لَفَسَدَتَا﴾

"अगर इन दोनों में अल्लाह के अलावा कई पूज्य होते तो वे दोनों नष्ट हो जाते।" (सूरतुल अम्बियाः २२)

अगर मान लिया जाए कि आसमान और ज़मीन में अल्लाह के अलावा कोई दूसरा भी पूज्य है तो वह दोनों नष्ट हो जाते, और विनाश का कारण यह है कि अगर अल्लाह के साथ कोई दूसरा पूज्य भी होता तो आवश्यक रूप से उन में से हर एक निरंकुश होने और नियंत्रण करने पर सक्षम होता, और उस समय दोनों में विवाद और लड़ाई व झगड़ा होता और इस कारण बिगाड़ पैदा होता।[1]

और जब शरीर के लिए असंभव है कि उसका प्रबंधक दो बराबर की आत्माएं हों, और यदि ऐसा होता तो वह नष्ट-भ्रष्ट हो जाता, और यह असंभव है, तो फिर इस ब्रह्माण्ड के बारे में इसकी कल्पना कैसे की जा सकती है जबकि वह सबसे बड़ा है।[2]

५ ईशदूतों और सन्देशवाहकों की सर्वसहमतिः

समस्त समुदाय इस बात पर सहमत हैं कि ईशदूत और संदेशवाहक लोगों में सब से अधिक बुद्धिमान, सब से पवित्र आत्मा (मन) वाले, नैतिकता में सब से अच्छे, अपनी उम्मत के लिए सब से अधिक शुभचिंतक, अल्लाह के उद्देश्य (मंशा) को सब से अधिक जानने वाले और सीधे मार्ग और सच्चे रास्ते की

१ देखिएः फ़तहुल क़दीर, ३/४०३.

२ देखिएः मिफ़्ताहो दारिस्सआदह १/२६०.

इस्लाम के सिद्धांत और उस के मूल आधार

ओर सब से अधिक मार्गदर्शन करने वाले थे। क्योंकि वे लोग अल्लाह से वह्य (प्रकाशना) प्राप्त करते थे, फिर उसे लोगों तक पहुंचाते थे। तथा सर्व प्रथम ईशदूत आदम ﷺ से लेकर अंतिम ईशदूत मुहम्मद ﷺ तक सभी ईशदूतों और संदेशवाहकों की अपनी क़ौमों को अल्लाह पर ईमान लाने और उसके अलावा की इबादत को त्याग करने का आमंत्रण देने पर सहमत हैं, तथा इस बात पर कि वही सच्चा पूज्य है। अल्लाह तआला ने फ़रमायाः

﴿وَمَآ أَرۡسَلۡنَا مِن قَبۡلِكَ مِن رَّسُولٍ إِلَّا نُوحِيٓ إِلَيۡهِ أَنَّهُۥ لَآ إِلَٰهَ إِلَّآ أَنَا۠ فَٱعۡبُدُونِ﴾

"और हम ने आप से पहले जितने भी रसूल भेजे सब की तरफ यही वह्य की कि मेरे अलावा कोई सच्चा पूज्य नहीं, तो तुम सब मेरी ही इबादत करो।" (सूरतुल अम्बियाः २५)

और अल्लाह तआला ने नूह ﷺ के बारे में फ़रमाया कि उन्हों ने अपनी क़ौम से कहाः

﴿أَن لَّا تَعۡبُدُوٓاْ إِلَّا ٱللَّهَۖ إِنِّيٓ أَخَافُ عَلَيۡكُمۡ عَذَابَ يَوۡمٍ أَلِيمٍ﴾

"सुनो तुम सब केवल अल्लाह ही की इबादत करो, मुझे तो तुम पर दर्दनाक दिन के अज़ाब का डर है।" (सूरतु हूदः २६)

और अल्लाह तआला ने अंतिम ईशदूत मुहम्मद ﷺ के बारे में फ़रमाया कि उन्हों ने अपनी कौम से कहाः

﴿قُلۡ إِنَّمَا يُوحَىٰٓ إِلَيَّ أَنَّمَآ إِلَٰهُكُمۡ إِلَٰهٌ وَٰحِدٌۖ فَهَلۡ أَنتُم مُّسۡلِمُونَ﴾

"आप कह दीजिए कि निःसंदेह मेरी तरफ इस बात की वह्य की गई है कि तुम सब का पूज्य केवल एक ही पूज्य है, तो क्या तुम भी उसकी आज्ञा का पालन करने वाले हो।" (सूरतुल अंबियाः१०८)

यही पूज्य जिस ने ब्रह्माण्ड को अनस्तित्व (शून्य) से अस्तित्व प्रदान किया और उसको खूब शानदार और उत्कृष्ट बनाया, मनुष्य को बेहतरीन रूप में पैदा किया और उस को सम्मान दिया, उसकी प्रकृति में अल्लाह की रुबूबियत और उसकी उलूहियत की स्वीकृति को बैठा दिया, उस के मन को ऐसा बनाया कि उसे अपने

उत्पत्तिकर्ता के प्रति समर्पित हुए और उस के मार्ग का अनुसरण किए बिना स्थिरता नहीं मिलती है, उसकी आत्मा पर यह अनिवार्य कर दिया है कि उसे उसी समय शांति मिलती है जब वह अपने पैदा करने वाले से लगाव रखे और अपने स्रष्टा के साथ संपर्क में रहे, और उस का संपर्क उस के उसी सीधे मार्ग के माध्यम से ही हो सकता है जिसका उस के सम्मानित सन्देष्टाओं ने प्रसार व प्रचार किया है, तथा उस ने मानव को ऐसी बुद्धि प्रदान की है जिसका मामला उसी समय ठीक-ठाक रह सकता और वह संपूर्ण रूप व सुचारू ढंग से अपना काम कर सकती है जब वह अपने स्वामी व पालनहार पर ईमान ले आए।

अतः जब प्रकृति विशुद्ध होगी, आत्मा शांत होगी, मन स्थिर होगा और बुद्धि अपने पालनहार में विश्वास रखने वाली होगी, तो उसे लोक व परलोक में खुशी (सौभाग्य), सुरक्षा और शांति प्राप्त होगी... और अगर इन्सान ने इसका इंकार करके दूसरी चीज़ तलाश किया तो वह विचलित (उलझन) और छिट-फुट होकर जीवन बिताएगा, दुनिया की घाटियों में भटकता रहेगा और उसके देवताओं के बीच वितरित और विभाजित रहेगा, उसे यह समझ न आएगी कि कौन उस को लाभ पहुंचा सकता है और कौन उस से हानि को दूर कर सकता है। तथा इस उद्देश्य से कि विश्वास हृदय में स्थापित हो जाए, और कुफ़्र (अविश्वास) की कुरूपता स्पष्ट व उजागर हो जाए, अल्लाह ने इस का एक उदाहरण बयान किया है - क्योंकि उदाहरण से बात जल्दी समझ में आती है - अल्लाह ने उस में दो आदमियों के बीच तुलना की है, एक आदमी वह है जिसका मामला बहुत से देवताओं के बीच विभाजित है और दूसरा आदमी वह है जो केवल अपने एक पालनहार की इबादत करता है। अल्लाह तआला ने फ़रमायाः

﴿ ضَرَبَ ٱللَّهُ مَثَلًا رَّجُلًا فِيهِ شُرَكَآءُ مُتَشَٰكِسُونَ وَرَجُلًا سَلَمًا لِّرَجُلٍ هَلْ يَسْتَوِيَانِ مَثَلًا ۚ ٱلْحَمْدُ لِلَّهِ ۚ بَلْ أَكْثَرُهُمْ لَا يَعْلَمُونَ ﴾

"अल्लाह तआला उदाहरण दे रहा है कि एक वह आदमी जिस में बहुत से आपस में झगड़ा रखने वाले साझेदार हैं, और दूसरा वह आदमी जो केवल एक ही का सेवक है, क्या ये दोनों बराबर हैं? सभी प्रशंसाएं अल्लाह ही के लिए हैं, बल्कि उन में से अधिकतर लोग समझते नहीं।" (सूरतुज़्ज़ुमरः २९)

अल्लाह तआला एक मुवह्हिद (एकेश्वरवादी) बन्दे और एक मुशरिक (अनेकेश्वरवादी) बन्दे का उदाहरण एक गुलाम (दास) से बयान कर रहा है जिसके मालिक बहुत से साझेदार हैं, जो आपस में उसके बारे में लड़ते रहते हैं, और वह उनके बीच में विभाजित हैं, उन में से हर एक की उस के लिए एक निर्देश है और उन में से हर एक की तरफ से उसके लिए एक काम है, वह उनके बीच उलझन में पड़ा है किसी एक तरीक़े पर स्थिर नहीं है, और न ही एक मार्ग पर क़ायम है। वह उनकी भिन्न-भिन्न विवादित और विरोधी इच्छाओं को पूरा करने पर भी सक्षम नहीं है, जो उसकी वृत्तियों और उसकी शक्तियों को तोड़कर रख दिए हैं। और एक गुलाम वह है जिसका केवल एक ही मालिक है और वह अच्छी तरह जानता कि वह उस से क्या चाहता है, और उसे किस चीज़ की ज़िम्मेदारी सौंपेगा। अतः वह आराम से एक स्पष्ट मार्ग पर स्थिर है। तो ये दोनों बराबर नहीं हो सकते। क्योंकि यह तो एक ही मालिक के अधीन है और स्थिरता, ज्ञान और विश्वास से लाभान्वित हो रहा है, और वह तो कई झगड़ालू मालिकों का गुलाम (दास) है, इस लिए वह परेशान और चिंतित है, किसी भी हाल में उसे चैन व शांति नहीं मिलती, और वह उन में से एक को भी खुश नहीं रख पाता, सब को खुश करना तो दूर की बात है।

अब जबकि मैं ने अल्लाह के अस्तित्व, उसकी रुबूबियत, और उसकी उलूहियत को इंगित करने वाले प्रमाणों को स्पष्ट कर दिया है। अच्छा होगा कि हम उस के इस ब्रह्माण्ड और मनुष्य की रचना करने की जानकारी प्राप्त करें और उसके अंदर उसकी हिक्मत (तत्वदर्शिता) व रहस्य को तलाश करें।

ब्रह्माण्ड की रचना

अल्लाह सर्वशक्तिमान ने इस ब्रह्माण्ड को उस के आसमानों, ज़मीनों, तारों, आकाश-गंगाओं, समुद्रों, पेड़ों और अन्य सभी जीवों समेत अनस्तित्व से पैदा किया है। अल्लाह तआला ने फ़रमायाः

﴿قُلْ أَئِنَّكُمْ لَتَكْفُرُونَ بِالَّذِي خَلَقَ الْأَرْضَ فِي يَوْمَيْنِ وَتَجْعَلُونَ لَهُ أَنْدَادًا ۚ ذَٰلِكَ رَبُّ الْعَالَمِينَ ﴿٩﴾ وَجَعَلَ فِيهَا رَوَاسِيَ
مِنْ فَوْقِهَا وَبَارَكَ فِيهَا وَقَدَّرَ فِيهَا أَقْوَاتَهَا فِي أَرْبَعَةِ أَيَّامٍ سَوَاءً لِلسَّائِلِينَ ﴿١٠﴾ ثُمَّ اسْتَوَىٰ إِلَى السَّمَاءِ وَهِيَ دُخَانٌ فَقَالَ لَهَا
وَلِلْأَرْضِ ائْتِيَا طَوْعًا أَوْ كَرْهًا قَالَتَا أَتَيْنَا طَائِعِينَ ﴿١١﴾ فَقَضَاهُنَّ سَبْعَ سَمَاوَاتٍ فِي يَوْمَيْنِ وَأَوْحَىٰ فِي كُلِّ سَمَاءٍ أَمْرَهَا ۚ
وَزَيَّنَّا السَّمَاءَ الدُّنْيَا بِمَصَابِيحَ وَحِفْظًا ۚ ذَٰلِكَ تَقْدِيرُ الْعَزِيزِ الْعَلِيمِ﴾

‘‘आप कह दीजिए कि क्या तुम उस अल्लाह का इंकार करते हो और उसके लिए साझेदार बनाते हो, जिस ने दो दिनों में ज़मीन पैदा कर दी, वह सारे संसार का रब है। और उस ने ज़मीन में उस के ऊपर से पहाड़ गाड़ दिए, और उस में बरकत रख दी और उस में उन के आहार का प्रबंध भी कर दिया केवल चार दिनों में ही, पूरा-पूरा जवाब है प्रश्न करने वालों के लिए। फिर वह आसमान की तरफ़ मुतवज्जह हुआ, और वह धुआँ (सा) था, तो उस ने उस से और ज़मीन से कहा, तुम दोनों आओ, खुशी से या नाखुशी से, दोनों ने कहा हम खुशी से उपस्थित हैं। तो उस ने दो दिनों में सात आसमान बना दिए और हर आसमान में उस के उचित (ही) हुक्म भेज दिए और हम ने दुनियावी आसमान को चिराग़ों से सजा दी और देख-भाल किया, यह तदबीर अल्लाह की है जो ग़ालिब जानने वाला है।’’ (सूरतु फ़ुस्सिलतः ९-१२)

और अल्लाह तआला ने फ़रमायाः

﴿أَوَلَمْ يَرَ الَّذِينَ كَفَرُوا أَنَّ السَّمَاوَاتِ وَالْأَرْضَ كَانَتَا رَتْقًا فَفَتَقْنَاهُمَا ۖ وَجَعَلْنَا مِنَ الْمَاءِ كُلَّ شَيْءٍ حَيٍّ ۖ
أَفَلَا يُؤْمِنُونَ ﴿٣٠﴾ وَجَعَلْنَا فِي الْأَرْضِ رَوَاسِيَ أَنْ تَمِيدَ بِهِمْ وَجَعَلْنَا فِيهَا فِجَاجًا سُبُلًا لَعَلَّهُمْ يَهْتَدُونَ ﴿٣١﴾
وَجَعَلْنَا السَّمَاءَ سَقْفًا مَحْفُوظًا ۖ وَهُمْ عَنْ آيَاتِهَا مُعْرِضُونَ﴾

"क्या अविश्वासी लोगों ने नहीं देखा कि आसमान और ज़मीन एक साथ मिले हुए थे, फिर हम ने उन को अलग किया और हर जीवित चीज़ को हम ने पानी से पैदा किया। क्या ये लोग फिर भी ईमान नहीं लाते? और हम ने ज़मीन में पहाड़ बना दिए ताकि वह उन को हिला न सके और हम ने उन में चौड़े रास्ते बना दिए, ताकि वह हिदायत हासिल कर सकें और आसमान को सुरक्षित छत भी हम ने ही बनाया है, लेकिन लोग उसकी निशानियों से मुँह मोड़े हुए हैं।"
(सूरतुल अम्बिया: ३०-३२)

अल्लाह ने इस ब्रह्माण्ड की रचना महान उद्देश्यों (हिक्मतों) के लिए की है जिन्हें गिनना आप के लिए संभव नहीं। चुनाँचे उसके हर भाग में महान हिक्मतें और खुली निशानियाँ हैं। अगर आप उसकी किसी एक निशानी पर भी विचार करें तो आप उस में आश्चर्यजनक तथ्य पायेंगे। आप पौधे में अल्लाह की आश्चर्यजनक कारीगरी को देखें जिसका एक पत्ता, या एक तना, या एक फल भी लाभ से ख़ाली नहीं होता जिसका इहाता करने में मानव बुद्धि असमर्थ है। आप उन कमज़ोर पतले और हल्के तनों में जल धाराओं को देखें कि जिन्हें निगाहें निहारने और घूरकर देखने के पश्चात ही देख सकती हैं, वे किस तरह नीचे से ऊपर की ओर पानी को खींचने में सक्षम होते हैं। फिर वह जल उन नालियों में उनकी स्वीकृति और क्षमता के अनुसार चलता रहता है। फिर ये नालियाँ अनेक भागों और शाख़ों में वितरित हो जाती हैं और वहाँ तक पहुँच जाती हैं कि दिखाई भी नहीं देतीं। फिर आप पेड़ के गर्भित होने और उसके एक दशा से दूसरी दशा की ओर बदलने पर विचार करें, जिस प्रकार कि दृष्टि से ओझल भ्रूण की हालत बदलती है। चुनाँचे आप उसे एक नग्न लकड़ी देखते हैं, उस पर कोई वस्त्र नहीं होता, फिर उसका पालनहार व स्रष्टा उसे पत्तियों का सुंदर वस्त्र पहना देता है। फिर उस में उस के कमज़ोर गर्भ (उपज) को प्रकट करता है, जबकि उसकी सुरक्षा के लिए और उस कमज़ोर फल के लिए वस्त्र के तौर पर उसकी पत्ती को निकाल चुका होता है, ताकि वह उसके द्वारा सर्दी, गर्मी और आपदाओं से रक्षा और बचाव हासिल करे। फिर अल्लाह उन फलों तक उनकी जीविका और उनका आहार उनके तनों और नालियों के माध्यम से

पहुंचाता है तो वे उस से अपना आहार लेते हैं, जिस प्रकार कि बच्चा अपनी माँ के दूध से अपना आहार लेता है। फिर वह उसका पालन-पोषण करता है, यहाँ तक कि वे पूरी तरह से परिपक्क हो जाते हैं। फिर वह उस बेजान लकड़ी से स्वादिष्ट नरम फल निकालता है।

तथा यदि आप पृथ्वी को देखें और यह कि वह कैसे पैदा की गई है; तो आप उसे उस के पैदा करने वाले और उसकी रचना करने वाले की सब से बड़ी निशानियों में से पायेंगे। अल्लाह तआला ने उसे बिछौना और रहने की जगह बनाया है और उसे अपने बन्दों के अधीन कर दिया है, तथा उस में उन के लिए जीविकाएं, आहार और जीवनयापन के साधन पैदा कर दिए हैं और उस में रास्ते बना दिए हैं ताकि वे अपनी आवश्यकताओं और जरूरतों के लिए उस में स्थानांतरित होते रहें। और उसे पहाड़ों से मज़बूत व ठोस कर दिया, चुनाँचे उन्हें कील के समान बना दिया ताकि वे हिलने से उसकी सुरक्षा करें। और उसके किनारों को विस्तृत करके उसे बराबर कर दिया है, और उसे फैलाया और बिछा दिया। तथा उसने पृथ्वी को ज़िन्दों के समेटने वाली बनाया जिन्हें वह अपनी पीठ पर समेटे रहती है। तथा उसे मुर्दों को भी समेटने वाली बनाया जिन्हें वह उनके मर जाने पर अपने पेट में समेट लेती है। तो उसकी पीठ ज़िन्दों का आवास है और उसका पेट मुर्दों का निवास है। फिर इस खगोल को देखिए जो अपने सूर्य, चाँद, तारों और बुर्जों समेत चक्कर लगा रहा है। वह किस तरह आदेश और व्यवस्था के साथ समय के अंत तक लगातार इस ब्रह्माण्ड का चक्कर लगा रहा है। और विचार करें कि इसी के अंदर रात और दिन, मौसम और गर्मी व सर्दी का बदलना निहित है... तथा इसी के अंतर्गत पृथ्वी पर पाए जाने वाले अनेक प्रकार के जानवरों और पौधों के हित और लाभ भी हैं।

फिर आप आकाश की रचना पर विचार करें और बार-बार उस पर अपनी निगाह दौड़ायें, आप उसे उसकी ऊँचाई, व्यापकता और स्थिरता में सब से बड़ी निशानियों में से पायेंगे। चुनाँचे उसके नीचे न तो कोई स्तंभ है, न उसके ऊपर कोई खूँटी (लटकाने वाली चीज़) है। बल्कि वह उस अल्लाह की शक्ति से टिका हुआ है जो आकाश और पृथ्वी को टलने से थामे हुए है...

और अगर आप इस ब्रह्माण्ड, उसके भागों के गठन और उसकी बेहतरीन व्यवस्था जो कि उसकी रचना करने वाले की संपूर्ण क्षमता, पूर्ण ज्ञान, संपूर्ण हिक्मत और संपूर्ण दया को इंगित करती है, को देखें; तो आप उसे उस बने हुए घर की तरह पायेंगे जिस में उसके सभी उपकरण और हित, तथा ज़रूरत की सभी चीज़ें तैयार रखी हैं। चुनाँचे आकाश उसका छत है जो उस के ऊपर बुलंद है, ज़मीन बिछौना, रहने की जगह, फ़र्श और रहने वालों के लिए ठिकाना है। सूर्य व चांद दो दीपक हैं जो उस में रौशन रहते हैं। सितारे उसके चिराग़ और अलंकरण हैं, जो इस दुनिया के रास्तों में चलने वालों के लिए मार्गदर्शक हैं। पृथ्वी में छिपे हुए जवाहिरात व खनिज तैयार खज़ाने की तरह हैं, जिन में से हर चीज़ उसके उस काम के लिए है जिसके लिए वह उपयुक्त है, अनेक प्रकार के पौधे उसकी ज़रूरतों के लिए तैयार हैं। भिन्न-भिन्न प्रकार के जानवर उसके हितों में लगे हुए हैं। उन में से कुछ सवारी के लिए, कुछ दूध के लिए, कुछ आहार के लिए, कुछ वस्त्र के लिए और कुछ पहरेदारी के लिए हैं... और मनुष्य को उस में अधिकृत राजा की तरह बना दिया गया जो अपने कार्य व आदेश के द्वारा उस में नियंत्रक है।

तथा अगर आप इस सम्पूर्ण ब्रह्माण्ड या इसके किसी भाग पर चिंतन- मनन करें तो आप आश्चर्यजनक तथ्य पायेंगे, तथा अगर आप इस के बारे में पूरी गहराई से सोचें, और अपने प्रति न्याय और ईमानदारी से काम लें और स्वेच्छा व तक़लीद के बंधन से मुक्त हों, तो आप को पूरी तरह से विश्वास हो जाएगा कि यह ब्रह्माण्ड एक **सृष्टि** है, जिसे एक सर्वबुद्धिमान, सर्वशक्तिमान सर्वज्ञानी ने **सृष्टि** किया है। उस ने इसे बेहतरीन अनुमान के साथ आयोजित किया है और सब से अच्छे ढंग से व्यवस्थित किया है। तथा यह भी बिश्वास हो जायेगा कि दो स्रष्टा का होना असंभव है; बल्कि पूज्य मात्र एक है, उसके सिवा कोई पूज्य नहीं, और अगर आकाश व पृथ्वी पर अल्लाह के सिवाय कोई दूसरा भी माबूद होता तो उन दोनों का मामला नष्ट (खराब) हो जाता, उसकी व्यवस्था बिगड़ जाती और उसके हित बाधित हो जाते।

अगर आप इस ब्रह्माण्ड को पैदा करने की निस्बत उसके रचयिता के अलावा

की ओर करने पर अड़े हुए हैं तो आप एक नदी पर घूमने वाली चर्खी के बारे में क्या कहेंगे जिसके यंत्र मज़बूत बनाए गए हैं, उसे मज़बूती से जोड़ा गया है, और उसके उपकरणों का अच्छी तरह अनुमान किया गया है, इस प्रकार कि देखने वाला उस के अंदर उसकी सामग्री में अथवा उसके रूप में कोई गड़बड़ी नहीं पाता है। और उसे एक बड़े बग़ीचे में रख दिया गया है, जिस में हर प्रकार के फल हैं, जिसे वह उसकी आवश्यकता भर सींचता है, तथा उस बग़ीचे में कोई है जो उसकी काट-छांट करता है, उसकी अच्छी तरह देखभाल और रखवाली करता है और उसके तमाम हितों की देख-रेख करता है। चुनाँचे उस में से कोई चीज़ ख़राब नहीं होती है और न ही उसका फल नष्ट होता है। फिर तोड़ने के समय सभी को उनकी आवश्यकताओं और ज़रूरतों के अनुसार आवंटित कर दिया जाता है, हर वर्ग को उसके योग्य चीज़ मिलती है, और इसी प्रकार हमेशा आवंटित किया जाता है।

क्या आप यह समझते हैं कि ये सब आकस्मिक तौर पर बिना किसी निर्माता, बिना किसी अधिकृत और बिना किसी व्यवस्थापक के हो गए हैं? बल्कि उस चर्खी और बग़ीचे का अस्तित्व अपने आप ही हो गया है, और ये सब बिना किसी कर्ता और बिना किसी प्रबंधक के आकस्मिक रूप से हो गए हैं। भला बतलाइए! अगर ऐसा हो जाए तो आप की बुद्धि इसके बारे में क्या कहेगी? तथा वह आप को क्या बताएगी? और किस चीज़ की ओर आप का मार्गदर्शन करेगी?[1]

१ ये पैराग्राफ़ मिफ्ताहो दारिस्सआदा १/२५१-२६६ से कई जगहों से लिया गया है।

ब्रह्माण्ड की रचना की तत्वदर्शिता

ब्रह्माण्ड की रचना पर इस चिंतन-मनन के बाद, हमारे लिए अच्छा होगा कि हम कुछ उन हिक्मतों (तत्वदर्शिताओं) का उल्लेख करें जिनके कारण अल्लाह तआला ने इन महान सृष्टियों और स्पष्ट निशानियों को पैदा किया है। उन्हीं में से कुछ निम्नलिखित हैं:

١ मनुष्य के अधीन करना:

जब अल्लाह तआला ने यह निर्णय किया कि इस धरती पर एक ख़लीफ़ा (उत्तराधिकारी) बनाए जो इस में उसकी इबादत करे और इस धरती को आबाद करे; तो इसी कारण उस ने इन सब को पैदा किया, ताकि उसकी ज़िंदगी ठीक-ठाक रहे और उसकी दुनिया व आख़िरत का मामला अच्छा रहे।

अल्लाह तआला ने फ़रमायाः

﴿وَسَخَّرَ لَكُم مَّا فِي السَّمَاوَاتِ وَمَا فِي الْأَرْضِ جَمِيعًا مِّنْهُ﴾

"और उस ने आसमानों और ज़मीन की तमाम चीजों को अपनी ओर से तुम्हारे वश में कर दिया।" (सूरतुल जासियाः १३)

और एक-दूसरे स्थान पर फ़रमायाः

﴿اللَّهُ الَّذِي خَلَقَ السَّمَاوَاتِ وَالْأَرْضَ وَأَنزَلَ مِنَ السَّمَاءِ مَاءً فَأَخْرَجَ بِهِ مِنَ الثَّمَرَاتِ رِزْقًا لَّكُمْ ۖ
وَسَخَّرَ لَكُمُ الْفُلْكَ لِتَجْرِيَ فِي الْبَحْرِ بِأَمْرِهِ ۖ وَسَخَّرَ لَكُمُ الْأَنْهَارَ ﴿٣٢﴾ وَسَخَّرَ لَكُمُ الشَّمْسَ وَالْقَمَرَ
دَائِبَيْنِ ۖ وَسَخَّرَ لَكُمُ اللَّيْلَ وَالنَّهَارَ ﴿٣٣﴾ وَآتَاكُم مِّن كُلِّ مَا سَأَلْتُمُوهُ ۚ وَإِن تَعُدُّوا نِعْمَتَ اللَّهِ لَا
تُحْصُوهَا ۗ إِنَّ الْإِنسَانَ لَظَلُومٌ كَفَّارٌ ﴿٣٤﴾﴾

"अल्लाह वह है जिस ने आसमानों और ज़मीन को पैदा किया और आसमान से पानी बरसाकर, उसके माध्यम से तुम्हारे आहार के लिए फल निकाले हैं। और नावों को तुम्हारे वश में कर दिया है कि वे समुद्र में उसके हुक्म से चलें फिरें, और

उसी ने नदियाँ तुम्हारे वश में कर दी हैं। और उसी ने सूर्य व चांद को तुम्हारे अधीन कर दिया है कि वे लगातार चल रहे हैं। और रात व दिन को भी तुम्हारे काम में लगा रखा है। और उसी ने तुम्हें तुम्हारी मुँह मांगी सभी चीज़ों में से दे रखा है। अगर तुम अल्लाह की नेमतों की गिनती करना चाहो तो उन्हें गिन भी नहीं सकते, बेशक मनुष्य बड़ा ज़ालिम और नाशुक्रा है।" (सूरतु इब्राहीमः ३२-३४)

२ आसमान और ज़मीन और ब्रह्माण्ड की दूसरी सभी चीज़ें उसकी रूबूबियत (एकमात्र पालनहार होने) के साक्ष्य और उसकी एकता की निशानियाँ बन जाएं:

क्योंकि इस ब्रह्माण्ड में सब से महान चीज़ उस की रुबूबियत को स्वीकारना और उसकी वह्दानियत (एकता) में विश्वास रखना है। और चूँकि यह सब से बड़ी चीज़ है; इस लिए अल्लाह तआला ने इस पर सब से मज़बूत प्रमाण स्थापित किए हैं, और इस के लिए सब से बड़ी निशानियाँ खड़ी की हैं, और इस के लिए सब से सशक्त तर्क दिए हैं। चुनाँचे अल्लाह सर्वशक्तिमान ने आकाश व धरती और शेष मौजूद चीज़ों को स्थापित किया है ताकि वे इसके साक्षी बन जाएं। इसी लिए कुरआन में अधिकतर यह वर्णन मिलता हैः ﴿وَمِنْ ءَايَـٰتِهِۦ﴾ "और उसकी निशानियों में से है।"

जैसा कि अल्लाह के इस फ़रमान में हैः

﴿وَمِنْ ءَايَـٰتِهِۦ خَلْقُ ٱلسَّمَـٰوَٰتِ وَٱلْأَرْضِ﴾

"और उसकी निशानियों में से आसमानों और ज़मीन को पैदा करना है।"

﴿وَمِنْ ءَايَـٰتِهِۦ مَنَامُكُم بِٱلَّيْلِ وَٱلنَّهَارِ﴾

"और उसकी निशानियों में से तुम्हारा रात व दिन को सोना भी है।"

﴿وَمِنْ ءَايَـٰتِهِۦ يُرِيكُمُ ٱلْبَرْقَ خَوْفًا وَطَمَعًا﴾

"और उसकी निशानियों में से है कि वह तुम्हें डराने और उम्मीदवार बनाने के लिए बिजलियाँ दिखाता है।"

﴿وَمِنْ ءَايَـٰتِهِۦٓ أَن تَقُومَ ٱلسَّمَآءُ وَٱلْأَرْضُ بِأَمْرِهِۦ﴾

"और उसकी निशानियों में से है कि आसमान और ज़मीन उसके हुक्म से क़ायम हैं।" (सूरतुर्रूमः २२-२५)

३ यह पुनर्जन्म (मरने के बाद दुबारा ज़िंदा होने) पर प्रमाण बन सकें:

जब जीवन के दो भेद हैं। एक जीवन दुनिया में है, और दूसरा जीवन आख़िरत में है, और आखिरत का जीवन ही वास्तविक और असली जीवन है।

अल्लाह तआला ने फ़रमायाः

﴿وَمَا هَٰذِهِ ٱلْحَيَوٰةُ ٱلدُّنْيَآ إِلَّا لَهْوٌ وَلَعِبٌ ۚ وَإِنَّ ٱلدَّارَ ٱلْءَاخِرَةَ لَهِىَ ٱلْحَيَوَانُ ۚ لَوْ كَانُوا۟ يَعْلَمُونَ﴾

"यह दुनिया का जीवन तो केवल खेल-कूद है और आख़िरत का घर ही असली ज़िंदगी है, अगर ये जानते।" (सूरतुल अंकबूतः ६४)

इस लिए कि वही बदले और हिसाब का घर है, तथा इस लिए कि वहाँ पर स्वर्गवासी अनंतकाल तक आनंद व परम सुख में रहेंगे और नरकवासी हमेशा यातना में रहेंगे।

और जब मनुष्य इस घर में उसी समय पहुंच सकता है जब वह मर जाए और मरने के बाद पुनः ज़िंदा किया जाए; इस बात का उन सभी लोगों ने इन्कार कर दिया है जिनका संबंध अपने रब से कटा हुआ है और जिनकी प्रकृति उलटी हो गई है और जिनकी बुद्धि ख़राब हो गई है। इसी लिए अल्लाह ने अपनी हुज्जतें (तर्क) क़ायम कर दी हैं, और प्रमाण स्थापित कर दिए हैं ताकि आत्माएं दोबारा ज़िंदा होने में विश्वास कर सकें और दिलों को उस पर यक़ीन हो जाए; क्योंकि किसी चीज़ की पुनः रचना करना, उसे पहली बार रचना करने से अधिक सरल है, बल्कि आसमानों और ज़मीन को पैदा करना मनुष्य की पैदाइश को लौटाने से कहीं अधिक बड़ी बात है।

अल्लाह तआला ने फ़रमायाः

﴿وَهُوَ ٱلَّذِى يَبْدَؤُا۟ ٱلْخَلْقَ ثُمَّ يُعِيدُهُۥ وَهُوَ أَهْوَنُ عَلَيْهِ﴾

"और वही वह अल्लाह है जो पहली बार पैदा करता है, फिर उसे वह दोबारा (पैदा) करेगा, और यह उस पर अधिक आसान है।" (सूरतुर्रूमः २७)

और अल्लाह तआला ने फ़रमायाः

﴿لَخَلْقُ السَّمَاوَاتِ وَالْأَرْضِ أَكْبَرُ مِنْ خَلْقِ النَّاسِ﴾

"आसमानों और ज़मीन को पैदा करना लोगों को पैदा करने से ज़्यादा बड़ी बात है।" (सूरतु ग़ाफ़िरः ५७)

और फ़रमायाः

﴿اللَّهُ الَّذِي رَفَعَ السَّمَاوَاتِ بِغَيْرِ عَمَدٍ تَرَوْنَهَا ۖ ثُمَّ اسْتَوَىٰ عَلَى الْعَرْشِ ۖ وَسَخَّرَ الشَّمْسَ وَالْقَمَرَ ۖ كُلٌّ يَجْرِي لِأَجَلٍ مُسَمًّى ۚ يُدَبِّرُ الْأَمْرَ يُفَصِّلُ الْآيَاتِ لَعَلَّكُمْ بِلِقَاءِ رَبِّكُمْ تُوقِنُونَ﴾

"अल्लाह वह है जिस ने आसमानों को बग़ैर स्तंभों के बुलंद कर रखा है कि तुम उन्हें देख रहे हो फिर वह अर्श पर मुस्तवी हो गया, और उसी ने सूर्य व चाँद को अधीन कर रखा है। हर एक निश्चित काल तक के लिए चल रहा है। वही काम की व्यवस्था करता है, वह अपनी निशानियाँ साफ़-साफ़ बयान कर रहा है कि तुम अपने रब से मिलने पर विश्वास कर सको।" (सूरतु रअदः २)

इन सब के बाद, हे मनुष्य!

जब ये सम्पूर्ण ब्रह्माण्ड तुम्हारे हित के लिए अधीन कर दिया गया है, और जब उसकी निशानियाँ और लक्षण तुम्हारी नज़रों के सामने प्रमाण व साक्ष्य बनाकर खड़े कर दिए गए हैं, जो इस बात की गवाही दे रहे हैं कि अल्लाह के अलावा कोई सच्चा पूज्य नहीं, वह अकेला है, उसका कोई साझेदार नहीं और जब तुम्हें पता चल गया कि तुम्हारा पुनरुत्थान और मरने के बाद ज़िंदा किया जाना, आसमानों और ज़मीन के पैदा करने से ज़्यादा आसान है, और तुम अपने रब से मिलने वाले हो फिर वह तुम से तुम्हारे कर्मों का हिसाब लेगा। और जब तुम ने जान लिया कि यह सम्पूर्ण ब्रह्माण्ड अपने पालनहार की उपासना करने वाला है, तो उसकी सृष्टि की प्रत्येक चीज़ अपने पालनहार की प्रशंसा के साथ उसी की पाकी बयान करती है।

अल्लाह तआला ने फ़रमायाः

﴿يُسَبِّحُ لِلَّهِ مَا فِي السَّمَاوَاتِ وَمَا فِي الْأَرْضِ﴾

"आसमानों और ज़मीन की सभी चीज़ें अल्लाह की पाकी बयान करती हैं।" (सूरतुल जुमुआः १)

और उसकी महानता व प्रतिष्ठा के लिए उसका सज्दा करती हैं, अल्लाह सर्वशक्तिमान ने फ़रमायाः

﴿أَلَمْ تَرَ أَنَّ اللَّهَ يَسْجُدُ لَهُ مَن فِي السَّمَاوَاتِ وَمَن فِي الْأَرْضِ وَالشَّمْسُ وَالْقَمَرُ وَالنُّجُومُ وَالْجِبَالُ وَالشَّجَرُ وَالدَّوَابُّ وَكَثِيرٌ مِّنَ النَّاسِ ۖ وَكَثِيرٌ حَقَّ عَلَيْهِ الْعَذَابُ﴾

"क्या तुम नहीं देख रहे कि अल्लाह के सामने सज्दे में हैं सब आसमानों वाले और सब ज़मीनों वाले, तथा सूर्य और चांद, तारे और पहाड़, पेड़ और जानवर, और बहुत से मनुष्य भी, हाँ बहुत से वे भी हैं जिन पर अज़ाब की बात पक्की हो चुकी है।" (सूरतुल हज्जः १८)

बल्कि ये ब्रह्माण्ड अपने पालनहार की प्रार्थना इस तरह करते हैं जो उनके योग्य है।

अल्लाह तआला ने फ़रमायाः

﴿أَلَمْ تَرَ أَنَّ اللَّهَ يُسَبِّحُ لَهُ مَن فِي السَّمَاوَاتِ وَالْأَرْضِ وَالطَّيْرُ صَافَّاتٍ ۖ كُلٌّ قَدْ عَلِمَ صَلَاتَهُ وَتَسْبِيحَهُ﴾

"क्या आप ने नहीं देखा कि अल्लाह की पाकी बयान करती हैं आसमानों और ज़मीन की तमाम चीज़ें और चिड़िया भी कतार लगाकर, हर एक को अपनी प्रार्थना (नमाज़) और तसबीह मालूम है।" (सूरतुन नूरः ४१)

जब तुम्हारा शरीर अपनी व्यवस्था में अल्लाह की बनाई तक़दीर (अनुमान) और उसकी तदबीर (प्रबंध) के अनुसार चलता है। चुनाँचे दिल, फेफड़े, जिगर और अन्य सभी अंग अपने पालनहार के लिए समर्पित हैं, अपने नेतृत्व को अपने पालनहार को सौंपे हुए हैं... तो क्या तुम्हारा वैकल्पिक निर्णय जिस में तुम्हें अपने पालनहार पर ईमान लाने के बीच और उसके साथ कुफ़्र करने के बीच अधिकार (विकल्प) दिया गया है, तो क्या तुम्हारा यह निर्णय उस शुभ (बाबरकत) रास्ते से अलग-थलग और विचलित होगा, जिस पर तुम्हारे चारों ओर के ब्रह्माण्ड बल्कि तुम्हारा शरीर भी क़ायम है।

निःसंदेह पूरी तरह समझ-बूझ रखने वाला इन्सान इस विशाल और महान ब्रह्माण्ड के बीच में एकमात्र वही विचलित और विकृत होना पसंद नहीं करेगा।

मनुष्य की रचना और उसका सम्मान

अल्लाह ने इस ब्रह्माण्ड में निवास करने योग्य एक प्राणी पैदा करने का फैसला किया; तो वह प्राणी इन्सान ही है, और अल्लाह पाक की हिक्मत ने चाहा कि वह पदार्थ जिस से मनुष्य को पैदा करना था ज़मीन हो और उस ने मिट्टी से उसकी रचना की शुरूआत की। फिर उस ने उसका ये खूबसूरत रूप बनाया जिस पर कि मनुष्य है, फिर जब वह अपने रूप में पूरा हो गया तो उस में अपनी ओर से रूह फूँकी (प्राण डाला), तो वह एक बेहतरीन आकार वाला इंसान बन गया, जो सुनता और देखता है, चलता-फिरता और बोलता है। उसके पालनहार ने उसे अपने स्वर्ग में रखा और उसे वे तमाम बातें सिखाईं जिनकी उसे आवश्यकता थी और उस स्वर्ग की तमाम चीज़ें उसके लिए जायज़ कर दीं, और - आज़माने और परीक्षा लेने के लिए - उसे एक पेड़ से रोक दिया। फिर अल्लाह ने उस के पद और प्रतिष्ठा को उजागर करना चाहा; तो उस ने अपने फ़रिश्तों को उसके लिए सज्दा करने का हुक्म दिया, तो सारे फ़रिश्तों ने उसको सज्दा किया, मगर इब्लीस ने घमण्ड और हठ में आकर सज्दा करने से इंकार कर दिया, तो उसका रब, अपने हुक्म को न मानने के कारण, उस पर नाराज़ हो गया और उसे अपनी रहमत से धुतकार दिया, क्योंकि उस ने उसके सामने घमण्ड दिखलाया था। तो इब्लीस ने अपने रब से अपनी आयु को बढ़ाने का सवाल किया और यह कि उसे क़यामत के दिन तक छूट दे दी जाए, तो उसके रब ने उसे छूट दे दी और क़यामत के दिन तक उसकी आयु बढ़ा दी। शैतान आदम से जलने लगा, क्योंकि अल्लाह ने आदम और उनकी संतान को उस पर वरीयता दी थी, फिर उस ने अपने रब की क़सम खाकर कहा कि वह आदम की सभी औलाद (संतान) को भटकाएगा, और वह उनके आगे से, पीछे से, उनके दाऐं से और बाऐं से उनके पास आएगा, सिवाय अल्लाह के सच्चे ईशभय रखने वाले धर्मनिष्ठ बन्दों के जो उस से सुरक्षित रहेंगे, क्योंकि अल्लाह

ने उनको शैतान के छल और चाल से बचा लिया है, तथा अल्लाह ने आदम को शैतान की चाल से चौकन्ना कर दिया था। शैतान ने आदम और उनकी पत्नी हव्वा को बहकाया, ताकि उन दोनों को स्वर्ग से निकलवा दे और उनकी छिपे हुये अंगों को ज़ाहिर कर दे, और उन दोनों से क़सम खाकर कहा कि मैं तुम्हारा खैरख़्वाह (शुभचिंतक) हूँ, और अल्लाह ने तुम दोनों को उस पेड़ से केवल इस लिए रोका है कि तुम दोनों फ़रिश्ते या हमेशा रहने वाले न बन जाओ।

चुनाँचे उन दोनों ने उस पेड़ से खा लिया जिस से अल्लाह ने रोका था, तो अल्लाह के हुक्म को न मानने पर जो सब से पहली सज़ा उनको मिली वह यह थी कि उनके अंग खुल गए, तो उनके रब ने उनको शैतान की चाल से सचेत करने की बात याद दिलाई, तो आदम ने अपने रब से ग़लती की क्षमा मांगी। तो उस ने उनको क्षमा कर दिया और उनकी तौबा को क़बूल कर लिया, और उनको चुन लिया, और हिदायत दी और उनको आदेश दिया कि वह उस स्वर्ग से जिस में वह रह रहे थे, ज़मीन पर उतर जायें; क्योंकि वही उनका ठिकाना है और उसी में एक समय तक के लिए उनका सामान है, और उनको बताया कि वह उसी से पैदा किए गए हैं, उसी पर ज़िदंगी बितायेंगे, उसी पर मरेंगे और फिर उसी से उनको दोबारा ज़िंदा करके उठाया जाएगा।

आदम और उनकी पत्नी हव्वा ज़मीन पर उतर आए, फिर उनकी नस्ल (सन्तान) बढ़ने लगी, और वे सभी अल्लाह की उसके हुक्म के अनुसार इबादत करते थे, क्योंकि आदम नबी (ईशदूत) थे। अल्लाह तआला ने हमें इसकी सूचना इस प्रकार दी है:

﴿وَلَقَدْ خَلَقْنَٰكُمْ ثُمَّ صَوَّرْنَٰكُمْ ثُمَّ قُلْنَا لِلْمَلَٰٓئِكَةِ ٱسْجُدُوا۟ لِءَادَمَ فَسَجَدُوٓا۟ إِلَّآ إِبْلِيسَ لَمْ يَكُن مِّنَ
ٱلسَّٰجِدِينَ ﴿١١﴾ قَالَ مَا مَنَعَكَ أَلَّا تَسْجُدَ إِذْ أَمَرْتُكَ ۖ قَالَ أَنَا۠ خَيْرٌ مِّنْهُ خَلَقْتَنِى مِن نَّارٍ وَخَلَقْتَهُۥ مِن طِينٍ ﴿١٢﴾ قَالَ فَٱهْبِطْ
مِنْهَا فَمَا يَكُونُ لَكَ أَن تَتَكَبَّرَ فِيهَا فَٱخْرُجْ إِنَّكَ مِنَ ٱلصَّٰغِرِينَ ﴿١٣﴾ قَالَ أَنظِرْنِىٓ إِلَىٰ يَوْمِ يُبْعَثُونَ ﴿١٤﴾ قَالَ إِنَّكَ مِنَ ٱلْمُنظَرِينَ
قَالَ فَبِمَآ أَغْوَيْتَنِى لَأَقْعُدَنَّ لَهُمْ صِرَٰطَكَ ٱلْمُسْتَقِيمَ ﴿١٦﴾ ثُمَّ لَءَاتِيَنَّهُم مِّنۢ بَيْنِ أَيْدِيهِمْ وَمِنْ خَلْفِهِمْ وَعَنْ أَيْمَٰنِهِمْ وَعَن شَمَآئِلِهِمْ ۖ
وَلَا تَجِدُ أَكْثَرَهُمْ شَٰكِرِينَ ﴿١٧﴾ قَالَ ٱخْرُجْ مِنْهَا مَذْءُومًا مَّدْحُورًا ۖ لَّمَن تَبِعَكَ مِنْهُمْ لَأَمْلَأَنَّ جَهَنَّمَ مِنكُمْ أَجْمَعِينَ ﴿١٨﴾
وَيَٰٓـَٔادَمُ ٱسْكُنْ أَنتَ وَزَوْجُكَ ٱلْجَنَّةَ فَكُلَا مِنْ حَيْثُ شِئْتُمَا وَلَا تَقْرَبَا هَٰذِهِ ٱلشَّجَرَةَ فَتَكُونَا مِنَ ٱلظَّٰلِمِينَ ﴿١٩﴾ فَوَسْوَسَ لَهُمَا
ٱلشَّيْطَٰنُ لِيُبْدِىَ لَهُمَا مَا وُۥرِىَ عَنْهُمَا مِن سَوْءَٰتِهِمَا وَقَالَ مَا نَهَىٰكُمَا رَبُّكُمَا عَنْ هَٰذِهِ ٱلشَّجَرَةِ إِلَّآ أَن تَكُونَا مَلَكَيْنِ أَوْ تَكُونَا

مِنَ الْخَالِدِينَ ﴿٢٠﴾ وَقَاسَمَهُمَا إِنِّي لَكُمَا لَمِنَ النَّاصِحِينَ ﴿٢١﴾ فَدَلَّاهُمَا بِغُرُورٍ ۚ فَلَمَّا ذَاقَا الشَّجَرَةَ بَدَتْ لَهُمَا سَوْآتُهُمَا
وَطَفِقَا يَخْصِفَانِ عَلَيْهِمَا مِن وَرَقِ الْجَنَّةِ ۖ وَنَادَاهُمَا رَبُّهُمَا أَلَمْ أَنْهَكُمَا عَن تِلْكُمَا الشَّجَرَةِ وَأَقُل لَّكُمَا إِنَّ الشَّيْطَانَ لَكُمَا
عَدُوٌّ مُّبِينٌ ﴿٢٢﴾ قَالَا رَبَّنَا ظَلَمْنَا أَنفُسَنَا وَإِن لَّمْ تَغْفِرْ لَنَا وَتَرْحَمْنَا لَنَكُونَنَّ مِنَ الْخَاسِرِينَ ﴿٢٣﴾ قَالَ اهْبِطُوا بَعْضُكُمْ
لِبَعْضٍ عَدُوٌّ ۖ وَلَكُمْ فِي الْأَرْضِ مُسْتَقَرٌّ وَمَتَاعٌ إِلَىٰ حِينٍ ﴿٢٤﴾ قَالَ فِيهَا تَحْيَوْنَ وَفِيهَا تَمُوتُونَ وَمِنْهَا تُخْرَجُونَ ۞

‘‘और हम ने तुम को पैदा किया, फिर हम ने तुम्हारी शक्ल बनाई। फिर हम ने फ़रिश्तों से कहा कि आदम को सज्दा करो, तो सभी ने सज्दा किया, सिवाय इब्लीस के, वह सज्दा करने वालों में शामिल नही हुआ। (अल्लाह ने) फ़रमायाः किस चीज़ ने तुझे सज्दा करने से रोका, जबकि मैं ने तुझे इसका हुक्म दिया था, कहने लगा, मैं इस से बेहतर हूँ, तू ने मुझ को आग से पैदा किया है, और इस को तूने मिट्टी से पैदा किया है। अल्लाह ने फ़रमायाः तू यहाँ से उतर जा, तुझे कोई अधिकार नहीं कि तू यहाँ रहकर घमण्ड करे, तू निकल जा, बेशक तू ज़लीलों में से है। उस ने कहाः मुझ को प्रलय (क़यामत) के दिन तक की छूट दीजिए, अल्लाह ने कहाः तूझे छूट दे दी गई। उस ने कहाः इस कारण कि तूने मुझको धिक्कार दिया है, मैं उनके लिए तेरे सीधे मार्ग पर बैठूंगा, फिर उन पर हमला करूंगा उनके आगे से भी, पीछे से भी, दाऐं से भी, और उनके बाऐं से भी, और आप उन में से अधिकतर को शुक्र करने वाला न पायेंगे। अल्लाह तआ़ला ने फ़रमाया कि तू यहाँ से ज़लील व रुस्वा होकर निकल जा, जो भी उन में से तेरा कहा मानेगा, मैं अवश्य तुम सब से नरक को भर दूंगा। और हम ने हुक्म दिया कि ऐ आदम! तुम और तुम्हारी पत्नी स्वर्ग में रहो, फिर जहाँ से चाहो, दोनों खाओ और इस पेड़ के पास कभी न जाना, वर्ना तुम ज़ालिमों में से हो जाओगे। फिर शैतान ने उनके दिलों में वस्वसा डाला ताकि उनकी छिपी हुई जननांग को ज़ाहिर कर दे और उस ने कहाः तुम्हारे रब ने तुम दोनों को इस पेड़ से इसी लिए रोका है कि तुम कहीं फ़रिश्ते हो जाओगे या हमेशा ज़िन्दा रहने वालों में से बन जाओगे। और उस ने उन दोनों के सामने क़सम खाई कि बेशक मैं तुम दोनों का ख़ैरख़्वाह हूँ, तो उस ने उन दोनों को धोका देकर (अपनी बातों में) उतार लिया। तो जैसे ही उन दोनों ने पेड़ को चखा, दोनों के शर्मगाह उन के लिए ज़ाहिर हो गए। और दोनों स्वर्ग के पत्ते अपने ऊपर

जोड़-जोड़ कर रखने लगे, और उनके रब ने उनको पुकारा, क्या मैं ने तुम दोनों को इस पेड़ से रोका नहीं था, और तुम से यह नहीं कहा था कि शैतान तुम्हारा खुला हुआ दुश्मन है। दोनों ने कहाः ऐ हमारे रब हम ने अपने ऊपर बड़ा ज़ुल्म किया है। अगर तू हमें क्षमा न देगा और हम पर दया न करेगा तो सचमुच हम नुक़सान उठाने वालो में से हो जायेंगे। अल्लाह ने फ़रमाया कि तुम नीचे उतरो, तुम एक-दूसरे के दुश्मन हो, और तुम्हारे लिए ज़मीन में रहने की जगह है, और एक समय तक के लिए फ़ायदे का सामान है। फ़रमाया कि तुम को वहीं ज़िंदगी बिताना है और वहीं पर मरना है और उसी में से फिर निकाले जाओगे। (सूरतुल आराफ़ः ११-२५)

आप इस मनुष्य के प्रति अल्लाह की महान कारीगरी पर विचार करें कि उस ने इसे बेहतरीन रूप में पैदा किया और उसे सम्मान के सभी जोड़े पहनाए, जैसेः अक़्ल, ज्ञान, बयान, बोलने की शक्ति, रूप, सुंदर शक्ल, सज्जन रूप-रेखा, संतुलित शरीर, सोच-विचार और बराबरी के द्वारा जानकारी ग्रहण करने की क्षमता, और प्रतिष्ठित और उच्च नैतिकता, जैसेः नेकी, आज्ञाकारिता, और आज्ञापालन ग्रहण करने की योग्यता दी। चुनाँचे आप विचार करें कि उसकी उस हालत के बीच जबकि वह माँ के पेट में एक नुत्फ़ा था, और उसकी उस हालत के बीच जबकि सदा रहने वाली जन्नतों में फ़रिश्ता उसके ऊपर प्रवेश करेगा, कितना अंतर है?

﴿فَتَبَارَكَ اللَّهُ أَحْسَنُ الْخَالِقِينَ﴾

"तो सब से अच्छा पैदा करने वाले अल्लाह की ज़ात बड़ी बरकत वाली है।"
(सूरतुल मोमिनूनः १४)

दुनिया एक गांव है और मनुष्य उसका निवासी है और हर एक उसी में व्यस्त और उसी के हितों के लिए प्रयासरत है, और सभी चीज़ें उसी की सेवा और उसकी ज़रूरतों में लगा दी गई हैं। चुनाँचे फ़रिश्ते उसी के काम पर लगाए गए हैं, वे रात की घड़ियों और दिन के समय में उनकी हिफ़ाज़त करते हैं। वर्षा और पौधों पर नियुक्त फ़रिश्ते उसकी जीविका के लिए प्रयास करते हैं और उसी के लिए काम कर रहे हैं। ग्रहें उसी के हितों के लिए अधीन होकर घूम रहे हैं। सूरज, चाँद और

तारे भी अधीन होकर उसके समय की गणना और उसके भोजन की व्यवस्था की बेहतरी के लिए चल रहे हैं। और हवाई दुनिया भी अपनी हवाओं, वायु, बादल, पक्षियों और उसके अंदर रखी हुई सभी चीज़ों के साथ उसी के लिए अधीन है, तथा निचली दुनिया सारी की सारी उसके अधीन है, उसकी हितों के लिए पैदा की गई है, उसकी ज़मीन और उसके पहाड़, उसके समुद्र और उसकी नदियाँ, उसके पेड़ और उसके फल, उसके पौधे और उसके जानवर और उसके अंदर मौजूद सभी चीज़ें (उसी के लिए पैदा की गई हैं), जैसा कि अल्लाह तआला ने फ़रमायाः

﴿ٱللَّهُ ٱلَّذِى خَلَقَ ٱلسَّمَٰوَٰتِ وَٱلْأَرْضَ وَأَنزَلَ مِنَ ٱلسَّمَآءِ مَآءً فَأَخْرَجَ بِهِۦ مِنَ ٱلثَّمَرَٰتِ رِزْقًا لَّكُمْ ۖ
وَسَخَّرَ لَكُمُ ٱلْفُلْكَ لِتَجْرِىَ فِى ٱلْبَحْرِ بِأَمْرِهِۦ ۖ وَسَخَّرَ لَكُمُ ٱلْأَنْهَٰرَ ﴿٣٢﴾ وَسَخَّرَ لَكُمُ ٱلشَّمْسَ وَٱلْقَمَرَ
دَآئِبَيْنِ ۖ وَسَخَّرَ لَكُمُ ٱلَّيْلَ وَٱلنَّهَارَ ﴿٣٣﴾ وَءَاتَىٰكُم مِّن كُلِّ مَا سَأَلْتُمُوهُ ۚ وَإِن تَعُدُّوا۟ نِعْمَتَ ٱللَّهِ لَا
تُحْصُوهَآ ۗ إِنَّ ٱلْإِنسَٰنَ لَظَلُومٌ كَفَّارٌ﴾

“अल्लाह वह है जिस ने आसमानों और ज़मीन को पैदा किया है और आसमान से पानी बरसाकर उस से तुम्हारी रोज़ी के लिए फल पैदा किए और नावों को तुम्हारे बस में कर दिया है ताकि वे समुद्र में उसके हुक्म से चलें फिरें। उसी ने नदियाँ और नहरें तुम्हारे वश में कर दी हैं। उसी ने तुम्हारे लिए सूरज और चाँद को अधीन कर दिया है कि बराबर ही चल रहे हैं। और रात व दिन को भी तुम्हारे काम पर लगा रखा है। और उसी ने तुम्हें तुम्हारी मुँह माँगी सभी चीज़ों में से दे रखा है, और अगर तुम अल्लाह की नेमतें गिनना चाहो तो तुम उन्हें पूरा गिन भी नहीं सकते। बेशक इन्सान बड़ा ज़ालिम और नाशुक्रा है।” (सूरतु इब्राहीमः ३२-३४)[1]

तथा अल्लाह तआला के इन्सान के सम्मान की पूर्ति में से यह भी है कि उस ने उसके लिए उन सभी चीज़ों को पैदा किया जिनकी उसे अपने सांसारिक जीवन में आवश्यकता होती है, तथा उन साधनों को पैदा किया जिनकी उसे आख़िरत में सर्वोच्च पदों तक पहुँचने के लिए आवश्यकता होती हैः चुनाँचे उसकी तरफ अपनी किताबें उतारीं और उसके पास अपने संदेष्टा भेजे, जो उसके लिए अल्लाह की शरीअत (धर्मशास्त्र) को बयान करते हैं और उसे उसकी ओर बुलाते हैं।

१ मिफ्ताहो दारिस्सआदह १/३२७-३२८.

फिर अल्लाह ने उसके लिए स्वयं उसी के अंग से - अर्थात आदम के अंग से - एक पत्नी बनाया जिस से वह सुकून और आराम हासिल करे। यह उसकी प्राकृतिक - मानसिक, बौद्धिक और शरीरिक - ज़रूरतों की पूर्ति के लिए किया गया ताकि वह उसके पास आराम, शांति और स्थिरता पाए। और वे दोनों अपने आपसी मिलाप में शांति, संतोष, प्रेम और दया का अनुभव करें; क्योंकि उन दोनों की शरीरिक, मानसिक और तांत्रिक संरचना में उन दोनों में से हरेक की इच्छाओं की दूसरे के अंदर पूर्ति और उन दोनों के मिलाप से एक नई पीढ़ी की तैयारी को ध्यान में रखा गया है। और उन दोनों की आत्माओं में इन भावनाओं को भर दिया गया है, और इस रिश्ते में आत्मा और नसों के लिए शांति, शरीर और दिल के लिए राहत व आराम, जीवन और जीवनयापन के लिए स्थिरता, आत्माओं और अंतरात्माओं का हेल-मेल, तथा एक समान आधार पर पुरुष और नारी के लिए संतुष्टि रखी गई है।

अल्लाह तआला ने मानव जाति के बीच विश्वासियों (ईमान वालों) को चुन लिया है, और उन्हें अपनी दोस्ती का पात्र बनाया है। उन्हें अपनी आज्ञाकारिता के कामों में लगाया है। वे उसकी शरीअत (धर्मशास्त्र) के अनुसार काम करते हैं, ताकि स्वर्ग में अपने रब के पास रहने के योग्य बन सके। उस ने फिर उन में से सदाचारियों, शहीदों, नबियों और रसूलों को चुना, और उनको इस दुनिया में सब से बड़ी नेमत प्रदान किया जिस से दिलों को आनंद मिलता है, और वह अल्लाह की उपासना, उसकी आज्ञा और उसकी मुनाजात (विनती) है, तथा उन्हें बड़ी-बड़ी नेमतें प्रदान की हैं -जिन्हें उनके अलावा लोग नहीं पा सकते- उन्हीं में से सुरक्षा, शांति, सुख और खुशी है। बल्कि इन सब से महान चीज़ यह है कि वे उस हक़ (सत्य धर्म) को पहचानते हैं जिसे संदेष्टा लेकर आए हैं और उस पर ईमान रखते हैं। तथा अल्लाह ने उनके लिए -आखिरत के घर में- ऐसी चिरस्थायी नेमत और महान सफलता तैयार कर रखी है जो उस सर्वशक्तिमान की उदारता को शोभित है। और वह उन्हें उस पर ईमान लाने और उसके लिए इख़्लास (ईमानदारी) का प्रदर्शन करने पर पुरस्कृत करेगा।

महिला का स्थान

इसलाम में महिला एक उच्च स्थान पर पहुँच गई, जहाँ तक वह किसी पिछले समुदाय में नहीं पहुंची थी और न ही वह बाद में आने वाले किसी समुदाय में उस स्थान को पा सकती है। क्योंकि इस्लाम ने मनुष्य को जो सम्मान दिया है उस में पुरुष व महिला दोनों बराबरी के साथ शामिल हैं। वे इस दुनिया में अल्लाह के अहकाम (आदेशों) के सामने बराबर हैं। जिस तरह कि वे आख़िरत के घर में उसके सवाब (पुण्य) व बदले के सामने एक समान और बराबर होंगे। अल्लाह तआला ने फ़रमायाः

﴿وَلَقَدْ كَرَّمْنَا بَنِيٓ ءَادَمَ﴾

“वास्तव में हम ने बनी आदम (मनुष्य) को सम्मानित किया है।” (सूरतुल इस्राः ७०)

और अल्लाह तआला ने फ़रमायाः

﴿لِّلرِّجَالِ نَصِيبٌ مِّمَّا تَرَكَ ٱلْوَٰلِدَانِ وَٱلْأَقْرَبُونَ وَلِلنِّسَآءِ نَصِيبٌ مِّمَّا تَرَكَ ٱلْوَٰلِدَانِ وَٱلْأَقْرَبُونَ﴾

“पुरुषों के लिए उस माल में हिस्सा है जो माता-पिता और रिश्तेदार छोड़ जायें और महिलाओं के लिए भी उस माल में हिस्सा है जो माता-पिता और रिश्तेदार छोड़ जायें।” (सूरतुन निसाः ७)

और अल्लाह तआला ने फ़रमायाः

﴿وَلَهُنَّ مِثْلُ ٱلَّذِى عَلَيْهِنَّ بِٱلْمَعْرُوفِ﴾

“और उन (महिलाओं) के लिए भी उसी प्रकार (अधिकार) है, जैसे कि उन के ऊपर है भलाई के साथ।” (सूरतुल बक़राः २२८)

और अल्लाह तआला ने फ़रमायाः

﴿وَٱلْمُؤْمِنُونَ وَٱلْمُؤْمِنَٰتُ بَعْضُهُمْ أَوْلِيَآءُ بَعْضٍ﴾

"और मोमिन मर्द और मोमिन औरतें एक-दूसरे के दोस्त हैं।" (सूरतुत्तौबाः ७१)

और अल्लाह तआला ने फ़रमायाः

﴿وَقَضَىٰ رَبُّكَ أَلَّا تَعْبُدُوٓا۟ إِلَّآ إِيَّاهُ وَبِٱلْوَٰلِدَيْنِ إِحْسَٰنًا ۚ إِمَّا يَبْلُغَنَّ عِندَكَ ٱلْكِبَرَ أَحَدُهُمَآ أَوْ كِلَاهُمَا فَلَا تَقُل لَّهُمَآ أُفٍّ وَلَا تَنْهَرْهُمَا وَقُل لَّهُمَا قَوْلًا كَرِيمًا ﴿٢٣﴾ وَٱخْفِضْ لَهُمَا جَنَاحَ ٱلذُّلِّ مِنَ ٱلرَّحْمَةِ وَقُل رَّبِّ ٱرْحَمْهُمَا كَمَا رَبَّيَانِى صَغِيرًا﴾

"और तुम्हारे रब ने फैसला कर दिया कि तुम मात्र उसी की इबादत करना, और माता-पिता के साथ अच्छा व्यवहार करना, अगर तुम्हारे सामने उन में से कोई एक या दोनों बुढ़ापे को पहुँच जायें तो उन से उफ (अरे) तक न कह, और न उन्हें झिड़क, और उन से नरम ढंग से बात कर, और उन दोनों के लिए इंकिसारी का बाजू मेहरबानी से झुकाये रख, और कह कि ऐ रब दया कर उन दोनों पर जिस तरह उन दोनों ने मेरे बचपन में मुझे पाला है।" (सूरतु इस्राः २३-२४)

और अल्लाह तआला ने फ़रमायाः

﴿فَٱسْتَجَابَ لَهُمْ رَبُّهُمْ أَنِّى لَآ أُضِيعُ عَمَلَ عَٰمِلٍ مِّنكُم مِّن ذَكَرٍ أَوْ أُنثَىٰ﴾

"तो उनके रब ने उनकी दुआ क़बूल कर ली। (और कहा) मैं तुम में से किसी अमल करने वाले के अमल को चाहे पुरुष हो या महिला, बर्बाद नहीं करूंगा।" (सूरतु आले-इमरानः १९५)

और अल्लाह तआला ने फ़रमायाः

﴿مَنْ عَمِلَ صَٰلِحًا مِّن ذَكَرٍ أَوْ أُنثَىٰ وَهُوَ مُؤْمِنٌ فَلَنُحْيِيَنَّهُۥ حَيَوٰةً طَيِّبَةً ۖ وَلَنَجْزِيَنَّهُمْ أَجْرَهُم بِأَحْسَنِ مَا كَانُوا۟ يَعْمَلُونَ﴾

"जो कोई भी अच्छा काम करेगा, मर्द हो या औरत, जबकि वह मोमिन हो, तो हम उसे पाकीज़ा ज़िंदगी प्रदान करेंगे। और हम उनको बेहतरीन बदला देंगे उनके उन अच्छे कर्मों की वजह से जो वे किया करते थे।" (सूरतुन नहलः ९७)

और अल्लाह तआला ने फ़रमायाः

﴿وَمَن يَعْمَلْ مِنَ ٱلصَّٰلِحَٰتِ مِن ذَكَرٍ أَوْ أُنثَىٰ وَهُوَ مُؤْمِنٌ فَأُو۟لَٰٓئِكَ يَدْخُلُونَ ٱلْجَنَّةَ وَلَا يُظْلَمُونَ نَقِيرًا﴾

"और जो भी नेक काम करे, पुरुष हो या महिला, जबकि वह मोमिन हो, तो

ऐसे लोग स्वर्ग में दाख़िल होंगे। और उन पर रत्ती भर ज़ुल्म न किया जाएगा।" (सूरतुन निसाः १२४)

यह सम्मान जो महिला को इस्लाम में प्राप्त है, उसका किसी भी धर्म, या मिल्लत (सम्प्रदाय) या क़ानून में उदाहरण नहीं मिलता। चुनाँचे रोमानियाई सभ्यता ने यह पारित किया कि महिला पुरुष के अधीन (मातहत) एक दासी है, उसे बिल्कुल कोई अधिकार प्राप्त नहीं है। रोम में एक बड़ा सम्मेलन हुआ जिस में औरतों के मामले पर चर्चा किया गिया और यह निर्णय लिया गया कि वह एक बेजान प्राणी है, और इस लिए आखिरत की ज़िदंगी में उसका कोई हिस्सा नहीं है, और यह कि वह नापाक है।

एथेंस (Athens) में महिला एक गिरी-पड़ी चीज़ समझी जाती थी, उसे खरीदा और बेचा जाता था और वह नापाक शैतानी अमल समझी जाती थी।

प्राचीन भारतीय विधियों के अनुसारः महामारी, मृत्यु, नरक, साँपों का ज़हर और आग महिला की तुलना में बेहतर हैं, और उसके जीवन का अधिकार उसके पति -जो कि उसका स्वामी है - की मृत्यु के साथ समाप्त हो जाता है। अतः जब वह अपने पति के शव को देखे कि उसे जलाया जा रहा है तो उसकी चिता में अपने आप को डाल दे, नहीं तो शाप उसका पीछा नहीं छोड़ेगी।

जहाँ तक यहूदी धर्म में औरत का मामला है तो "पुराना नियम" (ओल्ड टेस्टामेंट) में उसके बारे में यह कथित हुआ हैः

"मैं ने अध्ययन किया और सच्ची बुद्धि को पाने के लिए बहुत कठिन प्रयत्न किया। मैं ने हर वस्तु का कोई हेतु ढूंढने का प्रयास किया किन्तु मैं ने जाना क्या? मैं ने जाना कि बुरा होना बेवकूफ़ी है और मूर्ख व्यक्ति का सा आचरण करना पागलपन है। मैं ने यह भी पाया कि कुछ स्त्रियां एक फन्दे के समान ख़तरनाक होती हैं। उनके दिल जाल के जैसे होते हैं और उनकी बाहें ज़ंजीरों की तरह होती है। इन स्त्रियों की पकड़ में आना मौत की पकड़ में आने से भी बुरा है।"[1]

---

१ सभोपदेंशक ७:२५-२६. और यह बात सर्वज्ञात है कि "पुराना नियम" को यहूदी और ईसाई दोनों ही पवित्र मानते हैं और उस पर ईमान रखते हैं।

यह थी प्राचीनकाल में महिला की स्थिति। रही बात मध्यकालीन और आधुनिक युग में महिला की स्थिति तो इसे निम्नलिखित घटनायें स्पष्ट करती हैं:

डेनमार्क के लेखक Wieth Kordsten (वायथ कोस्त) ने महिलाओं के प्रति कैथोलिक चर्च के रुझान की व्याख्या अपने इस कथन के द्वारा की है: ''मध्यकालीन के दौरान कैथोलिक पंथ के दृष्टिकोण के चलते जो कि महिलाओं को दूसरे दर्जे का इंसान समझता था, यूरोपीय महिला की परवाह बहुत कम की जाती थी।'' तथा वर्ष ५८६ ईस्वी में फ्रांस के अंदर एक सम्मेलन आयोजित किया गया, जिस में महिला के विषय पर विचार-विमर्श किया गया और यह कि क्या उसे इन्सान समझा जायेगा या उसकी गिनती इन्सान में नहीं होगी? विचार-विमर्श करने के बाद सम्मेलन के सदस्यों ने यह फैसला किया कि महिला को एक इन्सान समझा जायेगा, लेकिन वह पुरुष की सेवा के लिए पैदा की गयी है। फ्रांसीसी क़ानून का अनुच्छेद २१७ कहता है कि:

''शादी-शुदा महिला के लिए - चाहे उसका विवाह उसके स्वामित्व और उसके पति के स्वामित्व के बीच अलगाव पर ही आधारित क्यों न हो - यह जायज़ नहीं है कि वह (अपनी संपत्ति) किसी को भेंट करे, या उसके स्वामित्व को स्थानांतरित करे, या उसे गिरवी रखे, और न ही वह किसी मुआवज़े के साथ या बिना मुआवज़े के अपने पति की भागीदारी के बिना या उसकी लिखित सहमति के बिना किसी चीज़ का मालिक हो सकती है।''

इंग्लैंड में, हेनरी अष्टम ने अंग्रेज़ी महिला पर बाइबिल पढ़ना निषिद्ध ठहरा रखा था। वर्ष १८५० ईस्वी तक महिलाएं नागरिकों में नहीं गिनी जाती थीं, और वर्ष १८८२ ईस्वी तक उन्हें व्यक्तिगत अधिकार हासिल न थे।[1]

जहाँ तक यूरोप, अमेरिका और अन्य औद्योगिक देशों में आधुनिक महिला की हालत का संबंध है, तो वह वाणिज्यिक प्रयोजनों में उपयोग की जाने वाली एक तुच्छ प्राणी है। क्योंकि वह व्यावसायिक विज्ञापन का एक हिस्सा है, बल्कि उसकी स्थिति यहाँ तक पहुँच चुकी है कि उसे वस्त्रहीन कर दिया जाता है ताकि

---

१ सिलसिलतो मुकारनतिल अदयान, लेखक: अहमद शिल्बी, ३/२१०-२१३.

वाणिज्यिक अभियानों के इंटरफेस में उस पर वस्तुओं को विज्ञापित किया जाए। तथा पुरुषों द्वारा निर्धारित नियमों के आधार पर उसके शरीर और सतीत्व को जायज़ ठहरा लिया गया, ताकि वह हर जगह उनके लिए मात्र मनोरंजन और भोग की वस्तु बन जाए।

तथा वह उस समय तक ध्यान का केन्द्र बनी रहती है जब तक वह अपने हाथ, या अपनी विचारधारा या अपने शरीर के द्वारा देने और ख़र्च करने में सक्षम रहती है। और जैसे ही वह बूढ़ी होती है और देने के तत्वों को खो देती है, तो पूरा समाज, उसके व्यक्तियों और उसकी संस्थाओं सहित, उस से पीछे हट जाता है, और वह अकेले अपने घर में या फिर मनोरोग अस्पतालों में जीने पर मजबूर होती है।

आप इसकी तुलना -हालाँकि यहाँ कोई बराबरी नहीं है- कुरआन में वर्णित अल्लाह सर्वशक्तिमान के इस कथन से करें:

अल्लाह तआला ने फ़रमाया:

﴿ وَٱلْمُؤْمِنُونَ وَٱلْمُؤْمِنَٰتُ بَعْضُهُمْ أَوْلِيَآءُ بَعْضٍ ﴾

''और मोमिन मर्द और मोमिन औरतें एक-दूसरे के दोस्त हैं।'' (सूरतुत्तौबा: ७१)

और अल्लाह तआला ने फ़रमाया:

﴿ وَلَهُنَّ مِثْلُ ٱلَّذِى عَلَيْهِنَّ بِٱلْمَعْرُوفِ ﴾

''और उन (महिलाओं) के लिए भी उसी प्रकार (अधिकार) है, जैसे कि उन के ऊपर है भलाई के साथ।'' (सूरतुल बक़रा: २२८)

और अल्लाह तआला ने फ़रमाया:

﴿ وَقَضَىٰ رَبُّكَ أَلَّا تَعْبُدُوٓا۟ إِلَّآ إِيَّاهُ وَبِٱلْوَٰلِدَيْنِ إِحْسَٰنًا ۚ إِمَّا يَبْلُغَنَّ عِندَكَ ٱلْكِبَرَ أَحَدُهُمَآ أَوْ كِلَاهُمَا فَلَا
تَقُل لَّهُمَآ أُفٍّ وَلَا تَنْهَرْهُمَا وَقُل لَّهُمَا قَوْلًا كَرِيمًا ﴿٢٣﴾ وَٱخْفِضْ لَهُمَا جَنَاحَ ٱلذُّلِّ مِنَ ٱلرَّحْمَةِ وَقُل رَّبِّ
ٱرْحَمْهُمَا كَمَا رَبَّيَانِى صَغِيرًا ﴾

''और तुम्हारे रब ने फ़ैसला कर दिया कि तुम मात्र उसी की इबादत करना, और

माता-पिता के साथ अच्छा व्यवहार करना, अगर तुम्हारे सामने उन में से कोई एक या दोनों बुढ़ापे को पहुँच जायें तो उन से उफ़ (अरे) तक न कह, और न उन्हें झिड़क, और उन से नरम ढंग से बात कर, और उन दोनों के लिए इंकिसारी का बाज़ू मेहरबानी से झुकाये रख, और कह कि ऐ रब दया कर उन दोनों पर जिस तरह उन दोनों ने मेरे बचपन में मुझे पाला है।" (सूरतु इस्राः २३-२४)

उसके पालनहार ने उसे यह सम्मान देते हुए सभी मानव जाति के लिए यह स्पष्ट कर दिया है कि उस ने महिला को एक माँ, एक पत्नी, एक बेटी और एक बहन बनने के लिए पैदा किया है। और इन भूमिकाओं के लिए उस ने विशेष नियम निर्धारित किए हैं, जो पुरुषों के बजाय केवल औरत कि लिए विशिष्ट हैं।

मनुष्य की पैदाइश की हिक्मत

अल्लाह पाक की इस में ऐसी हिक्मतें हैं जिनके जानने में बुद्धि असमर्थ और जिनके वर्णन करने में ज़बानें अक्षम हैं। निम्न पंक्तियों में, हम इन में से कुछ हिक्मतों पर समीक्षा करेंगे। वे इस प्रकार हैं:

१ अल्लाह तआला के अच्छे-अच्छे नाम हैं, जैसेः अल-ग़फ़ूर (क्षमा करने वाला), अर-रहीम (दयालु), अल-अफ़ुव्व (माफ़ करने वाला), अल-हलीम (सहनशील)..., और इन नामों के असर का ज़ाहिर होना ज़रूरी है। अतः अल्लाह पाक की हिक्मत ने चाहा कि वह आदम और उनकी संतान को एक ऐसे घर में उतारे जहाँ उन पर उसके अच्छे नामों का असर ज़ाहिर हो, तो वह जिसे चाहे बख़्श दे, जिस पर चाहे दया करे, जिसे चाहे क्षमा कर दे, और जिस पर चाहे सहनशीलता से काम ले, तथा इसके अलावा उसके अन्य नामों और गुणों (विशेषताओं) का असर ज़ाहिर हो।

२ अल्लाह तआला खोलकर बयान करने वाला सच्चा बादशाह है, और बादशाह वह होता है जो आदेश और निषेध जारी करता है, पुरस्कृत और दंडित करता है, अपमान करता है और सम्मान देता है, तथा इज़्ज़त और ज़िल्लत देता है। अतः उसकी बादशाहत ने चाहा कि वह आदम और उनकी संतान को ऐसे घर में उतारे जहाँ उन पर बादशाहत के अहकाम जारी हों, फिर उनको ऐसे घर में हस्तांतरित करे जहां उनके कर्मों का बदला दिया जाए।

३ अल्लाह तआला ने चाहा कि उन में से कुछ को ईशदूत, सन्देष्टा, औलिया और शहीद बनाए, जिन से वह मुहब्बत करे और वे उस से मुहब्बत करें। चुनाँचे उस ने उन्हें और अपने दुश्मनों को एक साथ छोड़ दिया और उन्हें उनके द्वारा आज़माया। तो जब उन्हों ने उस को प्राथमिकता दी और उसकी खुशी और मुहब्बत के रास्ते में अपनी जानों और मालों को निछावर कर

दिया; तो उन्हें उसकी मुहब्बत, प्रसन्नता और निकटता प्राप्त हुई जो इसके बिना हासिल नहीं हो सकता था। रिसालत व नुबूवत और शहादत का पद अल्लाह के निकट सर्वश्रेष्ठ पदों में से हैं और इसे इंसान इसी तरीक़े से हासिल कर सकता था जिसका अल्लाह पाक ने आदम और उनकी संतान को पृथ्वी पर उतार कर फैसला किया है।

४ अल्लाह तआला ने आदम और उनकी संतान को ऐसी चीज़ से पैदा किया है जिस में अच्छाई व बुराई को स्वीकार करने की योग्यता है और जो कामना व लालच के कारण तथा बुद्धि और ज्ञान के कारण का तक़ाज़ा करती है। चुनाँचे अल्लाह तआला ने उस में बुद्धि और वासना को पैदा किया है, और उन दोनों को अपनी आवश्यकताओं का आह्वान करने वाला कारण बना दिया है ताकि उसका उद्देश्य पूरा हो, और वह अपने बंदों के लिए अपनी हिक्मत (तत्वदर्शिता) और शक्ति में अपने गर्व को, तथा अपनी सत्ता और राज्य में अपनी दयालुता और लुत्फ़ व करम को प्रदर्शित करे; तो उसकी हिक्मत ने चाहा कि वह आदम और उनकी संतान को ज़मीन पर उतारे, ताकि परीक्षण पूरा हो और मनुष्य के इन कारणों के प्रति तत्परता और उन्हें स्वीकारने, और फिर उसी के अनुसार उसके सम्मानित या अपमानित किए जाने के प्रभाव प्रकट हों।

५ अल्लाह तआला ने मख़्लूक़ को अपनी इबादत के लिए पैदा किया है और यही उनकी पैदाइश का उद्देश्य है। अल्लाह का फ़रमान है:

﴿وَمَا خَلَقْتُ الْجِنَّ وَالْإِنسَ إِلَّا لِيَعْبُدُونِ﴾

"मैं ने जिन्नात और इन्सानों को मात्र इसी लिये पैदा किया है कि वे केवल मेरी इबादत करें।" (सूरतुज़ ज़ारियातः ५६)

और यह बात सर्वज्ञात है कि संपूर्ण इबादत जिसकी अपेक्षा की गई है, वह नेमतों और हमेशा रहने वाले घर में पूरी नहीं हो सकती, बल्कि वह केवल परीक्षा और आज़माइश के घर में ही पूरी हो सकती है, बाक़ी रहने वाला घर तो स्वाद और नेमत का घर है, वह परीक्षा और धार्मिक पाबंदियों का घर नहीं है।

इस्लाम के सिद्धांत और उस के मूल आधार

६ ग़ैब (अनदेखी चीज़ों) पर ईमान लाना ही लाभदायक ईमान है। रही बात देखी जाने वाली चीज़ों पर ईमान लाने की तो हर कोई प्रलय के दिन ईमान ले आएगा, अतः अगर वे नेमतों के घर में पैदा किए जाते, तो वे ग़ैब पर ईमान लाने का दर्जा नहीं पा सकते थे, जिसके बाद वह मज़ा और सम्मान हासिल होता है जो अनदेखी चीज़ों पर ईमान लाने की वजह से मिलता है। इसी लिए अल्लाह ने उन्हें एक ऐसे घर में उतारा जहाँ ग़ैब पर ईमान लाने का मौक़ा हो।

७ अल्लाह ने आदम ﷺ को पूरी ज़मीन की एक मुट्ठी मिट्टी से पैदा किया और ज़मीन में अच्छी और बुरी, सख़्त और नर्म दोनों तरह की मिट्टी है। अतः अल्लाह तआला को मालूम था कि आदम की संतान में कुछ ऐसे भी होंगे जो इस योग्य नहीं होंगे कि वह उन्हें अपने घर में निवास कराए; इस लिए उस ने उन्हें ऐसे घर में उतारा जहाँ से अच्छे और बुरे को निकाला था, फिर अल्लाह तआला ने उन्हें दो घरों के माध्यम से अलग-अलग कर दियाः अच्छे लोगों को अपने पड़ोस वाला और उसका निवासी बनाया और बुरे लोगों को दुर्भाग्य के घर और दुष्ट लोगों के घर का निवासी बना दिया।

८ अल्लाह तआला ने चाहा कि इसके द्वारा वह अपने उन बन्दों को जिन पर उस ने इनाम किया है, अपनी संपूर्ण नेमत और उसकी महानता की पहचान कराए; ताकि वे सब से ज़्यादा मुहब्बत करने वाले और सब से अधिक शुक्र करने वाले हो जाएं और उसकी दी हुई नेमतों का अधिक मज़ा ले सकें। इस लिए अल्लाह ने उनको दिखाया कि उस ने अपने शत्रुओं के साथ क्या किया है और उनके लिए कैसा अज़ाब तैयार कर रखा है। तथा उस ने उन्हें इस चीज़ पर गवाह बनाया है कि उस ने उनको अपनी बड़ी नेमतों के साथ ख़ास किया है; ताकि उनकी ख़ुशी बढ़ जाए, उनका उल्लास पूर्ण हो जाए, और उनकी प्रसन्नता बड़ी हो जाए, और यह सब उनके ऊपर अल्लाह के इनाम और मुहब्बत की संपूर्णता का एक पहलू है। और इसके लिए ज़रूरी था कि वह उन्हें ज़मीन पर उतारे, उनकी आज़माईश करे, उन में से जिसको चाहे अपनी दया और कृपा के तौर पर तौफ़ीक़ प्रदान

करे, और अपनी हिक्मत और न्याय के तौर पर जिसे चाहे असहाय छोड़ दे और वह सब कुछ जानने वाला हिक्मत वाला है।

६ अल्लाह तआला ने चाहा कि आदम और उनकी संतान उस (स्वर्ग) की ओर इस हालत में वापस आएं कि वे अपनी सब से अच्छी हालत में हों। अतः उस ने इस से पहले उन्हें दुनिया के दुःख-दर्द और शोक व चिंता का मज़ा चखाया जिस से परलोक के घर में उनके स्वर्ग में जाने का महत्व उन के निकट बढ़ जाए; क्योंकि किसी चीज़ की खूबसूरती को उसकी विपरीत चीज़ स्पष्ट और विदित करती है।[1]

मानव जाति की शुरूआत को स्पष्ट करने के बाद, अच्छा होगा कि हम मानव की सच्चे धर्म की आवश्यकता को बयान कर दें।

---

१ देखिए: मिफ्ताहो दारिस्सआदह १/६-११.

मनुष्य को धर्म की आवश्यकता

मनुष्य को धर्म की आवश्यकता, उसके सिवाय जीवन की अन्य सभी ज़रूरतों से कहीं अधिक है, क्योंकि मनुष्य के लिए अल्लाह तआला की खुशी के स्थानों और उसकी नाराज़गी के स्थानों की जानकारी ज़रूरी है। तथा उस के लिए ऐसी गतिविधि भी आवश्यक है जिसके द्वारा वह अपने लाभ को प्राप्त कर सके, और ऐसी गतिविधि भी जिस के द्वारा वह अपने नुक़सान को दूर कर सके। और वह एक मात्र शरीअत (ईश्वरीय धर्म- शास्त्र) ही है जो लाभदायक और हानिकारक कामों के बीच अंतर कर सकती है, और वही अल्लाह का उसकी सृष्टि में न्याय है, और उसके बन्दों के बीच उसका प्रकाश है। इस लिए लोगों के लिए ऐसी शरीअत के बिना जीवन बिताना संभव नहीं, जिसके द्वारा वे यह अंतर कर सकें कि उन्हें क्या करना चाहिए और क्या नहीं करना चाहिए।

अगर मनुष्य के पास इच्छा है, तो उसके लिए यह जानना ज़रूरी है कि उसकी इच्छा क्या है? और क्या वह उसके लिए लाभदायक है या हानिकारक? और क्या वह उसका सुधार करेगी या उसे भ्रष्ट कर देगी? कुछ लोग इसे स्वाभाविक रूप से जानते हैं, तथा कुछ लोग अपनी बुद्धियों के द्वारा तर्क लगाकर इसका पता करते हैं, और कुछ लोग उसी समय जान पाते हैं जब सन्देष्टा उन्हें परिचित कराएं, उन के लिए स्पष्टता के साथ बयान करें, और उनका मार्गदर्शन करें।[1]

नास्तिक व भौतिकवादी विचारधाराएं, कितना भी प्रदर्शित हो जाएं और संवर जाएं, तथा कितने भी प्रकार की विचारधाराएं और दृष्टिकोण पैदा हो जाएं, वे व्यक्तियों और समुदायों को सच्चे धर्म से बेनियाज़ नहीं कर सकते, तथा वे कभी भी आत्मा और शरीर की मांगों को पूरा करने में सक्षम नहीं हो सकते।

---

१ देखिएः अत्तदम्मुरिया, शैखुल इस्लाम इब्ने तैमिया, पेजः २१३-२१४, और मिफ्ताहो दारिस्स. आदाः २/३८३.

बल्कि व्यक्ति इन में जितना घुसता जाएगा, उसे पूरा विश्वास हो जाएगा कि ये उसे सुरक्षा नहीं देते और उसकी प्यास को नहीं बुझाते, और यह कि इन सब से छुटकारा केवल सच्चे धर्म में ही मिल सकता है।

☼ अर्नेस्ट रीनान कहता है:

''यह संभव है कि हर चीज़ जिसे हम पसंद करते हैं लुप्त हो जाए, और बुद्धि, ज्ञान और उद्योग के प्रयोग की आज़ादी ख़त्म हो जाए, लेकिन यह असंभव है कि धर्मपरायणता मिट जाए, बल्कि वह भौतिकवादी विचारधारा (मत) की निरर्थकता पर एक मुँह बोलता सबूत बाक़ी रहेगा, जो मनुष्य को सांसारिक जीवन के घृणित तंगियों में सीमित करना चाहता है।''[1]

☼ मुहम्मद फ़रीद वजदी कहते हैं:

''यह असंभव है कि धार्मिकता की सोच मिट जाए; क्योंकि यह मन की उच्चतम प्रवृत्ति और सब से प्रतिष्ठित भावना है, ऐसी प्रवृत्ति का क्या कहना जो मनुष्य के सिर को ऊँचा करती है, बल्कि यह प्रवृत्ति बढ़ती ही चली जाएगी। चुनाँचे धार्मिकता की प्रकृति उस समय तक मनुष्य के साथ लगी रहती है जब तक कि उसके पास इतनी बुद्धि है जिस से वह सौन्दर्य और कुरुपता का बोध कर सकता है। उसके अंदर यह प्रवृत्ति उसके विचारों की बुलंदी और उसके ज्ञान के विकास के अनुपात में बढ़ती रहेगी।''[2]

चुनाँचे जब मनुष्य अपने रब से दूर हो जाता है, तो अपनी धारणा शक्ति की बुलंदी और अपने ज्ञान के छितिज के विस्तार की मात्रा में, उसे अपने पालनहार और उस के लिए अनिवार्य चीज़ों के बारे में अज्ञानता, तथा स्वयं अपनी आत्मा और उसका सुधार करने वाली और उसको भ्रष्ट करने वाली चीज़ों, उसे सौभाग्य प्रदान करने वाली और दुर्भाग्य से दोचार करने वाली चीज़ों के बारे में अज्ञानता, तथा विज्ञान के विवरण और उसकी शब्दावलि जैसे खगोल विज्ञान, आकाश- गंगाओं से संबंधित विज्ञान, कंप्यूटर विज्ञान और परमाणु विज्ञान आदि

---

१ देखिए: अद्दीन, लेखकः मुहम्मद अब्दुल्लाह दर्राज, पेज: ८७.
२ देखिए: अद्दीन, लेखकः मुहम्मद अब्दुल्लाह दर्राज, पेज: ८८.

के बारे में अपनी महान अज्ञानता का बोध होता है... उस समय एक विज्ञानी घमण्ड और अहंकार को छोड़कर नम्रता और आत्म-समर्पण को अपनाता है। वह यह विश्वास रखता है कि विज्ञानों के पीछे एक सर्वज्ञानी, सर्वबुद्धिमान, और प्रकृति के पीछे एक सर्वशक्तिमान स्रष्टा है। यह वास्तविकता एक इन्साफ-पसंद शोधकर्ता को गैब (अनदेखी चीज़ों) पर ईमान लाने, सच्चे धर्म के प्रति समर्पण और प्रकृति तथा स्वाभाविक वृत्ति की पुकार का जवाब देने पर मजबूर कर देती है... लेकिन मनुष्य अगर इस से अलग हो जाए तो उसकी स्वभाव उलट जाती है और वह मूक जानवर के स्तर तक गिर जाता है।

इस से हम इस निष्कर्ष पर पहुँचते हैं कि सच्ची धर्मनिष्ठता – जो अल्लाह को उसकी तौहीद के साथ एक मानने और उसकी शरीअत के अनुसार उसकी उपासना करने पर आधारित होती है – जीवन का एक आवश्यक तत्व है। ताकि उसके द्वारा मनुष्य सारे संसार के पालनहार अल्लाह के लिए अपनी दासता और उपासना को पूरा कर सके, और ताकि दुनिया व आख़िरत में सुख तथा विनाश, कष्ट और दुख से सुरक्षा हासिल कर सके। और यह इस लिए भी आवश्यक है ताकि मनुष्य के अंदर सैद्धांतिक शक्ति परिपूर्ण हो सके, क्योंकि केवल इसी के द्वारा बुद्धि अपनी भूक मिटा सकती है। इसके बिना वह अपनी उच्च आकांक्षाओं प्राप्त नहीं कर सकता है।

तथा यह आत्मा को शुद्ध करने और विवेक की शक्ति को परिष्कृत करने के लिए एक आवश्यक तत्व है। क्योंकि महान भावनाओं को धर्म के अंदर एक व्यापक क्षेत्र और न सूखने वाला सोता मिल जाता है जिस में वे अपने लक्ष्य को प्राप्त कर लेते हैं।

इसी तरह यह इच्छा की शक्ति की पूर्णता के लिए एक ज़रूरी तत्व है, जो महान प्रेरकों के द्वारा उसका समर्थन करता है और उसे निराशा व मायूसी के कारणों का मुक़ाबला करने के प्रमुख साधनों से सशस्त्र (हथियारबंद) करता है।

इस आधार पर, यदि कुछ लोग यह कहते हैं कि: "मनुष्य अपनी प्रकृति से नागरिक है।" तो हमारे लिए यह कहना उचित है कि: "मनुष्य अपनी प्रकृति

से धार्मिक है।"[1] क्योंकि मनुष्य के पास दो प्रकार की शक्तियाँ हैं: एक वैज्ञानिक सैद्धांतिक शक्ति और दूसरी वैज्ञानिक इच्छा शक्ति, और उसकी पूरी खुशी उसकी दोनों वैज्ञानिक और इच्छा शक्ति की पूर्णता पर लंबित है। और वैज्ञानिक शक्ति की पूर्णता निम्नलिखित बातों की जानकारी के माध्यम से ही संभव है:

१ उस सत्य पूज्य, ख़ालिक और राज़िक़ की पहचान जिस ने मनुष्य को अनस्तित्व से अस्तित्व प्रदान किया और उसे भरपूर नेमतों से सम्मानित किया।

२ अल्लाह के नामों और उसके गुणों की जानकारी, तथा अल्लाह पाक की और उसके लिए अनिवार्य चीज़ों की, और इन नामों के उसके बन्दों पर असर की जानकारी।

३ अल्लाह तआला तक पहुंचाने वाले मार्ग की जानकारी।

४ उन रुकावटों और आपदाओं की जानकारी, जो मनुष्य और इस रास्ते की पहचान के बीच में बाधक बन जाते हैं, और उन बड़ी नेमतों की जानाकरी जहाँ तक यह रास्ता पहुँचाता है।

५ अपनी आत्मा की वास्तविक पहचान, उसकी आवश्यकताओं तथा उसका सुधार करने वाली या उसे ख़राब करने वाली चीज़ों की जानकारी, और उन दोषों और गुणों की जानकारी जिन पर वह आधारित है।

इन पांच बातों की जानकारी के द्वारा मनुष्य अपनी वैज्ञानिक शक्ति को पूरा कर सकता है। तथा वैज्ञानिक शक्ति और इच्छा की शक्ति उसी समय पूरी हो सकती है जब बन्दों पर अल्लाह तआला के अधिकारों का ध्यान रखा जाए, और इख़्लास, सच्चाई, ख़ैरख़्वाही और अनुसरण के साथ उनकी अदायगी की जाए। और ये दोनों शक्तियां उसकी मदद के बग़ैर पूरी नहीं हो सकती। अतः मनुष्य इस बात पर मज़बूर है कि अल्लाह उसको वह सीधा रास्ता दिखाए, जिसकी ओर उस ने अपने औलिया का मार्गदर्शन किया है।[2]

हमारे यह जान लेने के बाद कि सच्चा धर्म ही आत्मा की विभिन्न शक्तियों के लिए ईश्वरीय मदद है, यह भी जानना चाहिए कि धर्म समाज के लिए सुरक्षा

---

१ देखिये: अद्दीन, लेख: मुहम्मद अब्दुल्लाह दर्राज, पेज: ८४,९८.

२ देखिए: अल-फ़वाइद, पेज: १८,१९,

कवच - भी - है। क्योंकि मानव जीवन उसके सभी अंगों के बीच आपसी सहयोग के बिना क़ायम नहीं रह सकता, और यह सहयोग एक ऐसी व्यवस्था के द्वारा ही पूरा हो सकता है जो उनके सम्बंधों को नियंत्रित करती हो, उनके कर्तव्यों को निर्धारित करती हो और उनके अधिकारों की ज़मानत देती हो। यह व्यवस्था एक ऐसी सत्ता से बेनियाज़ नहीं हो सकती, जिसके अंदर लेने और रोकने की क्षमता हो, जो आत्मा को उस (व्यवस्था) का उल्लंघन करने से रोकती हो और उसे उसकी रक्षा करने की रुचि दिलाती हो। दिलों में उसके डर को सुनिश्चित करती हो और उसे उसकी हुर्मतों (वर्जनाओं) के उल्लंघन से रोकती हो। तो वह सत्ता क्या है? मैं कहता हूँ किः इस धरती के ऊपर कोई ऐसी शक्ति नहीं जो व्यवस्था के सम्मान की रक्षा (हिफ़ाज़त), तथा सामाजिक एकता, उसके व्यवस्था की स्थिरता, और उसके अंदर आराम एवं शांति के साधनों के ताल- मेल को सुनिश्चित करने में धार्मिकता या धर्मनिष्ठता की शक्ति की बराबरी कर सके।

इसका रहस्य यह है कि मनुष्य अन्य सारे जीवों से इस प्रकार उत्कृष्ट है कि उसकी स्वैच्छिक हरकतों और कार्यों का नियंत्रण (नेतृत्व) ऐसी चीज़ के द्वारा हो रहा है जिस पर कोई कान या आंख नहीं पड़ सकती। बल्कि यह विश्वास संबंधी एक आस्था है जो आत्मा को पवित्र और अंगों को पाक बनाता है। अतः मनुष्य हमेशा सही या ग़लत अक़ीदा (आस्था) के द्वारा नियंत्रित किया जाता है। अगर उसका अक़ीदा सही है तो उसकी सारी चीज़ें सही रहेंगी और अगर वह भ्रष्ट हो गया तो सब कुछ भ्रष्ट हो जायेगा।

विश्वास और आस्था ही इन्सान पर आत्म निरीक्षक हैं और वे- जैसाकि समान मानव में देखा जाता है- दो प्रकार के हैंः

- प्रतिष्ठा, मानव गरिमा और इसी तरह की अन्य नैतिकता के मूल्य में विश्वास जिसके कारणों का उल्लंघन करने से उच्च आत्माओं वाले शर्म महसूस करते हैं, भले ही उन्हें बाहरी परिणामों और शारीरिक दण्डों से मुक्त कर दिया गया हो।

- अल्लाह सर्वशक्तिमान पर ईमान और यह कि वह भेदों पर निरीक्षक है, वह

ढकी और छिपी चीजों को जानता है, शरीअत उसके आदेश और निषेध से सत्ता और शक्ति प्राप्त करती है, भावनाएं उस से प्यार या भय के तौर पर, या एक साथ दोनों के कारण उसके शर्म से भड़कती हैं ... कोई शक नहीं कि ईमान की यह क़िस्म दोनों क़िस्मों में इन्सानी नफ़्स (मानव आत्मा) पर सब से मज़बूत अधिकार रखती है, इच्छाओं तूफ़ान और भावनाओं के उतार-चढ़ाव सब से सख़्त मुक़ाबला करने वाली और हर आम व ख़ास के दिलों में सबसे तेज़ असर करने वाली है।

इसी वजह से धर्म, न्याय और इन्साफ़ के नियमों पर लोगों के बीच व्यवहार क़ायम करने के लिए सब से अच्छी गारंटी है, और इसी लिए इसकी एक सामाजिक आवश्यकता है। अतः इस में कोई आश्चर्य की बात नहीं कि धर्म को उम्मत में वही स्थान प्राप्त है जो मानव शरीर में दिल को प्राप्त है।"[1]

जब आम तौर पर धर्म का यह स्थान है, तो आज की दुनिया में धर्मों की बहुलता का मुशाहदा किया जाता है, तथा आप प्रत्येक क़ौम को अपने धर्म पर खुश, और उस पर मज़बूती के साथ कार्यरत पायेंगे; प्रश्न यह है कि वह सच्चा धर्म क्या है जो मानवता के लिए उसकी आकांक्षाओं को परिपूर्ण कर सकता है? तथा सत्य धर्म का मापदंड (कसौटी) क्या है?

---

१ देखिए: अद्दीन, पेजः ९८, १०२,

सच्चे धर्म का मापदंड (कसौटी)

हर मिल्लत (पंथ) का अनुयायी यही अक़ीदा रखता है कि उसकी मिल्लत ही सच्ची है और हर धर्म के मानने वाले यही आस्था रखते हैं कि उनका धर्म ही सब से आदर्श धर्म और सब से सीधा रास्ता है। जब आप बदल दिए गए धर्मों के मानने वालों या मानव द्वारा बना लिए गए धर्मों के मानने वालों से उनके विश्वास के सबूत के बारे में पूछते हैं, तो वे यह तर्क देते हैं कि उन्हों ने अपने बाप-दादा को एक रास्ते पर पाया, तो वे उन्हीं के रास्ते का अनुसरण करने वाले हैं। फिर वे ऐसी कहानियाँ और बातें सुनायेंगे जिनकी कोई सही सनद नहीं, और उनके शब्द भी कमजोरियों और ख़ामियों से सुरक्षित नहीं हैं। वे विरासत में मिली पुस्तकों पर भरोसा करते हैं जिनका कहने वाला और उनका लिखने वाला अज्ञात है। न यह पता है कि वह पहली बार किस भाषा में लिखी गई और किस देश में पाई गई? वे तो केवल मिश्रित और मनगढ़ंत बातें हैं जिन्हें इकट्ठा कर दिया गया, तो उनका सम्मान किया जाने लगा। फिर एक पीढ़ी के बाद दूसरी पीढ़ी में इसकी विरासत चलने लगी, और इसकी कोई वैज्ञानिक जाँच नहीं की गई जो सनद और मतन को परखकर उन्हें खामियों और त्रुटियों से रहित कर दे।

ये अज्ञात पुस्तकें, कहानियां और अंधी तक़लीद (नक़ल), धर्मों और मान्यताओं के अध्याय में सबूत और प्रमाण नहीं बन सकते, तो क्या ये सभी बदले हुए धर्म और मानव निर्मित पंथ सही हैं, या ग़लत हैं?

यह असंभव है कि सारे धर्म हक़ पर हों, क्योंकि हक़ केवल एक है, वह अनेक नहीं हो सकता। यह भी असंभव है कि ये सारे परिवर्तित धर्म और मानव द्वारा बना लिए गए पंथ अल्लाह की ओर से हों और वे सच्चे हों। जब ये कई एक हैं - और सच्चा धर्म केवल एक है - तो इन में से सच्चा धर्म कौन है? इस लिए ऐसे मापदंडों और कसौटियों का होना आवश्यक है, जिनके द्वारा हम

सच्चे धर्म को झूठे धर्म से पहचान सकें। अगर हम ने इन मापदंडों को किसी धर्म पर फिट पाया तो हमें पता चल जायेगा कि वह सच्चा धर्म है और अगर ये मापदंड या इन में से कोई एक किसी धर्म में नहीं पाया गया तो हम जान लेंगे कि वह धर्म झूठा है।

वे मापदंड और कसौटियां जिनके द्वारा हम सच्चे धर्म और झूठे धर्म के बीच अन्तर कर सकते हैं, निम्नलिखित हैं:

पहला: वह धर्म अल्लाह की ओर से हो जिसे उस ने अपने फ़रिश्तों में से किसी फ़रिश्ते के माध्यम से अपने रसूलों में से किसी रसूल पर उतारा हो ताकि वह उसे उसके बन्दों तक पहुँचा दे। क्योंकि सच्चा धर्म ही अल्लाह का धर्म है, और अल्लाह तआला ही प्रलय के दिन लोगों का उस धर्म पर हिसाब लेगा जिसे उसने उनकी ओर उतारा है। अल्लाह तआला ने फ़रमायाः

﴿إِنَّآ أَوۡحَيۡنَآ إِلَيۡكَ كَمَآ أَوۡحَيۡنَآ إِلَىٰ نُوحٖ وَٱلنَّبِيِّـۧنَ مِنۢ بَعۡدِهِۦۚ وَأَوۡحَيۡنَآ إِلَىٰٓ إِبۡرَٰهِيمَ وَإِسۡمَٰعِيلَ وَإِسۡحَٰقَ وَيَعۡقُوبَ وَٱلۡأَسۡبَاطِ وَعِيسَىٰ وَأَيُّوبَ وَيُونُسَ وَهَٰرُونَ وَسُلَيۡمَٰنَۚ وَءَاتَيۡنَا دَاوُۥدَ زَبُورٗا﴾

"निःसंदेह हम ने आप की ओर उसी प्रकार वह्य की है जैसे कि नूह और उनके बाद के नबियों की ओर वह्य की और इब्राहीम, इस्माईल, इसहाक़, याकूब, और उनकी औलाद पर, तथा ईसा, अय्यूब, यूनुस, हारून और सुलैमान की तरफ (वह्य की) और हम ने दाऊद को ज़बूर अता किया।" (सूरतुन निसाः १६३)

और अल्लाह तआला ने फ़रमायाः

﴿وَمَآ أَرۡسَلۡنَا مِن قَبۡلِكَ مِن رَّسُولٍ إِلَّا نُوحِيٓ إِلَيۡهِ أَنَّهُۥ لَآ إِلَٰهَ إِلَّآ أَنَا۠ فَٱعۡبُدُونِ﴾

"और हम ने आप से पहले जो भी रसूल भेजे उनकी ओर यही (वह्य) भेजी कि मेरे अलावा कोई सच्चा पूज्य नहीं, तो तुम सब मेरी ही इबादत करो।" (सूरतुल अम्बियाः २५)

इस आधार पर, कोई भी धर्म जिसे कोई व्यक्ति लेकर आए और उसको खुद से जोड़े अल्लाह से नहीं, तो वह अवश्य ही बातिल (झूठा) धर्म है।

दूसराः वह धर्म केवल अल्लाह की इबादत करने, शिर्क को हराम ठहराने और शिर्क तक पहुंचाने वाले साधनों और रास्तों को हराम ठहराने के लिए आमंत्रित करता हो। क्योंकि तौहीद (एकेश्वरवाद) की ओर बुलाना ही सभी नबियों और रसूलों की दावत की बुनियाद है, और हर नबी ने अपनी क़ौम से यही कहाः

﴿اعْبُدُوا اللَّهَ مَا لَكُم مِّنْ إِلَٰهٍ غَيْرُهُ﴾

“तुम सब अल्लाह की इबादत करो, तुम्हारे लिए उसके अलावा कोई सच्चा पूज्य नहीं।” (सूरतुल आराफ़ः ७३)

इस बुनियाद पर कोई भी धर्म जो शिर्क पर आधारित है और अल्लाह के साथ उसके अलावा किसी दूसरे को, चाहे वह नबी, या फ़रिश्ता या वली ही को क्यों न हो, साझेदार बनाया गया है तो वह धर्म बातिल (असत्य) है। भले ही उसके अनुयायी किसी नबी की ओर निसबत रखते हों।

तीसराः वह उन उसूलों के साथ सहमत हो जिनकी ओर पैगंबरों ने बुलाया है। जैसेः केवल एक अल्लाह की इबादत करना, उसके मार्ग की ओर बुलाना, शिर्क, माता-पिता की नाफ़रमानी और बिना अधिकार के किसी की हत्या को हराम ठहराना, तथा खुली व छिपी हर प्रकार की बेहयाई को हराम करना। अल्लाह तआला ने फ़रमायाः

﴿وَمَا أَرْسَلْنَا مِن قَبْلِكَ مِن رَّسُولٍ إِلَّا نُوحِي إِلَيْهِ أَنَّهُ لَا إِلَٰهَ إِلَّا أَنَا فَاعْبُدُونِ﴾

“और हम ने आप से पहले जो भी रसूल भेजे उनकी ओर यही वह्य भेजी कि मेरे अलावा कोई सच्चा पूज्य नहीं, तो तुम सब मेरी ही इबादत करो।” (सूरतुल अम्बियाः २५)

और एक दूसरे स्थान पर फ़रमायाः

﴿قُلْ تَعَالَوْا أَتْلُ مَا حَرَّمَ رَبُّكُمْ عَلَيْكُمْ أَلَّا تُشْرِكُوا بِهِ شَيْئًا وَبِالْوَالِدَيْنِ إِحْسَانًا وَلَا تَقْتُلُوا أَوْلَادَكُم مِّنْ إِمْلَاقٍ نَّحْنُ نَرْزُقُكُمْ وَإِيَّاهُمْ وَلَا تَقْرَبُوا الْفَوَاحِشَ مَا ظَهَرَ مِنْهَا وَمَا بَطَنَ وَلَا تَقْتُلُوا النَّفْسَ الَّتِي حَرَّمَ اللَّهُ إِلَّا بِالْحَقِّ ذَٰلِكُمْ وَصَّاكُم بِهِ لَعَلَّكُمْ تَعْقِلُونَ﴾

“आप कह दीजिए आओ, मैं तुम को बताता हूँ जो तुम्हारे रब ने तुम पर

हराम कर रखी है कि तुम उसके साथ किसी को साझेदार न बनाओ। अपने माता-पिता के साथ अच्छा व्यवहार करो अपने बच्चों को ग़रीबी के डर से क़त्ल न करो। तुम को और उनको भी हम ही आहार देते हैं। और खुली या छिपी बेहयाई के पास भी न जाओ। और बग़ैर हक़ के उस जान को न क़त्ल करो जिसको अल्लाह ने हराम कर दिया है। इन बातों की वह तुम्हें वसीयत कर रहा है ताकि तुम समझ सको।" (सूरतुल अंआमः १५१)

और अल्लाह तआला ने फ़रमायाः

﴿ وَسْـَٔلْ مَنْ أَرْسَلْنَا مِن قَبْلِكَ مِن رُّسُلِنَآ أَجَعَلْنَا مِن دُونِ ٱلرَّحْمَٰنِ ءَالِهَةً يُعْبَدُونَ ﴾

"और आप प्रश्न कीजिए उन रसूलों से जिन्हें हम ने आप से पूर्व भेजा है कि क्या हम ने रहमान के अलावा भी बहुत से पूज्य बनाए थे, जिनकी वे इबादत करते थे।" (सूरतुज़ ज़ुख़रुफ़ः ४५)

चौथाः उसका एक हिस्सा दूसरे हिस्से के विपरीत और विरुद्ध न हो। चुनाँचे ऐसा न हो कि एक जगह किसी बात का हुक्म दे फिर एक दूसरे आदेश के द्वारा उसके विपरीत हुक्म दे। न ऐसा हो कि किसी चीज़ को हराम ठहरा दे फिर उसी तरह की चीज़ को बिना किसी कारण के जायज़ कर दे, तथा ऐसा भी न हो कि किसी चीज़ को एक समूह के लिए जायज़ कर दे फिर दूसरे समूह पर उसे हराम कर दे। अल्लाह तआला ने फ़रमायाः

﴿ أَفَلَا يَتَدَبَّرُونَ ٱلْقُرْءَانَ ۚ وَلَوْ كَانَ مِنْ عِندِ غَيْرِ ٱللَّهِ لَوَجَدُوا۟ فِيهِ ٱخْتِلَٰفًا كَثِيرًا ﴾

"क्या वे कुरआन पर विचार नहीं करते। यदि वह (कुरआन) अल्लाह के अतिरिक्त किसी और की ओर से होता तो वे उस में बहुत अधिक मतभेद और विरोधाभास पाते।" (सूरतुन निसाः ८२)

पाँचवाः वह धर्म लोगों के लिए उनके धर्म, सम्मान (इज़्ज़त व आबरू), धन, जान और संतान (वंश) की रक्षा को सुनिश्चित करने वाला हो। इस प्रकार कि वह ऐसे आदेश व निषेध, मनाही और नैतिकता निर्धारित करे जो इन पाँच व्यापक तत्वों की हिफ़ाज़त कर सकें।

छठाः वह धर्म लोगों के लिए उनके स्वयं अपने ऊपर ज़ुल्म तथा उन के एक-दूसरे पर ज़ुल्म से दया व रहमत हो, चाहे यह ज़ुल्म अधिकारों का उल्लंघन करके हो या लाभ और सुविधाओं पर तानाशाही के द्वारा हो, या बड़ों के छोटों को गुमराह करके हो। अल्लाह तआला ने उस दया व रहमत के बारे में ख़बर देते हुए -जिसे मूसा ﷺ पर अवतरित तौरात ने सुनिश्चित किया था- फ़रमायाः

﴿وَلَمَّا سَكَتَ عَن مُّوسَى ٱلۡغَضَبُ أَخَذَ ٱلۡأَلۡوَاحَۖ وَفِي نُسۡخَتِهَا هُدٗى وَرَحۡمَةٞ لِّلَّذِينَ هُمۡ لِرَبِّهِمۡ يَرۡهَبُونَ﴾

"और जब मूसा ﷺ का गुस्सा ठंडा हुआ तो तख़्तियों को उठा लिया और उनके विषयों में उन लोगों के लिए जो अपने रब से डरते थे हिदायत और रहमत थी।" (सूरतुल आराफ़ः १५४)

तथा अल्लाह तआला ने ईसा ﷺ को संदेष्टा बनाकर भेजे जाने के बारे में सूचना देते हुए फ़रमायाः

﴿وَلِنَجۡعَلَهُۥٓ ءَايَةٗ لِّلنَّاسِ وَرَحۡمَةٗ﴾

"और ताकि हम उसे लोगों के लिए निशानी बना दें और रहमत भी।" (सूरतु मर्यमः २१)

और अल्लाह तआला ने सालेह ﷺ के बारे में फ़रमायाः

﴿قَالَ يَٰقَوۡمِ أَرَءَيۡتُمۡ إِن كُنتُ عَلَىٰ بَيِّنَةٖ مِّن رَّبِّي وَءَاتَىٰنِي مِنۡهُ رَحۡمَةٗ﴾

"उन्हों ने कहाः ऐ मेरी क़ौम, ज़रा बताओ तो अगर मैं अपने रब की ओर से किसी मज़बूत दलील पर हुआ और उस ने मुझे अपने पास की रहमत अता की हो।" (सूरतु हूदः ६३)

और अल्लाह तआला ने कुरआन के बारे में फ़रमायाः

﴿وَنُنَزِّلُ مِنَ ٱلۡقُرۡءَانِ مَا هُوَ شِفَآءٞ وَرَحۡمَةٞ لِّلۡمُؤۡمِنِينَ﴾

"यह कुरआन जो हम उतार रहे हैं मोमिनों के लिए तो सरासर शिफ़ा और रहमत है।" (सूरतु इस्राः ८२)

सातवाँः वह धर्म अल्लाह की शरीअत की तरफ मार्गदर्शन करने, मनुष्य को इस बात से अवगत कराने कि अल्लाह उस से क्या चाहता है और उसे इस बात

से सूचित करने पर आधारित हो कि वह कहाँ से आया है और उसे कहाँ जाना है? अल्लाह तआला ने तौरात के बारे में सूचना देते हुए फ़रमायाः

﴿ إِنَّآ أَنزَلْنَا ٱلتَّوْرَىٰةَ فِيهَا هُدًى وَنُورٌ ﴾

"बेशक हम ने तौरात उतारी, जिस में हिदायत और रौशनी है।" (सूरतुल मायेदाः ४४)

और अल्लाह ने इंजील के बारे में फ़रमायाः

﴿ وَءَاتَيْنَٰهُ ٱلْإِنجِيلَ فِيهِ هُدًى وَنُورٌ ﴾

"और हम ने उनको इंजील दी। जिस में हिदायत और नूर है।" (सूरतुल मायेदाः ४६)

और अल्लाह तआला ने कुरआन करीम के बारे में फ़रमायाः

﴿ هُوَ ٱلَّذِىٓ أَرْسَلَ رَسُولَهُۥ بِٱلْهُدَىٰ وَدِينِ ٱلْحَقِّ ﴾

"वही अल्लाह है जिस ने अपने रसूल को हिदायत और सच्चा धर्म देकर भेजा।" (सूरतुत्तौबाः ३३)

और सच्चा धर्म वही है जो अल्लाह की शरीअत की ओर मार्गदर्शन पर आधारित हो और मन को सुरक्षा व शांति प्रदान करता हो। इस प्रकार कि वह उस से हर वसवसा को दूर करे, उसके हर प्रश्न का उत्तर दे और हर समस्या का निराकरण करे।

आठवाँः वह अच्छे चरित्र व नैतिकता और अच्छे कृत्यों जैसेः सच्चाई, न्याय, ईमानदारी, हया (शर्म), पवित्रता और उदारता की ओर आमंत्रित करे, तथा अनैतिकता और बुरे कृत्यों जैसेः माता-पिता की नाफ़रमानी और हत्या से मनाही करे, तथा व्यभिचार, झूठ, अत्याचार, आक्रमकता, कंजूसी और पाप को हराम ठहराए।

नौवाँः वह उस में विश्वास रखने वालों को खुशी व सौभाग्य प्रदान करे। अल्लाह तआला ने फ़रमायाः

﴿ طه ۝١ مَآ أَنزَلْنَا عَلَيْكَ ٱلْقُرْءَانَ لِتَشْقَىٰٓ ﴾

"ता हा, हम ने आप पर कुरआन को इस लिए नहीं उतारा कि आप मुसीबत में पड़ जाऐं।" (सूरतु ताहाः १,२)

और वह शुद्ध प्रकृति के अनुरूप होः

﴿فِطْرَتَ ٱللَّهِ ٱلَّتِى فَطَرَ ٱلنَّاسَ عَلَيْهَا﴾

"यह अल्लाह की फ़ितरत है जिस पर उस ने लोगों को पैदा किया है।" (सूरतुर्रूमः ३०)

तथा वह सही बुद्धि से सहमति रखता हो क्योंकि सच्चा धर्म अल्लाह का नियम है और सही बुद्धि अल्लाह की रचना है, और यह असंभव है कि अल्लाह के नियम और उसकी रचना के बीच विरोधाभास पाया जाए।

दसवाँः वह सच्चाई की रहनुमाई करे और झूठ से सावधान करे, मार्गदर्शन का निर्देश दे और गुमराही से घृणा करे और लोगों को ऐसे सीधे मार्ग की ओर बुलाए जिस में कोई मोड़ या टेढ़ापन न हो। अल्लाह तआला ने जिन्नों के बारे में ख़बर देते हुए फ़रमाया कि जब उन्हों ने क़ुरआन को सुना तो उन्हों ने आपस में एक-दूसरे से कहाः

﴿يَٰقَوْمَنَآ إِنَّا سَمِعْنَا كِتَٰبًا أُنزِلَ مِنۢ بَعْدِ مُوسَىٰ مُصَدِّقًا لِّمَا بَيْنَ يَدَيْهِ يَهْدِىٓ إِلَى ٱلْحَقِّ وَإِلَىٰ طَرِيقٍ مُّسْتَقِيمٍ﴾

"ऐ हमारी क़ौम के लोगो! हम ने एक ऐसी किताब सुनी, जो मूसा के बाद उतारी गई है, जो अपने से पहले की किताबों की तसदीक़ (पुष्टि) करती है, सत्य और सीधे मार्ग की ओर रहनुमाई करती है।" (सूरतुल अहक़ाफ़ः ३०)

वह ऐसी चीज़ की ओर न बुलाए जिस में उनका दुर्भाग्य हो। अल्लाह तआला ने फ़रमायाः

﴿طه ۝١ مَآ أَنزَلْنَا عَلَيْكَ ٱلْقُرْءَانَ لِتَشْقَىٰٓ﴾

"ता हा, हम ने आप पर क़ुरआन को इस लिए नहीं उतारा कि आप मुसीबत में पड़ जायें।" (सूरतु ताहाः १,२)

और न ही वह उन्हें ऐसी बातों का हुक्म दे जिस में उनकी बर्बादी और विनाश हो। अल्लाह तआला ने फ़रमायाः

﴿وَلَا تَقْتُلُوٓا۟ أَنفُسَكُمْ ۚ إِنَّ ٱللَّهَ كَانَ بِكُمْ رَحِيمًا﴾

''और तुम अपने आप को क़त्ल न करो, बेशक अल्लाह तुम पर दया करने वाला है।'' (सूरतुन निसाः २९)

तथा वह अपने मानने वालों के बीच लिंग, रंग या गोत्र के आधार पर भेदभाव न करे। अल्लाह तआला ने फ़रमायाः

﴿يَٰٓأَيُّهَا ٱلنَّاسُ إِنَّا خَلَقْنَٰكُم مِّن ذَكَرٍ وَأُنثَىٰ وَجَعَلْنَٰكُمْ شُعُوبًا وَقَبَآئِلَ لِتَعَارَفُوٓا۟ ۚ إِنَّ أَكْرَمَكُمْ عِندَ ٱللَّهِ أَتْقَىٰكُمْ ۚ إِنَّ ٱللَّهَ عَلِيمٌ خَبِيرٌ﴾

''ऐ लोगो, बेशक हम ने तुम सबको एक पुरुष और एक महिला से पैदा किया, और तुम को कई ख़ानदान और क़बीलों में बांट दिया, ताकि तुम एक-दूसरे को पहचान सको। निःसंदेह अल्लाह के पास तुम में सब से सम्मानित वह है जो तुम में सब से अधिक अल्लाह से डरने वाला (परहेज़गार) है। बेशक अल्लाह जानने वाला ख़बर रखने वाला है।'' (सूरतुल हुजुरातः १३)

इस से पता चला कि सच्चे धर्म (इस्लाम) में एक-दूसरे पर फ़जीलत और प्रतिष्ठा का मापदंड (कसौटी) अल्लाह का तक़्वा (ईशभय) है।

और जब हम ने उन कसौटियों का अध्ययन कर लिया जिनके द्वारा हम सच्चे और बातिल धर्मों के बीच अंतर कर सकते है और इसके लिए हम ने क़ुरआन करीम की उन आयात से प्रमाण लिया जो यह बताती हैं कि ये कसौटियाँ उन सारे सच्चे रसूलों के बीच सामान्य हैं जो अल्लाह की ओर से भेजे गए थे।

अब हमारे लिए उपयुक्त होगा कि हम धर्मों की किस्मों का अध्ययन करें।

धर्मों का प्रकार

मानवता के उनके धर्मों के हिसाब से दो प्रकार हैं:

एक प्रकार वह है जिनके लिए अल्लाह की ओर से किताब उतरी, जैसे: यहूदी, ईसाई और मुसलमान। यहूदियों और ईसाईयों के पास जो किताब उतारी गई थी उनके उस पर अमल न करने के कारण तथा अल्लाह को छोड़कर मानव को अपना रब बना लेने के कारण, और एक लंबी अवधि हो जाने के कारण... उनकी वह किताब खो गई जिसे अल्लाह ने उनके पैगंबरों पर उतारा था; तो पादरियों ने उनके लिए कुछ किताबें लिखीं जिनके बारे में यह गुमान किया वे अल्लाह की तरफ से हैं, हालाँकि वे अल्लाह की ओर से नहीं हैं, बल्कि वे तो केवल झूठों की मनगढ़ंत बातें और अतिवादियों की हेरा-फेरी है।

जहाँ तक मुसलमानों की किताब (कुरआन अज़ीम) की बात है तो वह अल्लाह की अंतिम किताब है, और अनुबंध में सब से मज़बूत है, उस की रक्षा की ज़िम्मेदारी स्वयं अल्लाह ने ली है और उसे मनुष्य के हवाले नहीं किया है।

अल्लाह तआला का फ़रमान है:

﴿ إِنَّا نَحْنُ نَزَّلْنَا ٱلذِّكْرَ وَإِنَّا لَهُۥ لَحَٰفِظُونَ ﴾

“बेशक हम ने ही कुरआन को उतारा और हम ही उसकी हिफ़ाज़त करने वाले हैं।” (सूरतुल हिज्रः ९)

अतः वह सीनों में और पुस्तकों में सुरक्षित है। क्योंकि वह अन्तिम किताब है जिस में अल्लाह ने इस मानवता के लिए मार्गदर्शन निहित किया है, और प्रलय के दिन तक इस किताब को उनके ऊपर हुज्जत (तर्क) बनाया है, और उसे सदैव रहने वाला बना दिया है, तथा हर ज़माने में उसके लिए ऐसे लोग मुहैया कर दिए हैं जो उसके हुदूद (आदेशों) और उस के अक्षरों को क़ायम करते हैं,

उसकी शरीअत (धर्मशास्त्र) पर अमल करते हैं और उस पर ईमान रखते हैं। इस महान किताब के बारे में अधिक विस्तार अगले पैराग्राफ़ में आयेगा।[1]

मानव का दूसरा वर्ग है जिनके पास अल्लाह की ओर से कोई अवतरित किताब नहीं है, भले ही उनके पास विरासत में चली आ रही कोई किताब हो जो उनके धर्म के संस्थापक की तरफ मंसूब हो। जैसेः हिन्दू, पारसी, बुद्ध धर्म के मानने वाले और कन्फयूशी लोग और जैसे कि मुहम्मद ﷺ के नबी बनाये जाने से पहले के अरब लोग।

हर समुदाय के पास कुछ न कुछ ज्ञान और कार्य होता है जिसके हिसाब से उनके दुनिया के हित क़ायम रहते हैं। यही वह सर्व-सामान्य मार्गदर्शन है जो अल्लाह ने हर इन्सान, बल्कि हर जानवर को प्रदान किया है। जैसे कि अल्लाह तआला जानवर को यह मार्गदर्शन करता है कि वह उस खाने और पानी को प्राप्त करे जो उसके लिए लाभ- दायक है, और उसे नुक़सान पहुँचाने वाली चीज़ को दूर करे। तथा अल्लाह ने उसके अंदर लाभदायक चीज़ से प्यार और हानिकारक चीज़ से घृणा को पैदा कर दिया है। अल्लाह तआला का फ़रमान हैः

﴿سَبِّحِ ٱسْمَ رَبِّكَ ٱلْأَعْلَى ۝١ ٱلَّذِى خَلَقَ فَسَوَّىٰ ۝٢ وَٱلَّذِى قَدَّرَ فَهَدَىٰ﴾

“अपने सर्वोच्च रब के नाम की पाकी बयान कर। जिस ने पैदा किया और सही व स्वस्थ बनाया। और जिस ने अनुमान लगाकर निर्धारित किया, फिर मार्ग दिखाया।” (सूरतुल आ़लाः १-३)

और मूसा ﷺ ने फ़िरऔन से कहाः

﴿رَبُّنَا ٱلَّذِىٓ أَعْطَىٰ كُلَّ شَىْءٍ خَلْقَهُۥ ثُمَّ هَدَىٰ﴾

“हमारा रब वह है जिस ने हर एक को उसका विशेष रूप दिया, फिर मार्गदर्शन किया।” (सूरतु ताहाः ५०)

और ख़लील ﷺ ने कहाः

﴿ٱلَّذِى خَلَقَنِى فَهُوَ يَهْدِينِ﴾

---

१ देखिएः पेज १४४-१५३, १७७-१८४, इसी किताब में।

इस्लाम के सिद्धांत और उस के मूल आधार

“जिस ने मुझे पैदा किया और वही मेरा मार्गदर्शन करता है।” (सूरतुश्शूराः ७८)[1]

हर बुद्धिमान -जो थोड़ी सी भी समझ और सोच रखता है- इस बात को अच्छी तरह जानता है कि धर्मों के मानने वाले अच्छे कर्मों और लाभदायक ज्ञान में उन लोगों से अधिक सम्पूर्ण हैं जो धर्मों के अनुयायी नहीं है। तथा धर्मों वालों में से ग़ैर-मुस्लिमों के पास जो भी अच्छाई पाई जाती है, वह मुसलमानों के पास उस से अधिक संपूर्ण रूप से पाई जाती है। और जो चीज़ धर्मों वालों के पास है वह दूसरों के पास नहीं है। क्योंकि कार्य और ज्ञान दो प्रकार के होते हैं:

पहलाः वह ज्ञान जो बुद्धि के द्वारा प्राप्त होता है, जैसेः गणित (हिसाब), चिकित्सा और उद्योग विज्ञान। तो ये सारी चीज़ें धर्मों वालों के पास वैसे ही हैं जैसे दूसरों के पास हैं, बल्कि वे लोग इन चीज़ों का सब से मुकम्मल ज्ञान रखते हैं। लेकिन जिन चीज़ों का ज्ञान सिर्फ बुद्धि के द्वारा प्राप्त नहीं होता है, जैसे अल्लाह के बारे में ज्ञान और धर्मों का ज्ञान, तो इन सारी चीज़ों का ज्ञान विशेष रूप से केवल धर्म वालों के पास होता है और इन में से कुछ चीज़ें ऐसी हैं जिन पर अक़्ली दलीलें क़ायम की जा सकती हैं। पैगंबरों ने उन पर बुद्धियों के तर्क की ओर लोगों की रहनुमाई की है। इस प्रकार यह अक़्ली और शरई ज्ञान है।

दूसराः वह ज्ञान जो केवल पैगंबरों की सूचना के द्वारा ही जाना जा सकता है, तो इसे अक़्ल (बुद्धि) के माध्यम से प्राप्त करने का कोई रास्ता नहीं है, जैसे कि अल्लाह, उसके नामों और गुणों के बारे में तथा अल्लाह की आज्ञापालन करने वालों के लिए आख़िरत में जो इनाम उसकी नाफ़रमानी करने वालों के लिए जो सज़ा है उसके बारे में सूचना, उसकी शरीअत का वर्णन, पिछले ईशदूतों का उनके समुदायों के साथ स्थिति वग़ैरह के बारे में सूचना।[2]

---

१ देखिएः अल-जवाबुस्सहीहो फी-मन बद्दला दीनल मसीह, ४/६७.

२ देखिएः मजमूआ फ़तावा शैख़ुल इस्लाम इब्ने तैमिय्या ४/२१०-२११.

वर्तमान धर्मों की स्थिति

बड़े-बड़े धर्म, उनकी पुरानी किताबें और उन के प्राचीन क़ानून, खिलवाड़ करने वालों और तुच्छ लोंगों का शिकार, मुनाफ़िक़ों और हेरा-फेरी करने वालों का खिलौना तथा ख़ूनी घटनाओं और महान आपदाओं का निशाना बन गए, यहाँ तक कि उन्हों ने अपनी आत्मा और रूप को खो दिया। अगर उन किताबों के पहले अनुयाईयों (मानने वालों) और भेजे गये ईशदूतों को दुबारा ज़िन्दा कर दिया जाए तो वे इन पुस्तकों का खण्डन करेंगे और उन से अनजानेपन को ज़ाहिर करेंगे।

यहूदी धर्म[1] परम्पराओं और रस्मों का एक समूह बन कर रह गया है जिसके अंदर न तो रूह है और न जान। इस के अलावा, वह एक नस्लीय धर्म है जो एक विशेष जाति और निर्धारित वर्ग के लिए ही है। उसके पास न तो संसार के लिए कोई संदेश (मिशन) है, न समुदायों के लिए कोई बुलावा है और न ही मानव जाति के लिए कोई दया है।

इस धर्म के उस असली अक़ीदे में ख़राबी पैदा हो गई जो कि धर्मों और समुदायों के बीच उसकी एक पहचान थी और उसी के अंदर उसकी प्रतिष्ठा का भेद था। और वह तौहीद (एकेश्वरवाद) का अक़ीदा है जिसकी वसीयत इब्राहीम और याक़ूब अलैहिमस्सलाम ने अपनी औलाद को की थी। यहूदियों ने उन भ्रष्ट समुदायों के बहुत सारे अक़ीदे अपना लिए जो उनके आस-पास थे या वे जिनके सत्ता अधीन बन गए थे। इसी तरह उनके बहुत सारे मूर्तिपूजा और मूर्खता की रस्मों और परंपराओं को भी अपना लिया। यहूदियों के न्यायप्रिय इतिहासकारों ने इस तथ्य को स्वीकार किया है। ''यहूदी विश्वकोष'' में आया है जिस का मतलब यह है कि:

''मूर्तियों की पूजा पर नबियों का क्रोध इस बात को इंगित करता है कि मूर्तियों

१ अधिक जानकारी के लिए देखें: ''इफ़हामुल यहूद'' लेखक: सैमुएल बिन यह्या अल-मग़रिबी। वह यहूदी थे फिर मुसलमान हो गए।

और देवताओं की पूजा इस्राईलियों के दिलों में सरायत कर चुकी थी और उन्हों ने बहुदेववादी और अंधविश्वासी विश्वासों को स्वीकार कर लिया था। तल्मूद भी इस बात की गवाही देता है कि बुतपरस्ती में यहूदियों का विशेष आकर्षण था।''[1]

बाबिली तल्मूद[2] - जिसका यहूदी लोग अति सम्मान करते हैं और कभी उसको तौरात पर वरीयता देते हैं, और वह छठी शताब्दी में यहूदियों के बीच प्रचलित था। तथा उस में कम अक़्ली, बेवक़ूफ़ों वाली बातें, अल्लाह तआला पर दुस्साहस, तथ्यों के साथ छेड़छाड़ और धर्म तथा बुद्धि के साथ खिलवाड़ के अनोखे उदाहरण हैं - इस बात को इंगित करता है कि इस शताब्दी में यहूदी समाज अक़्ली गिरावट (मानसिक पतन) तथा धार्मिक स्वाद के भ्रष्टाचार के किस स्तर तक पहुंच गया था।[3]

जहाँ तक ईसाई धर्म[4] की बात है तो वह अपने प्रारंभिक युग से ही चरमपंथियों (अतिवादियों) के परिवर्तन, अज्ञानियों की व्याख्या और ईसाई धर्म अपनाने वाले रूमानियों की बुतपरस्ती से पीड़ित है। और यह सारे के सारे ढेर हो गए जिसके नीचे ईसा ﷺ की महान शिक्षाएं दफ़न हो गईं और तौहीद तथा एकमात्र अल्लाह की पूजा की रौशनी इन घने बादलों के पीछे छिपकर रह गई।

एक ईसाई लेखक चौथी शताब्दी ईसवी के अन्तिम दिनों से ही ईसाई समाज में त्रिदेव के अक़ीदे के प्रवेश करने के बारे में चर्चा करते हुए कहता है:

''चौथी शताब्दी के आख़िरी तिमाही से ईसाई दुनिया के जीवन और उसके

---

१ Jewish Encyclopedia Vol. XII page 568-69.

२ तल्मूद शब्द का अर्थ है यहूदी धर्म और उसके आदाब को सिखाने वाली किताब, यह हाशिया का मजमूआ है और अलशना (शरीअत) नामी किताब की कुंजी है, जो कि मुख़्तलिफ़ युगों में यहूदी ज्ञानियों के लिए थी।

३ विस्तार से पढ़ें: अल यहूदी अला बसब अल तलमूद लेखक डा. रोहलन्ज, फ्रांसीसी से उसका अरबी अनुवाद ''अलकन्ज अल मरसूद की कवायद अल तलमूद, लेखक डा. यूसुफ़ हना नसरुल्लाह।

४ अधिक विस्तार के लिए देखें: अलजवाब अल सहीह लेमन बद्दल दीन अल मसीह - लेखक शैखुल इस्लाम इब्ने तैमिया/इज़हारुल हक़, लेखक रहमतुल्लाह बिन ख़लील अल-हिन्दी/ तोहफ़तुल अरीब फी अलरद्द अला श्वाद अल-सलीब, लेखक अब्दुल्लाह अल तरजुमान नसरानी थे फिर मुसलमान हो गए।

विचारों में यह अक़ीदा प्रवेश कर गया था कि एक पूज्य तीन व्यक्तियों से मिलकर बना है। यह ईसाई जगत के सभी भागों में एक मान्यता प्राप्त सरकारी अकीदा बना रहा। तथा ट्रिनिटी (त्रिदेव) के सिद्धांत के विकास और उसके भेद से उन्नीसवीं शताब्दी के अन्तिम छमाही में ही पर्दा उठा।[1]

एक समकालीन ईसाई इतिहासकार (आधुनिक विज्ञान की रौशनी में ईसाई धर्म का इतिहास) नामी किताब में ईसाई समाज में विभिन्न शक्लों और रंगों में मूर्ति पूजन के उदय, तथा नक़ल, या पसंद या अज्ञानता के कारण शिर्क में डूबे धर्मों और समुदायों के बुतपरस्त नायकों, त्योहारों, रस्मों और प्रतीकों को अपनाने में ईसाईयों की विविधता की चर्चा करते हुए कहता हैः बुतपरस्ती ख़त्म हो गई, लेकिन वह सम्पूर्ण तरीक़े से ख़त्म नहीं हुई। बल्कि यह दिलों में बैठ गई और उस में हर चीज़ ईसाईयत के नाम पर और उसके पर्दे के पीछे चलती रही। तो जिन लोगों ने अपने पूज्यों और नायकों को छोड़ दिया था और उन से आज़ाद हो गये थे, उन्हों ने अपने शहीदों में से एक शहीद को ले लिया और उसको देवताओं के गुणों से ख़िताब किया, फिर उसकी एक मूर्ति बना ली। इस प्रकार यह शिर्क और मूर्तियों की पूजा इन स्थानीय शहीदों में स्थानांतरित हो गई। इस शताब्दी का अंत भी नहीं हुआ, यहाँ तक कि उनके बीच शहीदों और संतों की पूजा आम हो गई और एक नई मान्यता का गठन हुआ कि संतों के पास दिव्य गुण हैं, और ये संत और पवित्र पुरुष अल्लाह और मानव के बीच के मध्यस्थ बन गए। बुतपरस्त त्योहारों के नाम बदलकर नया नाम रख लिए गए, यहाँ तक कि सन ४०० ईस्वी में पुराने सूर्य त्योहार को ईसा मसीह के जन्म दिन के त्योहार (क्रिसमस) में बदल दिया गया।''[2]

पारसी लोग पुराने ज़माने से ही प्राकृतिक चीज़ों की पूजा करने से जाने जाते हैं, जिन में सब से बड़ी चीज़ आग है। अंत में वे आग ही की पूजा करने लगे हैं, जिसके लिए वे ढाँचे और पूजा स्थल बनाते हैं। इस प्रकार आग के घर पूरे

---

१ नई कैथोलिक विश्वकोष के अन्दर जो वर्णन हुआ है उसका सारांश। लेखः पवित्र त्रिदेव, १४/२६५.

२ Rev. James Houstoin Baxter in the History of Christinaity in the light of modern knowledge, Glasgow, 1929 P-407.

देश में फैल गये, और सूरज का सम्मान तथा आग की पूजा के अलावा सारे धर्म और अक़ीदे मिट गये। उनके यहाँ धर्म कुछ परम्पराओं और रस्मों का नाम होकर रह गया जिसे वे विशेष जगहों पर अंजाम देते हैं।[1]

''सासानियों के शासनकाल में ईरान'' का डेनमार्की लेखक ''आर्थर क्रिस्तन सेन'' धार्मिक नेताओं के वर्ग और उन के कार्यों का वर्णन करते हुए कहता है:

''इन पदाधिकारियों पर दिन में चार बार सूरज की पूजा करना ज़रूरी था। इसके अलावा, उनके लिए चन्द्रमा, आग और पानी की पूजा भी करना जरूरी था। उन्हें आदेश दिया गया था कि वे आग को बुझने न दें, तथा पानी और आग को एक-दूसरे से मिलने न दें। तथा धातु को ज़ंग न लगने दें, क्योंकि धातु उनके यहां पवित्र माना जाता है।''[2]

वे लोग हर युग में दो खुदा मानते थे और यही उनकी पहचान बन गई, वे दो पूज्यों पर ईमान रखते थे। उन में से एक रौशनी या अच्छाई का देवता था जिसका नाम ''अहुरा मज़्दा'' या ''यज़दान'' रखते थे और दूसरा पूज्य अंधेरा या बुराई का देवता था जिसे ''अहरमन'' का नाम देते थे। इन दोनों के बीच लगातार युद्ध और संघर्ष जारी है।[3]

बौद्ध धर्म -जो कि भारत और मध्य ऐशिया में प्रचलित धर्म है- एक बुतपरस्त धर्म है, जो जहाँ भी जाता है अपने साथ मूर्तियाँ लेकर चलता है, और जहाँ भी उतरता और पड़ाव डालता है मंदिरों का निर्माण करता है और ''बुद्ध'' की मूर्तियाँ लगाता है।[4]

---

१ पढ़िए किताबः सासानियों के शासनकाल में ईरान -लेखकः प्रोफेसर आर्थर क्रिस्तन सेन- जो डेनमार्क के ''कोपेन हागेन'' विश्वविद्यालय में पूर्वी भाषाओं के प्रोफेसर और ईरान के इतिहास के विशेषज्ञ हैं। तथा किताब ''ईरान का इतिहास'' लेखकः पारसी शाहीन मकारियोस।

२ सासानियों के शासनकाल में ईरान, पेजः १५५.

३ सासानियों के शासनकाल में ईरान, बाब अद्दीनुज़ ज़रतुश्ती दियानतु अल - हुकूमा पेजः १८३-२३३.

४ देखिए किताब ''अल-हिन्द अल क़दीमा'' (प्राचीन भारत) लेखकः ऐषूरा तोना, हिन्दुस्तान ने ''हैदराबाद विश्वविद्यालय में हिन्दुस्तानी संस्कृति का इतिहास के गुरू हैं। और किताब, ''इकतिशाफुल हिन्द'' (The Discovery of India) लेखकः जवाहर लाल नेहरू, पूर्व भारतीय

इस्लाम के सिद्धांत और उस के मूल आधार

ब्राह्मणवाद -एक भारतीय धर्म- यह धर्म देवताओं की अधिकता के लिए प्रसिद्ध है। छठी शताब्दी ईस्वी में मूर्ति पूजा अपनी चरम सीमा को पहुंच गई थी। चुनाँचे इस शताब्दी में देवताओं की संख्या ३३० मिलियन तक पहँच गई थी।[1] हर अच्छी चीज़, हर भयानक चीज़ तथा हर लाभदायक चीज़ पूजा के योग्य देवता बन गई थी। इस युग में मूर्तिकला का उद्योग बहुत बढ़ गया था और जिस में फ़नकार अपनी फ़नकारी दिखाते थे।

हिन्दू लेखक सी. वी. विद्यया अपनी किताब ''मध्यकालीन भारत का इतिहास'' में राजा हरिश के शासनकाल (६०६-६४८ ई.) के बारे में जो कि अरब प्रायद्वीप में इस्लाम के उदय के बाद का युग है, बात करते हुए कहता है:

हिन्दू धर्म और बौद्ध धर्म दोनों एक ही समान बुतपरस्त धर्म हैं, बल्कि बौद्ध धर्म बुतों की पूजा में लिप्त होने में हिन्दू धर्म से आगे बढ़ गया था। शुरू-शुरू में यह धर्म -बौद्ध धर्म- पूज्य का इन्कार करता था। लेकिन धीरे-धीरे उस ने ''बुद्ध'' को सब से बड़ा पूज्य बना दिया। फिर उस ने उसके साथ दूसरे पूज्यों को भी मिला दिया जैसे (Budhistavas)। भारत में मूर्तिपूजा अपनी चरम पर पहुँच गई थी। यहाँ तक कि ''बुद्ध'' (Buddha) का शब्द कुछ पूर्वी भाषाओं में ''बुत'' या ''मूर्ति'' के शब्द का पर्यायवाची बन गया था।

इस में कोई शक नहीं कि बुतपरस्ती सारी समकालीन दुनिया में फैली हुई थी। चुनाँचे अटलांटिक समुद्र से प्रशांत महासागर तक पूरी दुनिया मूर्तिपूजा में डूबी हुई थी। ऐसा लग रहा था कि ईसाई धर्म, सामी धर्म तथा बौद्ध धर्म मूर्तियों का सम्मान करने में एक-दूसरे से आगे बढ़ने की कोशिश कर रहे थे तथा वे दौड़ के घोड़ों के समान थे जो एक ही मैदान में दौड़ रहे थे।[2]

एक दूसरा हिन्दू अपनी किताब में जिसका नाम उस ने ''अल-हिन्दुकीया अस-साईदा'' (प्रचलित हिन्दू धर्म) रखा है, कहता है कि: ''देवताओं को बनाने

प्रधानमंत्री, पेजः २०१-२०२.

१ देखिए: अल हिन्द अल-क़दीमा (प्राचीन भारत), लेखक, आर. दत ३/२७६ और "हिन्दुकीया अस-साईदा" लेखक (L.S.S.O. Malley) पेजः ६,७.

२ C.V. Vidya: History of Mediavel Hindu India Vol. I (Poone 1921)

की प्रक्रिया इस पर समाप्त नहीं हुई। बल्कि लगातार विभिन्न एतिहासिक युगों में छोटे-छोटे देवता भारी संख्या में इस ''दिव्य समूह'' में शामिल हो रहे हैं, यहाँ तक कि उनकी एक असंख्य और बेशुमार भीड़ बन गई है।[1]

यह रही बात धर्मों की स्थिति की, लेकिन जहाँ तक सभ्य देशों का संबंध है जहाँ महान सरकारें स्थापित हुईं, उस में बहुत सारे विज्ञान फैले और जो संस्कृति, उद्योगों तथा कलाओं की जन्मभूमि थी। तो ये ऐसे देश थे जिस में धर्मों को मिटा दिया गया था, उस ने अपनी मौलिकता और भक्ति खो दी थी, सुधारक नहीं रह गए थे, शिक्षक लुप्त हो चुके थे, उस में खुले आम नास्तिकता का प्रदर्शन होता था और भ्रष्टाचार बढ़ गया था, मानकों (कसौटियों) को बदल दिया गया था और इन्सान स्वयं अपने आप पर हीन बन गया था। इसी कारण आत्महत्या बढ़ गई, पारिवारिक सम्बन्ध कट गए, सामाजिक सम्बन्ध टूट गए, मनोचिकित्सकों की क्लीनिक रोगियों से भर गई, उसके अन्दर शोबदाबाज़ों का बाज़ार गरम हो गया, उस में इन्सान ने हर प्रकार के मनोरंजन का स्वाद लिया, और हर नये ईजाद कर लिए गए, धर्म का पालन किया...; यह सब कुछ अपनी आत्मा की प्यास बुझाने, अपने मन को खुशी पहुँचाने और अपने दिल को शांति पहुंचाने के लिए किया गया था। लेकिन ये मनोरंजन व आनंद, धर्म व मिल्लत, और दृष्टिकोण उसके लक्ष्यों को पूरा करने में नाकाम रहे। और वह निरंतर इस मानसिक परेशानी और अध्यात्मिक पीड़ा से गुज़रता रहेगा, यहाँ तक कि वह अपने पैदा करने वाले से अपना संबंध जोड़ ले, और उसकी उस तरीक़े के अनुसार पूजा करे जिसे उसने अपने लिए पसंद कर लिया है और जिसका उस ने अपने रसूलों को आदेश दिया है। अल्लाह ने उस व्यक्ति की हालत को स्पष्ट करते हुए जिस ने अपने पालनहार से मुँह फेर लिया और उसके अलावा से मार्गदर्शन तलब किया, फ़रमायाः

﴿وَمَنْ أَعْرَضَ عَن ذِكْرِي فَإِنَّ لَهُۥ مَعِيشَةً ضَنكًا وَنَحْشُرُهُۥ يَوْمَ ٱلْقِيَٰمَةِ أَعْمَىٰ﴾

''और (हाँ) जो मेरी याद से मुंह फेरेगा उसकी ज़िन्दगी तंगी में रहेगी और हम उसको क़यामत (प्रलय) के दिन अंधा करके उठायेगें।'' (सूरतु ताहाः १२४)

---

१ देखिएः अस-सीरतुन नबवीया, लेखक अबुल हसन अली नदवी, पेजः १६-२८.

तथा इस ज़िन्दगी में मोमिनों की सुरक्षा और सुख व शान्ति के बारे में बताते हुए अल्लाह ने फ़रमायाः

﴿الَّذِينَ آمَنُوا وَلَمْ يَلْبِسُوا إِيمَانَهُم بِظُلْمٍ أُولَٰئِكَ لَهُمُ الْأَمْنُ وَهُم مُّهْتَدُونَ﴾

"जो लोग ईमान रखते हैं और अपने ईमान को शिर्क से मिलाते नहीं, ऐसे ही लोगों के लिए शान्ति है और वही सीधे रास्ते पर चल रहे हैं।" (सूरतुल अंआमः ८२)

और अल्लाह ने एक दूसरे स्थान पर फ़रमायाः

﴿وَأَمَّا الَّذِينَ سُعِدُوا فَفِي الْجَنَّةِ خَالِدِينَ فِيهَا مَا دَامَتِ السَّمَاوَاتُ وَالْأَرْضُ إِلَّا مَا شَاءَ رَبُّكَ عَطَاءً غَيْرَ مَجْذُوذٍ﴾

"और जो लोग सौभाग्यशाली बनाए गए, वे जन्नत में होंगे जहाँ वे हमेशा रहेंगे जब तक आसमान व ज़मीन बाक़ी रहे, मगर जो तुम्हारा रब चाहे, यह न ख़त्म होने वाली बख़्शिश है।" (सूरतु हूदः १०८)

अगर हम -इस्लाम को छोड़कर- इन धर्मों पर धर्म की उन कसौटियों को लागू करें जिनका पीछे उल्लेख हो चुका है, तो हम पायेंगे कि उन तत्वों में से अक्सर चीज़ें नहीं पाई जाती हैं, जैसा कि उनके बारे में इस संक्षिप्त प्रस्तुति से ज़ाहिर है।

और सब से बड़ी कमी जो इन धर्मों में पाई जाती है वह अल्लाह की तौहीद (एकेश्वरवाद) है, तथा उनके मानने वालों ने अल्लाह के साथ दूसरे पूज्यों को साझीदार बनाया। इसी तरह ये परिवर्तित धर्म लोगों के लिए कोई ऐसा धर्मशास्त्र प्रस्तुत नहीं करते जो हर समय और स्थान के लिए योग्य और उचित हो, तथा लोगों के धर्म, उनके सम्मान, उनकी संतान, और उनकी जान व माल की रक्षा कर सके। तथा वे धर्म उन्हें अल्लाह की उस शरीअत की ओर मार्गदर्शन नहीं करते हैं जिसका अल्लाह ने आदेश दिया है, और वे अपने अनुयायियों को मन की शान्ति और खुशी नहीं प्रदान करते हैं क्योंकि उनके अन्दर टकराव और विरोधाभास पाया जाता है।

जहां तक इस्लाम धर्म का संबंध है, तो आने वाले अध्यायों में वह बातें आयेंगी जो यह स्पष्ट करेंगी कि वही अल्लाह का सदैव रहने वाला सच्चा धर्म है जिसे अल्लाह ने अपने लिए पसंद किया है और मानव जाति के लिए चुन लिया है।

इस पैराग्राफ़ के अन्त में मुनासिब मालूम होता है कि हम नबूवत (ईशदूतत्व) की हकीकत, उसकी निशानियों और मानवता को उसकी आवश्यकता के बारे में परिचय प्रस्तुत कर दें, तथा रसूलों के आमंत्रण के सिद्धांतों और अनन्त व अंतिम संदेश की वास्तविकता को स्पष्ट कर दें।

नबूवत (ईशदूतत्व) की वास्तविकता

इस ज़ीवन में सब से बड़ी चीज़ जिसको जानने की मनुष्य को ज़रूरत है वह अपने उस रब की जानकारी है जिस ने उसे अनस्तित्व से अस्तित्व दिया, और उस पर अपनी व्यापक नेमतें उतारीं। सबसे महान उद्देश्य जिसके लिए अल्लाह तआला ने मनुष्य को पैदा किया वह एकमात्र उसी सर्वशक्तिमान की उपासना व आराधना है।

लेकिन प्रश्न यह उठता है कि मनुष्य किस प्रकार अपने रब (अल्लाह) की सही तौर से जानकारी प्राप्त कर सकता है? और उसके अधिकार और वाजिबात क्या हैं और वह अपने पालनहार की इबादत (आराधना) कैसे करे?

वास्तव में मनुष्य ऐसे आदमी को पा सकता है जो उसकी कठिनाईयों के समय उसकी सहायता करता है, और उस के हितों का ध्यान रख़ता है। जैसेः बीमारी का इलाज करवाना और उसके लिए दवा का इंतिज़ाम करना, घर का निर्माण करने में उसका सहयोगिता करना और इसी प्रकार की अन्य चीज़ें... लेकिन इन सारे लोगों में वह ऐसे आदमी को हरगिज़ नहीं पा सकता है जो उस से उस के रब का परिचय कराए, और यह स्पष्ट करे कि वह अपने पालनहार की उपासना कैसे करे? क्योंकि बुद्धियों के लिए अपने आप ही यह जानना संभव नहीं है कि अल्लाह उन से क्या चाहता है; क्योंकि मानव बुद्धि अपने ही समान एक मनुष्य के मुराद (इच्छा) को जानने में ही बेबस और बहुत कमज़ोर है, उसके मुराद (इच्छा) के बारे में बताना तो दूर की बात है। तो फिर वह अल्लाह की मुराद (इच्छा) और उद्देश्य को कैसे जान सकता है? और इस लिए भी कि यह कार्य उन पैगंबरों और नबियों तक सीमित है जिन को अल्लाह तआला अपने संदेश को लोगों तक पहुँचाने के लिए चुन लेता है, फिर यह ज़िम्मेदारी उन पैगंबरों के बाद आने वाले मार्ग- दर्शन के इमामों और नबियों के उत्तराधिकारियों की होती

जो उन के तरीक़ों के धारक होते हैं, उनका अनुसरण करते हैं और उन की ओर से उनके संदेश व मिशन का प्रचार व प्रसार करते हैं। क्योंकि मनुष्य के लिए संभव नहीं है कि वे सीधे अल्लाह तआला से संदेश प्राप्त कर सकें, और वे इसकी भक्ति भी नहीं रखते हैं। जैसा कि अल्लाह तआला का फ़रमान हैः

﴿وَمَا كَانَ لِبَشَرٍ أَن يُكَلِّمَهُ ٱللَّهُ إِلَّا وَحْيًا أَوْ مِن وَرَآيِٕ حِجَابٍ أَوْ يُرْسِلَ رَسُولًا فَيُوحِىَ بِإِذْنِهِۦ مَا يَشَآءُ ۚ إِنَّهُۥ عَلِىٌّ حَكِيمٌ﴾

"और नामुमकिन है कि किसी बंदे से अल्लाह (तआला) कलाम करे, लेकिन वह्य के रूप में या पर्दे के पीछे से या किसी फ़रिश्ते को भेजे, और वह अल्लाह के हुक्म से जो वह चाहे वह्य करे। बेशक वह सब से बड़ा और हिक्मत वाला है।" (सूरतुश्शूराः ५१)

अतः एक मध्यस्थ और दूत का होना आवश्यक है जो अल्लाह की ओर से उसकी शरीअत को उस के बंदों तक पहुंचाए, और यही दूत और मध्यस्थ संदेष्टा और ईशदूत हैं। चुनाँचे फ़रिश्ता अल्लाह के पैग़ाम को नबी (ईशदूत) तक पहुंचाता है, फिर ईशदूत उसे लोगों तक पहुंचाता है। स्वयं फ़रिश्ता ही संदेशों को सीधे लोगों तक नहीं पहुंचाता है, क्योंकि फ़रिश्तों की दुनिया अपनी प्रकृति में मुनष्य की दुनिया से भिन्न है। अल्लाह तआला का फ़रमान हैः

﴿ٱللَّهُ يَصْطَفِى مِنَ ٱلْمَلَٰٓئِكَةِ رُسُلًا وَمِنَ ٱلنَّاسِ﴾

"फ़रिश्तों में से और इन्सानों में से संदेशवाहकों को अल्लाह ही चुन लेता है।" (सूरतुल हज्जः ७५)

अल्लाह तआला की हिक्मत इस बात की अपेक्षा करती है कि पैगंबर उन लोगों की जाति से हो जिन की ओर उसे भेजा गया है, ताकि वे लोग उन रसूलों की बातों को समझ सकें, क्योंकि लोग उन से बात-चीत और वार्तालाप कर सकते हैं। अगर अल्लाह तआला फ़रिश्तों में से रसूल बना कर भेजता, तो वे लोग उनका सामना न कर पाते और न ही उनके संदेश को प्राप्त करने में सक्षम होते।[1]

---

१ तफ़सीरुल कुरआनिल अजीम, लेखकः अबुल फिदा इस्माईल बिन कसीर अल- कुरशी ३/६४.

और अल्लाह का फ़रमान है:

﴿وَقَالُواْ لَوۡلَآ أُنزِلَ عَلَيۡهِ مَلَكٞۖ وَلَوۡ أَنزَلۡنَا مَلَكٗا لَّقُضِيَ ٱلۡأَمۡرُ ثُمَّ لَا يُنظَرُونَ ۝٨ وَلَوۡ جَعَلۡنَٰهُ مَلَكٗا لَّجَعَلۡنَٰهُ رَجُلٗا وَلَلَبَسۡنَا عَلَيۡهِم مَّا يَلۡبِسُونَ﴾

"और उन्हों ने कहा कि आप पर कोई फ़रिश्ता क्यों नहीं उतारा गया? और अगर हम फ़रिश्ता उतार देते तो विषय का फ़ैसला कर दिया जाता फिर उन्हें मौक़ा नहीं दिया जाता। और अगर हम रसूल को फ़रिश्ता बनाते तो उसे मर्द बनाते और उन पर वही शक पैदा करते जो शक ये कर रहे हैं।" (सूरतुल अंआमः ८,९)

और अल्लाह तआला ने फ़रमायाः

﴿وَمَآ أَرۡسَلۡنَا قَبۡلَكَ مِنَ ٱلۡمُرۡسَلِينَ إِلَّآ إِنَّهُمۡ لَيَأۡكُلُونَ ٱلطَّعَامَ وَيَمۡشُونَ فِي ٱلۡأَسۡوَاقِ﴾ ... إلى أن قال: ﴿وَقَالَ ٱلَّذِينَ لَا يَرۡجُونَ لِقَآءَنَا لَوۡلَآ أُنزِلَ عَلَيۡنَا ٱلۡمَلَٰٓئِكَةُ أَوۡ نَرَىٰ رَبَّنَاۗ لَقَدِ ٱسۡتَكۡبَرُواْ فِيٓ أَنفُسِهِمۡ وَعَتَوۡ عُتُوّٗا كَبِيرٗا﴾

"और हम ने आप से पहले जितने भी रसूल भेजे सब के सब खाना भी खाते थे और बाज़ारों में भी चलते फिरते थे।" यहाँ तक कि आगे फ़रमायाः "और जिन्हें हम से मिलने की उम्मीद नहीं उन्हों ने कहा कि हम पर फ़रिश्ते क्यों नहीं उतारे जाते? या हम (अपनी आँखों से) अपने रब को देख लेते? उन लोगों ने खुद अपने को ही बहुत बड़ा समझ रखा है और बहुत नाफ़रमानी कर ली है।" (सूरतुल फ़ुरक़ानः २०,२१)

और अल्लाह तआला ने फ़रमायाः

﴿وَمَآ أَرۡسَلۡنَا مِن قَبۡلِكَ إِلَّا رِجَالٗا نُّوحِيٓ إِلَيۡهِمۡ﴾

"और आप से पहले भी हम मर्दों को ही भेजते रहे जिनकी ओर वह्यी (प्रकाशना) उतारा करते थे।" (सूरतुन नहलः ४३)

और अल्लाह तआला का फ़रमान है:

﴿وَمَآ أَرۡسَلۡنَا مِن رَّسُولٍ إِلَّا بِلِسَانِ قَوۡمِهِۦ لِيُبَيِّنَ لَهُمۡ﴾

"और हम ने हर नबी (संदेशवाहक) को उसकी क़ौम (राष्ट्र) की भाषा में ही

भेजा है ताकि उन के सामने वाज़ेह तौर से बयान कर दे।" (सूरतु इब्राहीमः ४)

ये सारे रसूल और ईशदूत बुद्धिमान थे, अच्छे एवं नेक प्रकृति एवं स्वभाव वाले थे, कर्म एवं वचन के सच्चे, जिस चीज़ की उन्हें ज़िम्मेदारी दी गई थी उसके पहुँचाने में ईमानदार थे, मनुष्य के चरित्र और स्वभाव को धूमिल करने वाली चीज़ों से सुरक्षित थे, और उनके शरीर उस चीज़ से पवित्र थे जिस से निगाहें नफ़रत करती हैं, और जिस से शुद्ध ज़ौक़ घृणा करते हैं।[1] अल्लाह तआला ने उनके व्यक्तित्व और शिष्टाचार को पवित्र और शुद्ध क़रार दिया है। चुनाँचे वह लोगों में सब से ज़्यादा संपूर्ण शिष्टाचार वाले, सब से ज़्यादा पाक व साफ़ आत्मा वाले और सब से ज़्यादा दानशील थे। अल्लाह तआला ने उनके अन्दर शिष्टाचार और अच्छे संस्कार जमा कर दिए थे, जिस प्रकार कि उनके अन्दर सहनशीलता, ज्ञान, दानशीलता, उदारता, वीरता, न्याय... जैसे गुणों को इकट्ठा कर दिया था, यहाँ तक कि वे इन गुणों और आचरणों में अपनी क़ौमों के बीच उत्कृष्ट और प्रतिष्ठित हो गए। यह सालेह ﷺ की क़ौम के लोग हैं जो उन से कहते हैं - जैसाकि अल्लाह तआला ने उन के बारे में बताया है - किः

﴿قَالُواْ يَٰصَٰلِحُ قَدْ كُنتَ فِينَا مَرْجُوًّا قَبْلَ هَٰذَآ أَتَنْهَىٰنَآ أَن نَّعْبُدَ مَا يَعْبُدُ ءَابَآؤُنَا﴾

"उन्हों ने कहा ऐ सालेह! इस से पहले हम तुम से बहुत ही उम्मीदें लगाये हुए थे, क्या तू हमें उनकी इबादत से रोकता है, जिनकी पूजा (इबादत) हमारे बाप-दादा करते चले आये।" (सूरतु हूदः ६२)

शुऐब की क़ौम ने उन से कहाः

﴿أَصَلَوٰتُكَ تَأْمُرُكَ أَن نَّتْرُكَ مَا يَعْبُدُ ءَابَآؤُنَآ أَوْ أَن نَّفْعَلَ فِىٓ أَمْوَٰلِنَا مَا نَشَٰٓؤُاْ إِنَّكَ لَأَنتَ ٱلْحَلِيمُ ٱلرَّشِيدُ﴾

"क्या तेरी सलात तुझे यही हुक्म देती है कि हम अपने बुजुर्गों के देवताओं को छोड़ दें और हम अपने माल में जो कुछ करना चाहें उस का करना भी छोड़ दें, तू तो बड़ा समझदार और नेक चलन है।" (सूरतु हूदः ८७)

---

१ देखिए! लवामेउल अनवारिल बहिया २/२६५-३०५, तथा अल-इस्लाम, लेखकः अहमद शिल्बी पेजः ११४.

तथा मुहम्मद ﷺ संदेष्टा बनाए जाने से पहले ही अपनी क़ौम में "अमीन" (विश्वसनीय) की उपाधि से प्रसिद्ध थे, और आप के पालनहार ने आप का वर्णन अपने इस कथन में किया है:

﴿ وَإِنَّكَ لَعَلَىٰ خُلُقٍ عَظِيمٍ ﴾

"और बेशक आप बहुत अच्छे स्वभाव (अख़लाक़) पर हैं"। (सूरतुल क़लम: ४)

ये लोग अल्लाह की मख़लूक़ में सब से अच्छे और चुनिंदा लोग थे। अल्लाह तआला ने उन लोगों को अपने संदेश का भार उठाने और अपनी अमानत का प्रसार करने के लिए चुन लिया था। अल्लाह का फ़रमान है:

﴿ اللَّهُ أَعْلَمُ حَيْثُ يَجْعَلُ رِسَالَتَهُ ﴾

"अल्लाह अच्छी तरह जानता है कि वह अपनी रिसालत कहाँ रखे।" (सूरतुल अंआम: १२४)

और अल्लाह तआला का फ़रमान है:

﴿ إِنَّ اللَّهَ اصْطَفَىٰ آدَمَ وَنُوحًا وَآلَ إِبْرَاهِيمَ وَآلَ عِمْرَانَ عَلَى الْعَالَمِينَ ﴾

"बेशक अल्लाह (तआला) ने सभी लोगों में से आदम को और नूह को और इब्राहीम के परिवार और इमरान के परिवार को चुन लिया।" (सूरतु आले इमरान: ३३)

यह संदेष्टा और ईशदूत, बावजूद इसके कि अल्लाह ने उनका वर्णन सर्वोच्च गुणों के साथ किया है, और बावजूद इसके कि वे बुलंद गुणों के साथ प्रसिद्ध थे, परन्तु वे लोग मनुष्य ही थे, उन्हें भी उन सारी चीज़ों का सामना होता था जो अन्य सभी लोगों को पेश आती हैं। चुनाँचे उन लोगों को भूक लगती थी, वे बीमार होते थे, वे सोते, खाते, शादी-विवाह करते थे और उन पर मौत भी आती थी।

अल्लाह तआला का फ़रमान है:

﴿ إِنَّكَ مَيِّتٌ وَإِنَّهُم مَّيِّتُونَ ﴾

"बेशक ख़ुद आप को भी मौत आयेगी और यह सब मरने वाले हैं।" (सूरतुज़्ज़ुमर: ३०)

और अल्लाह तआला का फ़रमान है:

﴿ وَلَقَدْ أَرْسَلْنَا رُسُلًا مِّن قَبْلِكَ وَجَعَلْنَا لَهُمْ أَزْوَاجًا وَذُرِّيَّةً ﴾

"और हम आप से पहले भी बहुत से रसूल भेज चुके हैं और हम ने उन सब को बीवी और औलाद वाला बनाया था।" (सूरतुर रअदः ३८)

बल्कि वे कभी उत्पीड़न का शिकार हुए, या उनकी हत्या कर दी गई, या उन्हें उनके घरों से निकाल दिया गया। अल्लाह तआला का फ़रमान हैः

﴿ وَإِذْ يَمْكُرُ بِكَ الَّذِينَ كَفَرُوا لِيُثْبِتُوكَ أَوْ يَقْتُلُوكَ أَوْ يُخْرِجُوكَ ۚ وَيَمْكُرُونَ وَيَمْكُرُ اللَّهُ ۖ وَاللَّهُ خَيْرُ الْمَاكِرِينَ ﴾

"और आप उस घटना का भी ज़िक्र कीजिए, जबकि काफ़िर लोग आप के बारे में साज़िश कर रहे थे कि आप को बंदी बना लें या आप को क़त्ल कर दें, और वे अपनी साज़िश कर रहे थे तथा अल्लाह अपनी योजना बना रहा था और अल्लाह तआला सब से बेहतर योजना बनाने वाला है।" (सूरतुल अंफ़ालः ३०)

परन्तु दुनिया व आख़िरत में अन्तिम परिणाम, सहायता और शक्ति उन्हीं के लिए है। जैसा कि अल्लाह तआला का फ़रमान हैः

﴿ وَلَيَنصُرَنَّ اللَّهُ مَن يَنصُرُهُ ﴾

"और जो अल्लाह की मदद करेगा, अल्लाह भी उसकी ज़रूर मदद करेगा।" (सूरतुल हज्जः ४०)

और अल्लाह तआला का फ़रमान हैः

﴿ كَتَبَ اللَّهُ لَأَغْلِبَنَّ أَنَا وَرُسُلِي ۚ إِنَّ اللَّهَ قَوِيٌّ عَزِيزٌ ﴾

"अल्लाह (तआला) लिख चुका है कि बेशक मैं और मेरे रसूल ग़ालिब (विजयी) रहेंगे, बेशक अल्लाह तआला ताक़तवर और ग़ालिब (शक्तिशाली) है।" (सूरतुल मुजादिलाः २१)

नबूवत की निशानियाँ

जब नबूवत (ईशदूतत्व) सर्वोच्च ज्ञान को प्राप्त करने का और सब से श्रेष्ठ और सब से महान कार्यों को अनजाम देने का एक वसीला और साधन है; तो इसी कारण अल्लाह सुब्हानहु व तआला ने अपनी कृपा से इन नबियों (ईशदूतों) के लिए कुछ निशानियाँ बना दी हैं जो इनका पता देती हैं, और लोग उन के द्वारा उन रसूलों का पता चलाते हैं और उनके माध्यम से उन्हें पहचानते हैं। - अगरचे किसी भी मिशन का दावा करने वाले के ऊपर ऐसे लक्षण व संकेत और स्थितियाँ प्रकट होती हैं जो अगर वह सच्चा है तो उसकी सच्चाई को स्पष्ट कर देती हैं, और यदि वह झूठा है तो उसके झूठ को जगज़ाहिर कर देती हैं - और यह निशानियां बहुत ज़्यादा हैं। उन में से कुछ महत्वपूर्ण निशानियाँ यह हैं:

१ रसूल मात्र एक अल्लाह की इबादत करने और उस के अलावा की इबादत छोड़ देने की दावत दे। क्योंकि यही वह उद्देश्य है जिस के कारण अल्लाह ने मनुष्य को पैदा किया है।

२ वह रसूल लोगों को उस पर ईमान लाने, उसकी पुष्टि करने और उसकी रिसालत (संदेश) पर अमल करने का आमंत्रण दे, अल्लाह ने अपने नबी मुहम्मद ﷺ को आदेश दिया कि वह कह दें:

﴿يَٰٓأَيُّهَا ٱلنَّاسُ إِنِّى رَسُولُ ٱللَّهِ إِلَيْكُمْ جَمِيعًا﴾

"हे लोगो! मैं तुम सभी की तरफ़ अल्लाह का भेजा हुआ हूँ।" (सूरतुल आराफ़: १५८)

३ अल्लाह तआला उस रसूल का विभिन्न प्रकार की नबूवत की दलीलों (प्रमाणों) द्वारा समर्थन करे। इन प्रमाणों में से वे चमत्कार (मोजिज़ा) भी हैं जिन्हें नबी लेकर आता है और उसकी क़ौम उस को रद्द करने की या उसी के

समान कोई दूसरा चमत्कार लाने की शक्ति नहीं रखती है। इन्हीं में से मूसा ﷷ का चमत्कार कि जब उनकी लाठी सांप बन गई, तथा ईसा ﷷ का चमत्कार है कि जब वह अल्लाह के हुक्म से अंधे और कोढ़ी को ठीक कर देते थे। इसी तरह मुहम्मद ﷺ का चमत्कार महान क़ुरआन है, जबकि आप अनपढ़ थे, लिखना और पढ़ना नहीं जानते थे। इसके अलावा ईशदूतों के और भी चमत्कार हैं।

इन प्रमाणों में से वह स्पष्ट व प्रत्यक्ष सत्य है जिसे संदेष्टा और ईशदूत लेकर आते हैं, और उन के विरोधी उनका खण्डन या इंकार करने की ताक़त नहीं रखते हैं, बल्कि ये विरोधी अच्छी तरह जानते हैं कि जो कुछ संदेष्टा लेकर आए हैं वही सच्चा है जिसका इंकार नहीं किया जा सकता।

इन्हीं दलीलों में से यह भी है कि अल्लाह तआला ने अपने नबियों को संपूर्ण स्थिति, सुंदर लक्षण और उदार स्वभाव एवं आचरण से विशिष्ट किया है।

तथा इन्हीं प्रमाणों में से अल्लाह तआला का उसके विरोधियों के ख़िलाफ़ उसकी मदद करना और उसकी दावत को ज़ाहिर करना है।

४ उस की दावत अपने सिद्धान्तों में उन सिद्धान्तों से मेल खाती हो जिन की ओर रसूलों और नबियों ने दावत दी हो।

५ वह स्वयं अपनी पूजा करने या किसी भी तरह की इबादत को अपनी तरफ फेरने की ओर न बुलाए। इसी प्रकार वह अपने क़बीले (गोत्र) या अपने गिरोह का सम्मान करने की दावत न दे। अल्लाह ने अपने ईशदूत मुहममद ﷺ को यह आदेश दिया कि आप लोगों से कह दें:

﴿قُل لَّآ أَقُولُ لَكُمْ عِندِى خَزَآئِنُ ٱللَّهِ وَلَآ أَعْلَمُ ٱلْغَيْبَ وَلَآ أَقُولُ لَكُمْ إِنِّى مَلَكٌ ۖ إِنْ أَتَّبِعُ إِلَّا مَا يُوحَىٰٓ إِلَىَّ﴾

“कह दीजिए कि न तो मैं तुम से यह कहता हूँ कि मेरे पास अल्लाह का ख़ज़ाना है और न मैं ग़ैब जानता हूँ, और न मैं यह कहता हूँ कि मैं फ़रिश्ता हूँ, मैं तो सिर्फ़ जो कुछ मेरे पास वह्य आती है उसकी पैरवी करता हूँ।” (सूरतुल अंआमः ५०)

इस्लाम के सिद्धांत और उस के मूल आधार

६ वह लोगों से अपने दावत देने के बदले में दुनिया की कोई चीज़ न मांगे। अल्लाह तआला अपने नबियों नूह, हूद, सालेह, लूत और शुऐब के बारे में ख़बर देते हुए फ़रमाता है कि उन्हों ने अपनी क़ौम के लोगों से कहाः

﴿وَمَآ أَسۡـَٔلُكُمۡ عَلَيۡهِ مِنۡ أَجۡرٍۖ إِنۡ أَجۡرِيَ إِلَّا عَلَىٰ رَبِّ ٱلۡعَٰلَمِينَ﴾

"और मैं तुम से उसका कोई बदला नहीं मांगता, मेरा बदला तो केवल सारी दुनिया के रब पर है।" (सूरतुश्शुअराः १६४, १४५, १२७, १०६, १८०)

और मुहम्मद ﷺ ने अपनी क़ौम से फ़रमायाः

﴿قُلۡ مَآ أَسۡـَٔلُكُمۡ عَلَيۡهِ مِنۡ أَجۡرٖ وَمَآ أَنَا۠ مِنَ ٱلۡمُتَكَلِّفِينَ﴾

"कह दीजिए कि मैं इस पर तुम से कोई बदला नहीं मांगता और न मैं बनावट करने वालों में से हूँ।" (सूरतु सादः ८६)

ये संदेष्टा और ईशदूत -जिनके कुछ गुणों और उनकी नबूवत की निशानियों की आप से चर्चा की गई है- बहुत ज़्यादा हैं। अल्लाह का फ़रमान हैः

﴿وَلَقَدۡ بَعَثۡنَا فِي كُلِّ أُمَّةٖ رَّسُولًا أَنِ ٱعۡبُدُواْ ٱللَّهَ وَٱجۡتَنِبُواْ ٱلطَّٰغُوتَ﴾

"और हम ने हर उम्मत में रसूल भेजे कि (लोगो)! केवल अल्लाह की इबादत (उपासना) करो, और ताग़ूत (उस के सिवाय सभी झूठे माबूद) से बचो।" (सूरतुन नहलः ३६)

बेशक़ मानव जाति को इनकी वजह से सौभाग्य प्राप्त हुआ। इतिहास ने इनके समाचारों के दर्ज करने का प्रबंध किया, इनके धर्म के शास्त्रों और नियमों का लगातार वर्णन होता रहा, और यह कि वही सच्चा और न्याय पर आधारित है। तथा अल्लाह के उनकी मदद करने और उनके दुश्मनों को तबाह करने के घटनाओं का भी लगातार वर्णन होता रहा है, जैसेः नूह عليه السلام की क़ौम का तूफ़ान, फ़िरऔन का पानी में डुबो दिया जाना, लूत عليه السلام की क़ौम का अज़ाब, मुहम्मद ﷺ का अपने दुश्मनों पर विजय और आप के दीन का फैलाव... अतः जो भी मनुष्य इस बात को अच्छी तरह जान लेगा; उसे निश्चित रूप से इस

बात का पता चल जायेगा कि वे (रसूल) ख़ैर व भलाई और मार्गदर्शन के साथ, तथा लोगों को उनके लाभ की चीज़ों का पता बताने और उनको उन्हें नुक़सान पहुँचाने वाली चीज़ों से सावधान और सचेत करने के लिए आए थे। उन में सब से पहले रसूल नूह عليه السلام, और उनकी अंतिम कड़ी मुहम्मद ﷺ हैं।

मानव जाति को संदेष्टाओं की ज़रूरत

ईशदूत यानी अल्लाह तआला का अपने बंदों की तरफ संदेशवाहक हैं। वे उन्हें अल्लाह के आदेशों को पहुंचाते हैं, और उन्हें उन नेमतों की शुभ-सूचना देते हैं जो अल्लाह ने उनके लिए तैयार कर रखी है यदि उन्हों ने उसके आदेशों का पालन किया, तथा उन्हें अनन्त अज़ाब से सचेत करते हैं यदि उन्हों ने उसके निषेध का विरोध किया। वे उन्हें पिछली क़ौमों की कहानियां और उन पर अपने पालनहार के आदेशों की ख़िलाफ़वर्ज़ी करने के कारण इस दुनिया में उतरने वाले अज़ाब और पीड़ा का समाचार सुनाते हैं।

अल्लाह के इन आदेशों और निषेधों (प्रतिबंधों) को मानव बुद्धि अपने तौर पर नहीं जान सकते हैं। इसी लिए अल्लाह तआला ने मानव जाति के आदर व सम्मान, उसकी प्रतिष्ठा और उसके हितों की रक्षा के लिए धर्मशास्त्र निर्धारित किए और आदेश व निषेध मुक़र्रर फ़रमाए, क्योंकि इंसान कभी अपनी इच्छाओं के पीछे भागते हुए वर्जित (हराम की गई) चीज़ों का उल्लंघन करता है, लोगों पर हमला करता है और उनके अधिकारों को छीन लेता है। इस लिए अल्लाह की बहुत बड़ी हिक्मत थी कि समय-समय पर उनके बीच संदेष्टाओं को भेजे, जो उन्हें अल्लाह के आदेशों को याद दिलाते रहें, उसकी नाफ़रमानी में पड़ने से डराते रहें, उन्हें धर्मोपदेशों को पढ़ कर सुनाते रहें, और उन से पिछले लोगों के समाचारों की चर्चा करते रहें। क्योंकि अद्भुत बातें जब कानों को खटखटाती हैं, और अनोखे अर्थ जब मानस को जगाते हैं, तो बुद्धियां इस से लाभ उठाती हैं, जिस के कारण उनका ज्ञान बढ़ जाता है और उसकी समझ सही (स्टीक) हो जाती है। लोगों में सब से ज़्यादा सुनने वाला, सब से ज़्यादा विचार और धारणा वाला होता है। सब से ज़्यादा सोच-विचार और चिन्तन-मनन करने वाला, सब से अधिक ज्ञान वाला और सब से ज़्यादा अमल करने वाला होता है। अतः संदेष्टाओं के भेजे जाने

से हटकर कोई रास्ता नहीं और सत्य की स्थापना में उनका कोई विकल्प नहीं।[1]

शैखुल इस्लाम इब्ने तैमिया कहते हैं कि बंदे की दुनिया व आख़िरत के सुधार के लिए रिसालत (ईश्वरीय संदेश) का होना ज़रूरी है। जिस तरह कि उसके लिए रिसालत (ईश्वरीय संदेश) की पैरवी के बिना आख़िरत में कामयाबी संभव नहीं, उसी प्रकार मनुष्य के लिए उसके जीवन और उसकी दुनिया में भी रिसालत (ईश्वरीय संदेश) की पैरवी के बिना कामयाबी संभव नहीं है। अतः मनुष्य शरीअत के लिए मजबूर है, क्योंकि वह दो गतिविधियों के बीच है। एक गतिविधि के द्वारा वह अपने लिए लाभदायक चीज़ को प्राप्त करता है, और दूसरी गतिविधि के द्वारा वह अपने आप से हानिकारक चीज़ को टालता और दूर करता है। जबकि शरीअत (धर्मशास्त्र) ही वह प्रकाश है जो यह स्पष्ट करती है कि कौन सी चीज़ उसके लिए लाभदायक है और क़ौन सी चीज़ उसके लिए हानिकारक है। वह धरती पर अल्लाह की रौशनी, उसके बंदों के दरमियान उसका न्याय, और वह क़िला है जिस में प्रवेश करने वाला सुरक्षित हो जाता है।

शरीअत से मुराद चेतना के द्वारा लाभादायक और हानिकारक चीज़ों के बीच अन्तर करना नहीं है, क्योंकि यह ख़ुसूसियत तो जानवरों को भी प्राप्त है। चुनाँचे गधे और ऊँट जौ और रेत के बीच अन्तर कर सकते हैं, बल्कि यहाँ शरीअत से मुराद उन कार्यों के बीच अन्तर करना है जो उसके करने वाले को दुनिया और आख़िरत में नुक़सान पहुँचाते हैं, और जो कार्य उसे दुनिया और आख़िरत में लाभ पहुँचाते हैं। जैसेः ईमान का लाभ, तौहीद, न्याय, नेकी, एहसान, ईमानदारी, पवित्रता, वीरता, ज्ञान, सब्र, भलाई का आदेश देना और बुराई से रोकना, रिश्तेदारों के साथ अच्छा संबंध रखना, माता-पिता के साथ सदव्यवहार, पड़ोसियों के साथ भलाई करना, हुकूक़ की अदायगी करना, ख़ालिस अल्लाह के लिए कार्य करना, अल्लाह पर भरोसा रखना, उस से सहायता मांगना, उसकी तक़दीर पर संतुष्ट होना, उसके फैसले को स्वीकारना, उसकी पुष्टि करना और उसके रसूलों की उन सारी बातों में पुष्टि करना जिसकी उन्हों ने सूचना दी है, इस के अलावा अन्य चीज़ें जो बन्दे के लिए उसकी दुनिया और आखिरत

१ अलामुन नुबूवह, लेखकः अली बिन मुहम्मद मावरदी, पेजः ३३.

में लाभदायक और कल्याणकारी हैं। और इसके विपरीत चीज़ों में उसके लिए दुनिया व आख़िरत में दुर्भाग्य और ख़राबी व नुक़सान है।

अगर नबियों का संदेश न होता तो इंसानी बुद्धि के लिए संभव ही न था कि दुनिया में हानि एवं लाभ के विवरण को बयान कर सकें। अल्लाह का सब से महत्वपूर्ण वरदान एवं उपकार यह है कि अल्लाह ने अपने रसूलों को भेजा और उन पर अपनी किताबें उतारीं तथा उन के लिए हिदायत के सही मार्ग की रहनुमाई कर दी, अगर अल्लाह का यह उपकार एवं कृपा न होती तो मनुष्य चौपायों के दरजे/रुतबे में होता या उस से भी बद्तर होता। तो जिस ने अल्लाह के संदेश को स्वीकार कर लिया, और उस पर अटल निश्चय या दृढ़ रहा तो वे लोग मख़लूक़ में सब से अच्छे लोग हैं, और जिन लोगों ने उस को मानने से अस्वीकार किया, तो वे लोग सब से बुरे मख़लूक़ हैं, और उनकी दशा कुत्तों और ख़िंज़ीर से भी बुरी है और वे सब से घटिया लोग हैं और धरती पर बसने वालों की स्थिरता इसी में है कि वह नबियों के संदेश को दृढ़ एवं अटल निश्चय से पकड़ लें, क्योंकि जब धरती से रसूलों के चिन्ह और पैरवी ख़त्म हो जायेगी, तो अल्लाह तआला दोनों संसारों को तबाह कर देगा, और उस के बाद क़यामत आ जाएगी, धरती पर बसने वालों को रसूल की ज़रूरत उस प्रकार की नहीं है जिस प्रकार सूर्य, चांद, हवा और वर्षा की है, और न ही इंसान की ज़रूरत की तरह उसका जीवन है और न ही आंख की ज़रूरत की तरह उसकी रोशनी है आदि, बल्कि सब से महत्वपूर्ण और सब से आवश्यक हर वह चीज़ है जो मनुष्य के विचार में आती है।

इस लिए रसूल अलैहिस सलातो वस्सलाम अल्लाह और बंदों के बीच अल्लाह के आदेशों एवं प्रतिबंधों के संघर्ष में वसीला और ज़रिया हैं। यह अल्लाह और उसके बंदों के बीच ज़रिया एवं दूत हैं, और उनका अंतिम, उनका सरदार और उन में अपने रब के निकट सब से ज़्यादा आदरणीय मुहम्मद ﷺ हैं।

और अल्लाह तआला ने सारे बंदों पर आप की फ़रमांबरदारी एवं आज्ञा-पालन करना, आप से प्रेम करना, आप को सम्मान देना, आप के हुकूक़ को अंजाम देना, अदा करना, आप पर ईमान लाने का दृढ़ वायदा एवं वचन देना, तथा

इसी प्रकार से सारे नबियों एवं रसूलों की पैरवी करना। और उन नबियों ने यह आदेश दिया कि उन चीज़ों को ले लें जिन की मोमिनों ने पैरवी की है।

अल्लाह ने आप को शुभकामना और डराने वाला बनाकर भेजा है, और आप लोगों को अल्लाह की ओर दावत देते हैं, और आप रोशन सूर्य हैं, आप पर संदेश का सिलसिला अंत हुआ, आप के द्वारा जेहालत ख़त्म हुई, और आप के संदेश से अन्धी आंखें, बहरे कान, बंद दिल खुल गए, और आप के संदेश से धरती अपने अंधेरों के बाद रौशन हुई, और बिखरे हुए दिलों को जोड़ दिया, बिगड़ी हुई उम्मत लाकर एक जगह सीधा खड़ा किया, और वाजेह दलीलों से स्पष्ट किया, उन के दिलों को और ज़्यादा व्याख्या किया, और उन के पाप को ख़त्म कर दिया, और उन की शान व शौक़त को और बढ़ा दिया। और आप की आज्ञा का विरोध करने वालों के लिए अपमान एवं तिरस्कार और बदनामी बना दिया।

आप ﷺ को उस समय रसूल बना कर भेजा गया, जब लोगों ने अल्लाह की भेजी गई किताबों में तहरीफ़ अर्थात लेख में शब्दों का उलट-फेर किया तथा अल्लाह की शरीअत एवं दीन को बदल दिया था, और हर क़ौम और गिरोह के अपने अलग विचार थे, और वे लोग अल्लाह और बंदों के बीच अपने अशुद्ध, दूषित बातों और ख़्वाहिशात के अनुसार फैसला किया, तो अल्लाह तआला ने आप के द्वारा मख़लूक़ात को हिदायत किया, और उन के लिए सच्चाई के मार्गों को वाज़ेह किया, बयान किया और निशानदही की।

और लोगों को अंधेरों से बाहर निकाल कर रौशनी की ओर पहुचाया, और कामयाब और नाकाम लोगों के बीच आप के माध्यम से भेद किया गया, लिहाजा जिस व्यक्ति ने भी हिदायत प्राप्त करना चाहा उस को हिदायत मिल गई, और जो आप के रास्ते से हट गया, तो वह गुमराह और सीधे मार्ग से भटक गया और अपने ऊपर अत्याचार किया।

आप ﷺ पर दरूद व सलाम हो और सारे नबियों एवं रसूलों पर।

नीचे के लाइनों में हम संक्षेप में, मनुष्य की नबियों के संदेश की ज़रूरत को बयान कर रहे हैं।

इस्लाम के सिद्धांत और उस के मूल आधार

१. मनुष्य एक मख़लूक़ है, जिसका एक पालनहार है, इस के लिए आवश्यक है कि वह अपने ख़ालिक़ जन्म देने वाले के बारे में जाने, उस के लिए यह भी उचित है कि वह मनुष्य से क्या चाहता है? और क्यों जन्म दिया गया है और मनुष्य उस के बारे में संपूर्ण जानकारी नहीं प्राप्त कर सकता है, और उस के बारे में मात्र नबियों और रसूलों की जानकारी के द्वारा ही प्राप्त किया जा सकता है। और उन चीज़ों की परिचय से जिस रोशनी एवं हिदायत को लेकर वह रसूल आये थे।

२. मनुष्य रूह और शरीर से मिल कर बना है, शरीर का खुराक खाना और पानी है, रूह की खुराक को उस रूह को बनाने वाले ने नियुक्त एवं नियत किया है, और वह है सच्चा धर्म एवं दीन, नेक कार्य, और वह अंबिया और रसूल जो सच्चा दीन लेकर आए और लोगों को सच्चे एवं नेक कार्य करने की रहनुमाई की।

३. मनुष्य स्वाभाविक तौर पर दीन को पसंद करता है, उस के लिए आवश्यक है कि उसका एक धर्म हो जिस की वह पैरवी करे, और उस दीन एवं धर्म का सही और सच्चा होना आवश्यक है, और सही एवं सच्चे दीन तक पहुंचने का मात्र एक ही रास्ता एवं मार्ग है, और वह है नबियों एवं रसूलों पर ईमान और जो चीज़ भी वह ले कर आए हैं उस पर भी।

४. मनुष्य को उस रास्ते एवं मार्ग की जानकारी होनी चाहिए जिस से वह दुनिया में अल्लाह की प्रसन्नता को प्राप्त कर सकता है, तथा परलोक के जीवन में उसकी जन्नत एवं वरदानों तक पहुंच सकता है। और यह ऐसा मार्ग है जिस की ओर मात्र नबियों एवं रसूलों ने ही रहनुमाई की है।

५. मनुष्य स्वयं दुर्बल है और अनेक शत्रु उस की घात में हैं। जैसे: शैतान जो उसको गुमराह करना चाहता है और बुरे लोगों की संगत, जो शैतान के कुरूप चेहरे को मनुष्य के लिए संवारता है, और खुबसूरत बनाता है, और नफ़्से अम्मारह उसको बुरा काम करने का आदेश देती है।

६. मुनष्य प्राकृतिक रूप से सभ्य है, और आम समाज के साथ मिल- जुल

कर रहने के लिए ज़रूरी है कि उस के लिए एक धर्मशास्त्र हो जो उनके बीच इंसाफ़ को क़ायम रखे, वर्ना उनका जीवन जंगल के जीवन के समान हो जायेगा। इसी कारण मनुष्य के लिए ज़रूरत है एक ऐसे धर्म की जो उस के धर्माधिकार की रक्षा करे बग़ैर कमी और बेशी के, और यह धर्म मात्र नबियों एवं रसूलों के द्वारा प्राप्त किया जा सकता है।

٧ इसी प्रकार मनुष्य के लिए यह भी ज़रूरी है कि वह उस चीज़ की जानकारी एवं ज्ञान प्राप्त करे जिस से सुकून और दिल को राहत हासिल हो, और उन कारणों की भी जानकारी आवश्यक है जिस से हक़ीक़ी (वास्तविक) सौभाग्य प्राप्त होता है, और यही वह चीज़ है जिस की ओर नबियों और रसूलों ने रहनुमाई की है।

नबियों और रसूलों के भेजने की आवश्यकता को जान लेने के बाद हमारे लिए आवश्यक है कि हम आख़िरत के बारे में भी कुछ बातें वर्णन करें, और उन दलीलों और सबूतों एवं गवाहियों को स्पष्ट करें जो आख़िरत पर दलालत करती हैं।

आख़िरत

हर मनुष्य अच्छी तरह जानता है कि उसे एक दिन मरना है, लेकिन मौत के बाद क्या अंजाम (परिणाम) होगा? क्या वह सौभाग्यशाली होगा या दुर्भाग्यशाली?

बहुत सी क़ौमें एवं संगठन यह अक़ीदा रखते हैं कि मरने के बाद उन को एक दिन जीवित किया जाएगा, और उन के कार्य का हिसाब लिया जाएगा, अगर वह नेक एवं अच्छे होंगे तो उन के साथ अच्छा व्यवहार किया जाएगा या उन का अंतिम परिणाम (आख़िरी नतीजा) अच्छा होगा लेकिन अगर वह दुनिया में बुरे थे तथा ख़राब कार्य करते थे तो उनका आख़िरी अंजाम अच्छा नहीं होगा और उन के साथ बुरा व्यवहार किया जाएगा, और यह मामला मरने के बाद जीवित किया जाना एवं हिसाब देना, इस को विभिन्न बुद्धि स्वीकृति देती है और इलाही क़ानून इस का समर्थन भी करता है। और इस का नींव तीन नियमों पर स्थापित है:

१ अल्लाह सुब्हानुहू के ज्ञान की विशेषता एवं पवित्रता को सिद्ध करना।

२ अल्लाह सुब्हानुहू की शक्ति की पुर्णता को सिद्ध करना।

३ अल्लाह सुब्हानुहू की हिक्मत की विशेषता एवं पूर्णता को सिद्ध करना।

इस विषय को सिद्ध करने एवं उसके समर्थन में बहुत सारी अक़ली (जिसका संबंध बुद्धि से हो) और नक़ली, अनुकरण, प्रतिलिपि दलीलें हैं उन में से कुछ महत्यपूर्ण नीचे की लाइनों में वर्णन किया जा रहा है:

१ धरती एवं आकाश की रचना करने और मुर्दों को दोबारा जीवित करने की दलील पकड़ना। जैसे अल्लाह तआला का फ़रमान है:

﴿أَوَلَمْ يَرَوْا۟ أَنَّ ٱللَّهَ ٱلَّذِى خَلَقَ ٱلسَّمَٰوَٰتِ وَٱلْأَرْضَ وَلَمْ يَعْىَ بِخَلْقِهِنَّ بِقَٰدِرٍ عَلَىٰٓ أَن يُحْـِۧىَ ٱلْمَوْتَىٰ ۚ بَلَىٰٓ إِنَّهُۥ عَلَىٰ كُلِّ شَىْءٍ قَدِيرٌ﴾

"क्या वह नहीं देखते कि जिस अल्लाह ने आकाशों और धरती को पैदा किया और उन के पैदा करने से वह न थका, वह बेशक मुर्दों को ज़िन्दा करने की कुदरत एवं शक्ति रखता है, क्यों न हो? वह बेशक हर चीज़ पर कुदरत रखता है।" (सूरतुल अहक़ाफ़: ३३)

और दूसरी जगह अल्लाह तआला ने फ़रमाया:

﴿أَوَلَيْسَ ٱلَّذِى خَلَقَ ٱلسَّمَٰوَٰتِ وَٱلْأَرْضَ بِقَٰدِرٍ عَلَىٰٓ أَن يَخْلُقَ مِثْلَهُم ۚ بَلَىٰ وَهُوَ ٱلْخَلَّٰقُ ٱلْعَلِيمُ﴾

"जिस ने आकाशों और धरती को पैदा किया है, क्या वह इन जैसों के पैदा करने पर क़ादिर नहीं? यक़ीनन है और वही तो पैदा करने वाला जानने वाला है।" (सूरतु यासीन: ८१)

२ इस संसार को साबिक़ा किसी मिसाल एवं नमूने के बग़ैर रचना करने की कुदरत एवं शक्ति को इस बात की दलील पकड़ना कि वह इस संसार को दोबारा पैदा करने की शक्ति एवं कुदरत रखता है। क्योंकि जो आरम्भ में किसी भी चीज़ को पैदा करने की शक्ति एवं कुदरत रखता हो तो वह दोबारा उस चीज़ को पैदा और रचना करने पर ज़्यादा क़ादिर होगा।

अल्लाह तआला का फ़रमान है:

﴿وَهُوَ ٱلَّذِى يَبْدَؤُا۟ ٱلْخَلْقَ ثُمَّ يُعِيدُهُۥ وَهُوَ أَهْوَنُ عَلَيْهِ ۚ وَلَهُ ٱلْمَثَلُ ٱلْأَعْلَىٰ﴾

"और वही है जो पहली बार सृष्टि (मख़लूक़) को पैदा करता है, वही फिर से दोबारा पैदा करेगा, और यह तो उस पर बहुत आसान है, उसी की अच्छी और उच्च विशषेता (सिफ़त) है।" (सूरतुर्रूम: २७)

अल्लाह तआला ने दूसरी जगह फ़रमाया:

﴿وَضَرَبَ لَنَا مَثَلًا وَنَسِىَ خَلْقَهُۥ ۖ قَالَ مَن يُحْىِ ٱلْعِظَٰمَ وَهِىَ رَمِيمٌ ﴿٧٨﴾ قُلْ يُحْيِيهَا ٱلَّذِىٓ
أَنشَأَهَآ أَوَّلَ مَرَّةٍ ۖ وَهُوَ بِكُلِّ خَلْقٍ عَلِيمٌ﴾

"और उस ने हमारे लिए मिसाल बयान की और अपनी (मूल) पैदाइश को भूल गया, कहने लगा कि इन सड़ी-गली हड्डियों को कौन ज़िन्दा कर सकता है। "कह दीजिए कि उन्हें वह ज़िन्दा करेगा जिस ने उन्हें पहली

बार पैदा किया, जो सब प्रकार (तरह) की पैदाइश को अच्छी तरह जानने वाला है।" (सूरतु यासीनः ७८-७९)

३ अल्लाह ने मनुष्य को सब से अच्छे ढांचे एवं बनावट में जन्म दिया है, एक ऐसे रूप एवं शरीर में बनाया है जो हर कोण से संपूर्ण है चाहे वह हाथ पांव, चेहरा, मुख और उसकी आकृति हो या उस में पाई जाने वाली हड्डी, रगें, दिमाग़ी निज़ाम, आदि यह सारी चीज़ें अल्लाह का मुर्दों को ज़िन्दा करने पर शक्ति एवं ताक़त रखने की सब से बड़ी दलील है।

४ दुनिया के जीवन में मुर्दों को ज़िन्दा करने का आख़िरत के दिन मुर्दों को जीवित करने की शक्ति को दलील पकड़ना और इस प्रकार की ख़बरों का वर्णन उन आसमानी किताबों में हुआ है या आया है जिस को अल्लाह ने अपने रसूलों पर नाज़िल किया है, और उन ख़बरों में यह मिलता है कि हज़रत इब्राहीम एवं मसीह अलैहिमस्सलाम दोनों ने अल्लाह की अनुमति एवं रज़ामंदी से मुर्दों को ज़िन्दा किया।

५ अल्लाह तआला के मुर्दों को ज़िन्दा करने की शक्ति एवं कुदरत से उन मामलों की शक्ति पर दलील पकड़ना जो हश्र एवं नश्र के समान है। जैसेः

१. अल्लाह तआला ने मनुष्य को मनी (वीर्य) के एक बूंद से पैदा किया जो कि जिस्म के सारे हिस्सों में बिखरी हुई थी, -इसी कारण सारे आज़ा संभोग के समय मज़ा लेने में बराबर शरीक होते हैं - अल्लाह तआला इस नुतफ़ा को ज़िस्म के विभिन्न हिस्सों से इकट्ठा करता है, फिर उस टुकड़े को औरत के गर्भाशय में बाकी रखता है फिर वहां से मनुष्य को जन्म देता है, क्योंकि यह सारे हिस्से अलग-अलग बिखरे पड़े थे, अल्लाह तआला उनको जमा कर के उस से एक मनुष्य को बनाता है, मौत के साथ फिर दोबारा वह अलग-अलग हो जाते हैं तो उन को दोबारा जमा करने से कौन सी चीज़ निषेधक एवं निरोधक है।

अल्लाह तआला फ़रमाता हैः

﴿أَفَرَءَيْتُم مَّا تُمْنُونَ ﴿٥٨﴾ ءَأَنتُمْ تَخْلُقُونَهُۥٓ أَمْ نَحْنُ ٱلْخَٰلِقُونَ﴾

"अच्छा फिर यह तो बताओ कि जो वीर्य (मनी) तुम टपकाते हो, क्या उस से (इंसान) तुम बनाते हो या सच्चा ख़ालिक हम ही हैं?" (सूरतुल वाक़िआः ५८-५६)

२. वनस्पतियों के विभिन्न प्रकार के मुखमंडल होने के बावजूद उगना, वनस्पतियों को जब नर्म भीगी धरती और मिट्टी एवं पानी पर डाला जाता है तो वह विभिन्न प्रकार के मुखमंडल होने के बावजूद उग जाती हैं। जबकि मनुष्य की बुद्धि का मानना है कि उस को सड़ कर ख़राब हो जाना चाहिए, क्योंकि नर्म मिट्टी और पानी उन दोनों में से एक ही उस को सड़ाने के लिए काफ़ी है, लेकिन वह बीज सड़ता नहीं है बल्कि सुरक्षित बाकी रहता है, फिर जैसे-जैसे नमी में ज़्यादती होती है तो वह दाना फ़ट जाता है, फिर उस से पौदा निकलता है, तो क्या यह अल्लाह की संपूर्ण शक्ति और हिक्मत पर दलालत नहीं करता है?

तो क्या यह अल्लाह हिक्मत वाला, कुदरत रखने वाला, कैसे मजबूर हो सकता है, विभिन्न हिस्सों को जमा करने और उनके अंगों को जोड़ने से?

अल्लाह तआला का फ़रमान है:

﴿أَفَرَءَيْتُم مَّا تَحْرُثُونَ ﴿٦٣﴾ ءَأَنتُمْ تَزْرَعُونَهُۥٓ أَمْ نَحْنُ ٱلزَّٰرِعُونَ﴾

"अच्छा फिर यह भी बताओ कि तुम जो कुछ बोते हो, उसे तुम ही उगाते हो या हम उगाने वाले हैं।" (सूरतुल वाक़िआः ६३,६४)

और इसी के समान अल्लाह तआला ने सूरह हज्ज में फ़रमाया:

﴿وَتَرَى ٱلْأَرْضَ هَامِدَةً فَإِذَآ أَنزَلْنَا عَلَيْهَا ٱلْمَآءَ ٱهْتَزَّتْ وَرَبَتْ وَأَنۢبَتَتْ مِن كُلِّ زَوْجٍۭ بَهِيجٍ﴾

"और तुम देखते थे कि धरती बंजर और सूखी है, फिर जब हम उस पर वर्षा करते हैं, तो वह उभरती है और फूलती है, और हर तरह की सुन्दर वनस्पति उगाती है।" (सूरतुल हज्जः५)

६ बेशक अल्लाह ख़ालिक़, क़ादिर है, ज्ञानी और हिक्मत वाला है, अतः उस से यह परे है कि वह संसार की रचना बेकार में करे और उन को यूं ही छोड़ दे।

अल्लाह तआला का फ़रमान है:

﴿وَمَا خَلَقْنَا ٱلسَّمَآءَ وَٱلْأَرْضَ وَمَا بَيْنَهُمَا بَٰطِلًا ۚ ذَٰلِكَ ظَنُّ ٱلَّذِينَ كَفَرُوا۟ ۚ فَوَيْلٌ لِّلَّذِينَ كَفَرُوا۟ مِنَ ٱلنَّارِ﴾

"और हम ने आकाश और धरती और उन के बीच की चीज़ों को बेकार (और बिला वजह) पैदा नहीं किया, यह शक तो काफ़िरों का है, तो काफ़िरों के लिए आग की ख़राबी है।" (सूरतु सादः २७)

बल्कि अल्लाह ने मनुष्य को एक महत्वपूर्ण और बुलंद मक़सद की ख़ातिर पैदा किया है। अल्लाह तआला का फ़रमान है:

﴿وَمَا خَلَقْتُ ٱلْجِنَّ وَٱلْإِنسَ إِلَّا لِيَعْبُدُونِ﴾

"मैं ने जिन्नात और इंसानों को सिर्फ़ इसी लिए पैदा किया है कि वे केवल मेरी इबादत करें।" (सूरतुज़ ज़ारियातः ५६)

लेहाज़ा अल्लाह के लिए उपयुक्त ही नहीं है कि जो उस के आदेशों का पालन करते हैं उस की फ़रमाबरदारी करते हैं और वह लोग जो उस के आदेशों का उलंघन करते हैं नाफ़रमानी करते हैं दोनों लोगों को समान कर दे। अल्लाह तआला का फ़रमान है:

﴿أَمْ نَجْعَلُ ٱلَّذِينَ ءَامَنُوا۟ وَعَمِلُوا۟ ٱلصَّٰلِحَٰتِ كَٱلْمُفْسِدِينَ فِى ٱلْأَرْضِ أَمْ نَجْعَلُ ٱلْمُتَّقِينَ كَٱلْفُجَّارِ﴾

"क्या हम उन लोगों को जो ईमान लाये और नेक काम किये, उन्हीं के बराबर कर देंगे जो (रोज़) धरती पर फ़साद मचाते रहे, या परहेज़गारों को बदकारों जैसा कर देंगे?" (सूरतु सादः २८)

यही कारण है उस की हिक्मत और विशेष जाह-व-जलाल की, कि वह क़यामत के दिन हर मनुष्य को ज़िन्दा करेगा ताकि हर मनुष्य को अपने-अपने कार्य का बदला मिले। नेक और अच्छे लोगों को पुण्य मिले, और बुरे और ग़लत लोगों को अज़ाब, दुखः और तकलीफ़। अल्लाह तआला का फ़रमान है:

﴿ إِلَيْهِ مَرْجِعُكُمْ جَمِيعًا ۖ وَعْدَ اللَّهِ حَقًّا ۚ إِنَّهُ يَبْدَؤُا الْخَلْقَ ثُمَّ يُعِيدُهُ لِيَجْزِيَ الَّذِينَ آمَنُوا وَعَمِلُوا الصَّالِحَاتِ بِالْقِسْطِ ۚ وَالَّذِينَ كَفَرُوا لَهُمْ شَرَابٌ مِنْ حَمِيمٍ وَعَذَابٌ أَلِيمٌ ﴾

"तुम सब को अल्लाह के पास जाना है, अल्लाह ने सच्चा वादा कर रखा है, बेशक वही पहली बार पैदा करता है, फिर वही दोबारा पैदा करेगा ताकि ऐसे लोगों को जो कि ईमान लाये और उन्हों ने नेकी के काम किये, इंसाफ़ के साथ बदला दे और जिन लोगों ने कुफ़्र किया उन के लिए ख़ौलता हुआ पानी पीने को मिलेगा और दुखदायी अज़ाब होगा, उन के कुफ़्र के सबब।" (सूरतु यूनुसः ४)

और इब्ने क़ैयिम की किताब (अल-फ़वायद के पेज ६-६, तफ़सीरे राज़ी, भाग २, पेजः ११३-११६) में है कि, आख़िरत (क़ब्रों से दोबारा ज़िन्दा होकर मैदाने हश्र में हिसाब के लिए जाना) पर ईमान के मनुष्य और समाज पर अनेक प्रकार के लाभ और असरात हैं, उन में से कुछ महत्वपूर्ण लाभ नीचे वर्णन किये जा रहे हैं:

१. मनुष्य के अन्दर अल्लाह की फ़रमाबरदारी की तड़प, लाभ और ईर्ष्या पैदा होती है, उस दिन पुण्य प्राप्त करने की रुचि एवं इच्छा से, और अल्लाह की आज्ञाकारी करने से उस दिन का अज़ाब दूर हो जाता है।

२. आख़िरत पर ईमान लाने का लाभ यह है कि यह मोमिनों के लिए ढारस का सबब होता है जो कुछ उन्हों ने दुनिया के वरदानों को खो दिया है उसके बदले जिस की वह आख़िरत के वरदानों में से आशा लगाए हुए थे।

३. आख़िरत पर ईमान एवं यक़ीन करने से मनुष्य को यह ख़्याल होता है कि मौत के बाद उसका अंजाम एवं ठिकाना कहां होगा, तथा यह भी मालूम होता है कि उसको उस के कार्य (आमाल) के अनुसार बदला दिया जाएगा, अगर नेक है तो उसका अंजाम अच्छा होगा, और अगर बुरा है तो उसका अंजाम बुरा होगा, और क़यामत के दिन उसको हिसाब-किताब के लिए खड़ा किया जाएगा, जिस-जिस पर अत्याचार किया गया होगा, उन सारे लोगों का बदला लिया जाएगा, और अगर उस ने किसी का हक़ या किसी पर अन्याय किया होगा, तो बन्दों का हक़ उस से लिया जाएगा।

४ आख़िरत पर ईमान लाने से मुनष्य दूसरों पर अत्याचार (जुल्म) करने से रुक जाता है, दूसरों का हक़ नहीं हड़पता और न गसब्र करता है, अगर लोग आख़िरत पर ईमान ले आयें तो वे एक दूसरे पर अत्याचार करने और उन के हक़ को नाहक़ हड़पने से बच जाएंगे, और उन के हक़ सुरक्षित (महफूज़) हो जायेंगे।

५ आख़िरत के दिन पर ईमान लाने का यह फ़ायदा है कि मुनष्य को यह पता हो जाता है कि दुनिया की ज़िन्दगी तो मात्र जीवन का एक पड़ाव है न कि यह संपूर्ण जीवन है।

इस विषय के अंत में मैं अपनी बात को और ज़्यादा असरदार बनाने के लिए वैन बिल अमरीकन नसरानी के कुछ शब्दों को यहां पर वर्णन करना उचित समझता हूँ, जो कि एक गिर्जाघर में काम करता था, फिर उसको इस्लाम और आख़िरत पर ईमान लाने की ख़ुशनसीबी प्राप्त हुई। वह कहता है कि ‘‘अब मैं उन चार प्रश्नों का उत्तर जानता हूँ’’ जिस के लिए मुझे अपने जीवन में काफ़ी कठिनाईयों का सामना करना पड़ा, वह चार प्रश्न यह हैं:

१ मैं कौन हूँ?
२ मैं क्या चाहता हूँ?
३ मैं कहां से आया?
४ और मेरा अख़िरी अंजाम क्या होगा?[1]

---

१ मजल्ला दावतुस्सउदिया १७२२, १६-६-१४२०, पेज ३७.

रसूलों की दावत के नियम एवं सिद्धांत

सारे नबियों और रसूलों की दावत का एक ही मूल सिद्धांत एवं नियम था। जैसेः अल्लाह पर ईमान (विश्वास करना), उसके फ़रिश्तों पर ईमान लाना, उसकी पुस्तकों, उसके रसूलों, अंतिम दिन और अच्छे-बुरे भाग्य पर ईमान लाना।

इसी प्रकार उन सारे नबियों का आदेश था कि लोग मात्र एक अल्लाह की पूजा एवं प्रार्थना करें, और उस के साथ किसी को भागीदार न बनायें, और उस के सीधे मार्ग की अनुसरण करें, और विभिन्न मार्गों का अनुसरण न करें, और वह चार प्रकार की वस्तुओं को निषिद्ध क़रार देते हैंः

१) अश्लील और ग़लत चीज़ें चाहे उनको छिप कर किया जाए या ज़ाहिर में। २) पाप। ३) और नाहक़ किसी पर अत्याचार करना। ४) अल्लाह के साथ किसी को साझीदार एवं भागीदार बनाना, और बुतों की पूजा करना। इसी प्रकार अल्लाह को पवित्र करना किसी पत्नी, पुत्र, भागीदार, साझीदार, समान, आदि से । या अल्लाह के विरुद्ध ग़लत बात कहना, शिशु की हत्या करना। इसी तरह किसी जान का नाहक़ हत्या करने को निषिद्ध ठहराना, सूद खाने से मना करना, और अनाथ का धन खाने से रोकना, अभिवचन को पूरा करना, इसी प्रकार पूरा-पूरा नाप-तौल करना, माता-पिता की आज्ञाकारिता करना, लोगों के बीच न्याय करना, कथन एवं कार्य में सच्चाई को अपनाना, अहंकार और फ़ुजूल ख़र्ची से मना करना, तथा लोगों के धनों को असत्य तौर से खाने से मना करना आदि।

इब्ने कैयिम कहते हैंः

''प्रत्येक दीन के सभी क़ानून अपने मूल सिद्धांत एवं नियम में एकमत हैं अगरचे उन के कुछ शाखों में अन्तर एवं मतभेद हो, उनकी खूबियां बुद्धियों में बैठी हैं, या उनकी अच्छाईयां मनुष्य की बुद्धियों में पेवस्त हैं, अगर उसको हक़ीकी जगह

से निकाल दिया जाए तो बुद्धि एवं बोध, ख़ुशी और दया ख़त्म हो जाएगी। बल्कि असंभव है कि वही चीज़ हो। जैसे कि इस आयत में कहा गया हैः

﴿ وَلَوِ ٱتَّبَعَ ٱلْحَقُّ أَهْوَآءَهُمْ لَفَسَدَتِ ٱلسَّمَٰوَٰتُ وَٱلْأَرْضُ وَمَن فِيهِنَّ ﴾

"अगर हक़ ही उनकी इच्छाओं का अनुयायी (पैरोकार) हो जाये, तो धरती और आकाश और उन के बीच की जितनी चीज़ें हैं सब तहस-नहस हो जायें।" (सूरतुल मोमिनूनः ७१)

तो कैसे बुद्धिमान व्यक्ति सब हाकिमों के हाकिम (अल्लाह) के क़ानून को रद्द कर सकता है।[1]

यही कारण है कि सारे नबियों का दीन एवं धर्म एक था। जैसे कि अल्लाह का फ़रमान हैः

﴿ يَٰٓأَيُّهَا ٱلرُّسُلُ كُلُواْ مِنَ ٱلطَّيِّبَٰتِ وَٱعْمَلُواْ صَٰلِحًا ۖ إِنِّى بِمَا تَعْمَلُونَ عَلِيمٌ ﴿٥١﴾ وَإِنَّ هَٰذِهِۦٓ أُمَّتُكُمْ أُمَّةً وَٰحِدَةً وَأَنَا۠ رَبُّكُمْ فَٱتَّقُونِ ﴾

"ऐ पैगम्बरो! हलाल चीज़ें खाओ और नेकी के काम करो। तुम जो कुछ कर रहे हो उस को मैं अच्छी तरह जानता हूँ। और बेशक तुम्हारा यह दीन एक ही दीन है, और मैं ही तुम सब का रब हूँ, तो तुम मुझ से डरते रहो।" (सूरतुल मोमिनूनः ५१,५२)

दूसरी जगह अल्लाह तआला ने फ़रमायाः

﴿ شَرَعَ لَكُم مِّنَ ٱلدِّينِ مَا وَصَّىٰ بِهِۦ نُوحًا وَٱلَّذِىٓ أَوْحَيْنَآ إِلَيْكَ وَمَا وَصَّيْنَا بِهِۦٓ إِبْرَٰهِيمَ وَمُوسَىٰ وَعِيسَىٰٓ ۖ أَنْ أَقِيمُواْ ٱلدِّينَ وَلَا تَتَفَرَّقُواْ فِيهِ ﴾

"अल्लाह तआला ने तुम्हारे लिए वही दीन मुक़र्रर कर दिया है जिसको क़ायम करने का उस ने नूह को हुक्म दिया था, जो (वह्य के द्वारा) हम ने तेरी तरफ़ भेज दिया है और जिस का विशेष हुक्म हम ने इब्राहीम और मूसा और ईसा (अलैहिमुस्सलाम) को दिया था, कि इस दीन को क़ायम रखना और इस में फूट न डालना।" (सूरतुश्शूराः १३)

---

१ मिफ्ताहो दारुस्सआदा, भाग २, पेज ३८३। देखिएः अल-जवाबुस्सहीह लिमन बद्दला दीन अल-मसीह, भाग ४, पेज ३२२। लवामिउल अनवार सफारिनी की, भाग २, पेज २६३.

इस्लाम के सिद्धांत और उस के मूल आधार

बल्कि दीन से मक़सूद यह है कि बन्दों को जिन को मात्र इस लिए पैदा किया गया है कि वह केवल एक अल्लाह की पूजा करें जिसका कोई शरीक एवं भागीदार नहीं है। लेहाज़ा उन के लिए ऐसे हुकूक़ को क़ानून का रुतबा दिया गया जिन को अंजाम देना उन के लिए आवश्यक है, और वाजिबात (आवश्यक चीज़ें) की अंजामदिही उन के लिए उचित कर दिया गया, और उन के लिए उन वसाएल को विस्तृत कर दिया गया ताकि वे लोग अपने उस लक्ष्य को प्राप्त कर सकें, जिसके कारण अल्लाह की ख़ुशी दोनों दुनिया की सौभाग्यशाली हासिल हो सके, एक ऐसे इलाही पद्धति के अनुसार जिस में मनुष्य को कभी हानि नहीं पहुंच सकती। इस के अलावा उसको और भी कोई बीमारी लाहिक़ नहीं हो सकती है। चुनांचे सारे रसूलों ने उस दीने इलाही की ओर लोगों को बुलाया जो मानव जाति के लिए वह बुनियादी महत्वपूर्ण अक़ीदे को पेश करता है जिस पर ईमान लाना आवश्यक है और वह धार्मिक क़ानून जिन के अनुसार मनुष्य को अपना जीवन गुज़ारना चाहिए। चुनांचे तौरात अक़ीदे एवं क़ानून दोनों की जानकारी थी, और उस के मानने वालों को उस के क़ानून के अनुसार फ़ैसला करने का आदेश दिया गया था।

अल्लाह तआला का फ़रमान है:

﴿إِنَّآ أَنزَلْنَا ٱلتَّوْرَىٰةَ فِيهَا هُدًى وَنُورٌ يَحْكُمُ بِهَا ٱلنَّبِيُّونَ ٱلَّذِينَ أَسْلَمُوا۟ لِلَّذِينَ هَادُوا۟ وَٱلرَّبَّـٰنِيُّونَ وَٱلْأَحْبَارُ﴾

"हम ने तौरात उतारी है जिस में हिदायत और नूर है, यहूदियों में इसी तौरात के ज़रिये अल्लाह के मानने वाले अंबिया (अलैहिमुस्सलाम) और अल्लाह वाले और आलिम फ़ैसला किया करते थे।" (सूरतुल मायदाः ४४)

फिर इस के बाद ईसा मसीह ﷵ को अल्लाह ने 'इंजील' नामी आसमानी पुस्तक देकर भेजा। यह पुस्तक भी लोगों के लिए हिदायत एवं नूर थी, तथा अपने से पहले पुस्तक की पुष्टि करने वाली थी। जैसा कि अल्लाह तआला का फ़रमान है:

﴿وَقَفَّيْنَا عَلَىٰٓ ءَاثَـٰرِهِم بِعِيسَى ٱبْنِ مَرْيَمَ مُصَدِّقًا لِّمَا بَيْنَ يَدَيْهِ مِنَ ٱلتَّوْرَىٰةِ ۖ وَءَاتَيْنَـٰهُ ٱلْإِنجِيلَ فِيهِ هُدًى وَنُورٌ﴾

“और हम ने उन के पीछे ईसा इब्ने मरयम को भेजा, जो अपने से पहले की किताब यानी तौरात की तसदीक़ करने वाले थे, और हम ने उन्हें इंजील अता की, जिस में नूर और हिदायत थी।” (सूरतुल मायदाः ४६)

फिर मुहम्मद ﷺ अंत में एक संपूर्ण धर्म और अंतिम शरीअत (धार्मिक क़ानून) के रूप में पधारे, जो अंतिम शरीअत अपने से पहले की सारी शरीअतों को नियंत्रण में लिये हुये थी, तथा अपने से पहले सारी आसमानी पुस्तकों की पुष्टि करने वाली थी। जैसा कि अल्लाह तआला का फ़रमान हैः

﴿وَأَنزَلْنَآ إِلَيْكَ ٱلْكِتَٰبَ بِٱلْحَقِّ مُصَدِّقًا لِّمَا بَيْنَ يَدَيْهِ مِنَ ٱلْكِتَٰبِ وَمُهَيْمِنًا عَلَيْهِ ۖ فَٱحْكُم بَيْنَهُم بِمَآ أَنزَلَ ٱللَّهُ ۖ وَلَا تَتَّبِعْ أَهْوَآءَهُمْ عَمَّا جَآءَكَ مِنَ ٱلْحَقِّ﴾

“और हम ने आप की तरफ़ सच्चाई से भरी यह किताब उतारी है, जो अपने से पहले की सभी किताबों की तसदीक़ करती है और उनकी मुहाफ़िज़ है, इस लिए आप उन के बीच अल्लाह की उतारी हुई किताब के ऐतबार से फ़ैसला कीजिए, इस सच्चाई से हटकर उनकी इच्छाओं पर न जाइये।” (सूरतुल मायदाः ४८)

अल्लाह तआला ने यह स्पष्ट किया है कि मुहम्मद ﷺ और मोमिन लोग जो आप के साथ हैं, और वे लोग ईमान लाये जिस प्रकार उन से पहले के नबियों एवं रसूलों ने ईमान लाया था। अल्लाह तआला फ़रमाता हैः

﴿ءَامَنَ ٱلرَّسُولُ بِمَآ أُنزِلَ إِلَيْهِ مِن رَّبِّهِۦ وَٱلْمُؤْمِنُونَ ۚ كُلٌّ ءَامَنَ بِٱللَّهِ وَمَلَٰٓئِكَتِهِۦ وَكُتُبِهِۦ وَرُسُلِهِۦ لَا نُفَرِّقُ بَيْنَ أَحَدٍ مِّن رُّسُلِهِۦ ۚ وَقَالُوا۟ سَمِعْنَا وَأَطَعْنَا ۖ غُفْرَانَكَ رَبَّنَا وَإِلَيْكَ ٱلْمَصِيرُ﴾

“रसूल उस चीज़ पर ईमान लाये जो उसकी तरफ़ अल्लाह (तआला) की तरफ़ से उतारी गई और मुसलमान भी ईमान लाये। यह सब अल्लाह और उसके फ़रिश्ते पर, और उस की किताबों पर, और उसके रसूलों पर ईमान लाये, उस के रसूलों में से किसी के बीच हम फ़र्क़ नहीं करते, उन्हों ने कहा कि हम ने सुना और इताअत की, हम तुझ से माफ़ी चाहते हैं। हे हमारे रब! और हमें तेरी ही तरफ़ लौटना है।” (सूरतुल बक़राः २८५)

अनंत संदेश (रिसालत)[1]

पीछे जो यहूदी, नसरानी, मजूसी, ज़र्दुशती और बहुत से मूर्तियां पूजने वाले धर्मों का हाल बयान हुआ, उन से छठी शताब्दी (ई.) में मनुष्यों के हालात का विवरण खुलकर सामने आ जाता है, और जब धर्म बिगड़ जाए, तो फिर राजनीतिक, सामाजिक और आर्थिक परिस्थितियां भी बिगड़ जाती हैं, फिर भीषण युद्ध फैल जाता है, अत्याचार होने लगता है और इंसानियत घंघोर अंधकार में जीने लगती है। जिस के कारण, नास्तिकता और अत्याचार की वजह से हृदय भी काले होने लगते हैं, चरित्र बिगड़ जाते हैं, इज़्ज़त पामाल होने लगती है, अधिकार मिटने लगते हैं और फिर जल-थल में हर ओर अत्याचार फैल जाता है। यहां तक कि अगर कोई बुद्धिजीवी विचार करता तो (पिछले काल में) वह पाता कि इंसानियत का दम घुटने वाला है, और वह जल्द ही मिट जाने वाली है। पस अल्लाह ने उसे एक ऐसे अज़ीम सुधारक को भेजकर थामा जो अपने हाथों में नबूवत का मशाल और हिदायत का चिराग़ लिए हुए था, ताकि मनुष्य के लिए उसके मार्ग को रौशन कर दे, और उसे सीधे रास्ते की राह दिखा दे।

और उसी समय में अल्लाह ने चाहा कि वह हमेशा बाक़ी रहने वाली नबूवत के नूर को मक्का मुकर्रमा से रौशन करे जहां पर अज़ीम घर (काबा) है, और वहां की परिस्थितियां भी शिर्क, जिहालत, जुल्म और अत्याचार में दूसरी तमाम इंसानी समाजों की तरह ही थीं, हाँ बहुत सी विशेषताओं में वह अलग थीं। जैसे:[2]

१ वहां का वातावरण साफ था, जो कि यूनानी, रोमानी और हिंदुस्तानी विचारों की गंदगी से आलूदा नहीं हुआ था और वहां के लोग साफ व कठोर बयान, तेज़ दिमाग़ और आश्चर्यजनक बुद्धि के मालिक थे।

---

१ अधिक जानकारी के लिए देखिए: अर्रहीकुल मख़्तूम, सफीउर्रहमान मुबारकपूरी।

२ मौजूदा धर्मों के हालात के बारे में इसी किताब का पेज ७७ देखिए।

२ वह दुनिया के बीच में थे, वह यूरोप, एशिया और अफ़्रीक़ा के बीच में होने के कारण, बहुत कम समय में हमेशा बाक़ी रहने वाला पैग़ाम दुनिया के इन हिस्सों में बड़ी तेज़ी के साथ फैल सका।

३ वह सुरक्षित स्थान था, क्योंकि अल्लाह ने उसकी हिफ़ाज़त की, जब अबरहा ने उस पर हमला करना चाहा, और उसके पड़ोस में क़ायम रूम व फ़ारस की बादशाहतें कभी उस पर कब्ज़ा न कर सकीं, बल्कि वह भी और उत्तर व दक्षिण में उसका व्यापार भी महफ़ूज़ रहा, इसी लिए वह नबी करीम ﷺ के भेजे जाने का स्थान ठहरा, और अल्लाह ने उस में रहने वालों का बयान इस नेमत के साथ किया है।

﴿أَوَلَمْ نُمَكِّن لَّهُمْ حَرَمًا ءَامِنًا يُجْبَىٰٓ إِلَيْهِ ثَمَرَٰتُ كُلِّ شَىْءٍ﴾

"क्या हम ने उन्हें अमन व अमान और हुरमत वाले हरम में जगह नहीं दी? जहां हर प्रकार के फल खिंचे चले आते हैं।" (सूरतुल क़ससः ५७)

४ वहां का वातावरण सहरावी (मरुस्थल) था, जहां बहुत सी खूबियां और अच्छे चरित्र व स्वभाव बाक़ी थे, जैसे, उदारता, पड़ोसी की हिफ़ाज़त, इज़्ज़त की ग़ैरत और इनके अतिरिक्त दूसरी विशेषताएं, जिन्हों ने उनको इस योग्य बनाया कि वह स्थान हमेशा बाक़ी रहने वाली रिसालत के लिए उपयुक्त हो सके।

इसी अज़ीम स्थान से, और उस कुरैश के क़बीले से, जो अपनी फ़साहत, बलाग़त, अच्छे चरित्र व स्वभाव में मश्हूर थे, और शराफ़त व सरदारी जिनका अधिकार था, अल्लाह ने अपने नबी मुहम्मद ﷺ को चुना, ताकि वह ख़ातमुल अंबिया वल-मुर्सलीन (सब से आख़िरी नबी व रसूल) बन सकें, वह छठीं शताब्दी ईस्वी में लगभग ५७० ई. में पैदा हुए, यतीमी की हालत में पले-बढ़े, क्योंकि वालिद उसी समय मर चुके थे जब वह अपनी मां के पेट में थे, फिर जब आप केवल छः साल के थे तभी उनके दादा और मां का देहांत हो गया था, तब आप के चचा अबू तालिब ने आप को पाला-पोसा, इस प्रकार आप यतीमी की हालत में बड़े हुए, और आप के प्रतिभाशाली होने की निशानियां ज़ाहिर होने लगीं, आप

की आदतें, चरित्र, स्वभाव अपनी क़ौम की आदतों से भिन्न था, आप अपनी बात में झूठ नहीं बोलते, किसी को तकलीफ़ नहीं देते, और आप सच्चाई, पाक दामनी और अमानत में इतने प्रसिद्ध हुए कि आप की क़ौम के बहुत से लोग अपने महत्वपूर्ण और बहुमूल्य माल आप के पास अमानत रखते, और आप के हवाले कर देते थे, और आप उनकी ऐसी ही हिफ़ाज़त करते जैसे अपनी जान और माल की हिफ़ाज़त करते। इसी कारण वे लोग आप को अमीन का लक़ब देते थे और आप बहुत शर्मीले थे, जब से आप बालिग़ हुए, कभी भी आप का शरीर किसी के सामने नंगा न हुआ। आप पाक- साफ़ मुत्तक़ी थे, आप जब अपनी क़ौम को मूर्तियों की पूजा, शराब पीना, और खून बहाते देखते तो आप को इन से बड़ा दुख होता। आप जिन कामों को पसंद करते, उन में अपनी क़ौम का साथ देते, लेकिन जब वे अपने फ़िस्क़ (गुनाह) और बेहयाई के काम करते तो आप उन से अलग रहते, आप यतीमों और बेवाओं की सहायता करते, और भूकों को खाना खिलाते... यहां तक कि जब आप चालीस साल की आयु के करीब हुए तो अपने चारों ओर के फ़साद-बिगाड़ को देख कर आप तंग आ गए और अपने रब की इबादत के लिए अलग- थलग रहने लगे, और उस से सवाल करते कि वह आप को सीधा मार्ग दिखाए। आप की यही स्थिति बनी रही, यहां तक कि आप के रब की ओर से एक फ़रिश्ता वह्य (पैग़ाम) लेकर आप के पास उतरा, और आप को यह हुक्म दिया कि आप इस दीन को लोगों तक पहुंचा दें, और उनको अपने रब की इबादत करने, और उसके अलावा की इबादत को छोड़ देने की दावत दें। फिर दिन-बदिन और साल- बसाल आप पर शरीअत व अहकाम के साथ वह्य (पैग़ाम) का उतरना जारी रहा, यहां तक कि अल्लाह ने मनुष्य के लिए इस धर्म को पूरा कर दिया, और इन्सानियत पर अपनी नेमत तमाम कर दी, तो आप ﷺ का मिशन पूरा हो गया, और अल्लाह ने आप को वफ़ात दे दी। मृत्यु के समय आप की आयु ६३ साल थी, जिस में से ४० साल नबी होने से पूर्व के, और २३ साल नबी व रसूल बन कर रहे।

और जो कोई भी नबियों के हालात पर विचार करेगा और उनका इतिहास पढ़ेगा, वह पूरे विश्वास के साथ जान लेगा कि जिन तरीक़ों से किसी नबी की

नबूवत साबित की जा सकती है, सर्वोत्तम तरीक़े से मुहम्मद ﷺ की नबूवत साबित की जा सकती है।

जब आप विचार करें कि किस प्रकार हज़रत मूसा और ईसा अलैहिमस्सलाम की नबूवत नक़ल की गई है, तो आप जान लेंगे कि वह तवातुर के तरीक़े से नक़ल हुई हैं, और तवातुर ही के माध्यम से मुहम्मद ﷺ की नबूवत भी बहुत अधिक, ज़्यादा ठोस और ज़्यादा पाबंदी के साथ नक़ल की गई है।

इसी प्रकार वह तवातुर जिस के माध्यम से पहले रसूलों के मोजिज़ात और निशानियां नक़ल की गई हैं, वह भी बराबर है, बल्कि मुहम्मद ﷺ के हक़ में वह ज़्यादा अज़ीम है, क्योंकि आप की निशानियां बहुत हैं, बल्कि सब से बड़ी निशानी यह कुरआन-ए-अज़ीम है, जो हमेशा लिखने और बोलने के दोनों तरीक़ों से नक़ल किया जाता रहेगा।[1]

और जो सही अक़ीदा, ठोस शरीअत और फ़ायदेमंद विज्ञान लेकर हज़रत मूसा व ईसा अलैहिमस्सलाम और जो मुहम्मद ﷺ लेकर आए, तो कोई भी इनके बीच तुलना करेगा वह जान लेगा कि वे सब के सब एक ही ताक (मिश्कात) से निकले हैं, और वह है नबूवत की ताक।

और जो कोई दूसरे नबियों के मानने वालों और मुहम्मद ﷺ के मानने वालों के बीच तुलना करेगा, उसे मालूम हो जाएगा कि वे लोगों के लिए सब से बेहतरीन लोग हैं, बल्कि वे तमाम नबियों के मानने वालों से ज़्यादा आप के बाद में आने वालों को प्रभावित करने वाले हैं। अतः उन्होंने तौहीद को फैलाया, इंसाफ़ का प्रचार किया और वे कमज़ोरों और मिस्कीनों के लिए रहमत थे।[2]

और अगर आप अधिक बयान चाहते हैं, जिस से मुहम्मद ﷺ की नबूवत पर प्रमाण ले सकें, तो जल्द ही हम आप के लिए वे प्रमाण और निशानियां नक़ल

---

१ इसी किताब में कुरआन के बारे में ख़ास पैरा देखिए: पेज: १४४-१५३, १७७-१८४.

२ देखिए: मजमुउल फ़तावा, शैखुल इस्लाम इब्ने तैमिया, ज: ४, पेज: २०१, २११, और: इफ़हामुल यहूद, सिमवाल मग़रिबी, जो कभी यहूदी थे फिर इस्लाम ले आए। पेज: ५८-५९.

करेंगे, जिन्हें अली बिन रब्बन अत्तबरी ने पाया था जब वे नसरानी थे, और उन्हीं के कारण वे मुसलमान हो गए थे। वे प्रमाण यह हैं:

१ आप ने केवल एक ही अल्लाह की इबादत करने, और उस के अलावा की इबादत को छोड़ देने की दावत दी, और सारे नबी इस बात पर सहमत हैं।

२ आप ने ऐसी खुली हुई निशानियां ज़ाहिर की हैं, जिन्हें केवल अल्लाह के नबी ही ज़ाहिर कर सकते हैं।

३ आप ने भविष्य में होने वाले घटनाओं की खबर दी, जो उसी प्रकार हुए, जैसे आप ने ख़बर दी थी।

४ आप ने दुनिया और उसके देशों की बहुत से घटनाओं के बारे में ख़बर दी, तो वे ऐसी ही घटी, जैसे आप ने ख़बर दी।

५ वह किताब जिसे मुहम्मद ﷺ लेकर आए, वह कुरआन है, और वह नबूवत की निशानियों में से एक बड़ी निशानी है, क्योंकि वह सब से प्रभावी किताब है, और अल्लाह ने उसे एक ऐसे अनपढ़ आदमी पर उतारा, जो न पढ़ना जानता था न लिखना, और उस ने फसीहों (फुसहा) को यह चुनौती दी कि वे भी इसी तरह की कोई किताब, या उसकी एक सूरत के जैसे सूरत ही बना लायें, और इस लिए भी कि अल्लाह ने इसकी हिफ़ाज़त की ज़िम्मेदारी ली, इसके द्वारा सही अक़ीदे की हिफ़ाज़त की, इस में सम्पूर्ण शरीअत को शामिल कर दिया, और सब से अफ़ज़ल उम्मत को इस के द्वारा क़ायम किया।

६ आप ख़ातमुल अंबिया हैं, अगर आप को न भेजा जाता, तो नबियों की वे बशारतें बातिल हो जातीं, जिन में आप के भेजे जाने की ख़ुशख़बरी थी।

७ नबियों अलैहिमुस्सलाम ने आप के ज़ाहिर होने से बहुत पहले ही आप के बारे में ख़बर दी थी, और आप के भेजे जाने का स्थान, शहर, और उम्मतों और बादशाहों के आप के अधीन होने को भी बयान कर दी थीं, और आप के दीन के फैलने का ज़िक्र भी कर दिया था।

८ आप का उन तमाम उम्मतों पर ग़ालिब आना, जिन्हों ने आप से युद्ध किया, यह भी नबूवत की निशानियों में से एक निशानी है, क्योंकि यह असंभव है कि कोई व्यक्ति यह दावा करे कि वह अल्लाह की ओर से भेजा हुआ रसूल है, और वह झूठा भी हो फिर भी अल्लाह उसकी सहायता करे, उसको ग़ल्बा दे, दुश्मनों पर जीत दे, दावत को फैलाए, उसके मानने वाले ज़्यादा हों, क्योंकि यह चीज़ें एक सच्चे नबी के हाथ पर ही पूरी हो सकती हैं।

९ उनकी ख़ूबियां और विशेषताएं, जैसेः उनकी इबादत, पाकदामनी, सच्चाई, अच्छी सीरत व चरित्र, प्रशंसनीय तरीक़े और शरीअत, यह सारी चीज़ें केवल किसी नबी में ही इकट्ठी हो सकती हैं।

और इस हिदायत पाने वाले व्यक्ति ने इस प्रमाणों को बयान करने के बाद कहाः तो ये रौशन विशेषताएं हैं और काफ़ी प्रमाण हैं, जिनके अन्दर ये पाई जाएं, उसकी नबूवत वाजिब हो गई, वह कामयाब हो गया, उसका हक़ सफ़ल हो गया, उसकी तसदीक़ करना आवश्यक है, और जिस ने उनको नकार दिया और ठुकरा दिया, उसकी कोशिश नाकाम हो गई, और उसकी दुनिया और आख़िरत बर्बाद हो गई।[1]

इस अनुभाग के अन्त में, मैं आप के सामने दो साक्ष्य प्रस्तुत कर रहा हूँ। एक तो अतीत में रोम के राजा की गवाही जो मुहम्मद ﷺ का समकालीन था, और दूसरी गवाही समकालीन अंग्रेज़ ईसाई धर्म प्रचारक जॉन सेंट की है।

हिरक़्ल की गवाहीः

बुख़ारी रहिमहुल्लाह ने अबू सुफ़ियान बिन नाफ़े के उस समय के समाचार का उल्लेख किया है कि जब रोम के राजा ने उन्हें अपने दरबार में बुलाया था। वह कहते हैं कि मुझ से अबुल यमान अल-हकम ने वर्णन किया। वह कहते हैं कि हम से शुऐब ने ज़ौहरी के माध्यम से बयान किया, वह कहते हैं कि मुझे उबैदुल्लाह बिन अब्दुल्लाह बिन उत्बा बिन मसऊद ने सूचना दी कि अब्दुल्लाह बिन अब्बास

१ अद्दीन वद्दौलह फी इस्बाते नबूवते नबियना मुहम्मद ﷺ, अली बिन रब्बन अत्तबरी, पेजः ४७, और देखिएः अल-ऐलाम, कुर्तबी, पेजः २६३.

ने उन्हें बतलाया कि उन्हें अबू सुफ़ियान बिन हर्ब ने बताया कि वह उस समय कुरैश के कुछ लोगों के साथ शाम में थे जो तिजारत के लिए आये थे, यह उस समय की बात है जब अल्लाह के पैग़म्बर ﷺ और कुफ़्फ़ारे कुरैश के बीच संधि हुई थी। अबू सुफ़ियान का कहना है कि क़ैसर के हरकारे ने शाम के किसी नगर मे हमें पा लिया और मुझे और मेरे साथियों को लेकर ईलिया (बैतुल-मक़दिस) आया और हमें क़ैसर के शाही महल में ले गया जो ताज पहने हुए अपने सिंहासन पर बिराजमान था और उसके चारों तरफ रूम के बड़े बड़े लोग थे।

उस ने अपने तर्जुमान (अनुवादक) से कहाः इन से पूछो कि यह आदमी जो अपने आप को पैग़म्बर समझता है इस से इन में से कौन आदमी सब से निकट ख़ानदानी संबंध रखता है?

अबू सुफ़ियान का कहना है कि मैं ने कहाः मैं उस से सब से निकट ख़ानदानी संबंध रखता हूँ।

उस ने कहाः तुम्हारे और उनके बीच क्या रिश्तेदारी है?

मैं ने कहाः वह मेरे चचेरे भाई हैं और इस कारवाँ में उस समय मेरे सिवा बनू अब्दे मनाफ़ का कोई अन्य आदमी नहीं था।

क़ैसर ने कहाः इसे मेरे क़रीब कर दो, और मेरे साथियों को भी मेरे पीछे मेरे कन्धे के पास बैठाने का आदेश दिया।

फिर अपने तर्जुमान से कहाः इसके साथियों से बता दो कि मैं इस आदमी से उस व्यक्ति के बारे में प्रश्न करूँगा जो अपने आप को पैग़म्बर समझता है, अगर यह झूठ बोले तो तुम लोग इसे झुठला देना।

अबू सुफ़ियान कहते हैंः अल्लाह की क़सम अगर मुझे यह शर्म न आती कि मेरे साथी मेरे बारे में झूठ की चर्चा करेंगे तो जब उस ने मुझ से आप के बारे में पूछा था मैं अवश्य उस से झूठ बोलता, लेकिन मुझे शर्म आई कि वह मेरे बारे में झूठ की चर्चा करें। इस लिए मैं ने उसे सच-सच जवाब दिया।

फिर उस ने अपने तर्जुमान से कहाः तुम लोगों में उसका नसब कैसा है?

मैं ने कहाः वह हमारे बीच ऊँचे नसब वाला है।

उस ने कहाः तो क्या यह बात इस से पहले भी तुम में से किसी ने कही थी?

मैं ने कहाः नहीं।

उस ने कहाः क्या इस ने जो बात कही है इसे कहने से पहले तुम उसे झूठ से आरोपित करते थे?

मैं ने कहाः नहीं।

उस ने कहाः क्या उसके बाप-दादा में कोई बादशाह हुआ है?

मैं ने कहाः नहीं।

उस ने कहाः अच्छा तो बड़े लोगों ने उसकी बात मानी है या कमज़ोर लोगों ने?

मैं ने कहाः बल्कि कमज़ोरों ने।

उस ने कहाः क्या यह लोग बढ़ रहे हैं या घट रहे हैं?

मैं ने कहाः बल्कि बढ़ रहे हैं।

उस ने कहाः क्या उस के दीन में प्रवेश करने के बाद कोई आदमी उसके दीन से नाराज़ होकर पलट (मुर्तद हो) जाता है?

मैं ने कहाः नहीं।

उस ने कहाः क्या वह वादा ख़िलाफ़ी (विश्वासघात) करता है?

मैं ने कहाः नहीं, किन्तु इस समय हम उसके साथ एक संधि की अवधि में हैं और हमें पता नहीं वह क्या करेगा।

अबू सुफ़ियान कहते हैं कि इसके सिवा मैं कोई अन्य ऐसी बात घुसेड़ नहीं सका जिस से आप की निंदा कर सकूँ और मुझे उसके चर्चा का भय न हो।

उस ने कहाः क्या तुम लोगों ने उस से या उस ने तुम लोगों से लड़ाई की है?

मैं ने कहाः हाँ।

उस ने कहाः तो उसकी और तुम्हारी लड़ाई कैसे रही?

मैं ने कहाः हमारी लड़ाई बराबर की रही, कभी वह जीता कभी हम।

उस ने कहाः वह तुम्हें क्या आदेश देता है?

मैं ने कहाः वह हमें यह आदेश देता है कि हम केवल अल्लाह की इबादत (उपासना) करें, उसके साथ किसी को भी साझी न ठहरायें, और हमारे बाप-दादा जो कुछ पूजते थे उस से हमें रोकता है, और वह हमें नमाज़, सच्चाई, पाकदामनी, वादा निभाने और अमानत अदा करने का आदेश देता है।

जब मैं ने उस से यह कहा तो उस ने अपने तर्जुमान से कहाः "इस आदमी (अबू सुफ़ियान) से कहोः मैं ने तुम से तुम्हारे बीच उस आदमी (पैग़म्बर) के नसब के बारे में पूछा तो तुम ने बताया कि वह ऊँचे नसब वाला है। और दरअसल पैग़म्बर अपनी क़ौम के ऊँचे नसब में से भेजे जाते हैं।

मैं ने तुम से पूछा कि क्या यह बात इस से पहले भी तुम में से किसी ने कही थी? तो तुम ने बतलाया कि नहीं। मैं कहता हूँ कि अगर यह बात इस से पहले तुम में से किसी और ने कही होती तो मैं सोचता कि यह आदमी एक ऐसी बात की पैरवी कर रहा है जो इस से पहले कही जा चुकी है।

मैं ने तुम से पूछा कि क्या इस ने जो बात कही है इसे कहने से पहले तुम उसे झूठ से आरोपित करते थे? तो तुम ने कहा कि नहीं। तो मैं समझ गया कि ऐसा नहीं हो सकता कि वह लोगों पर तो झूठ न बोले और अल्लाह पर झूठ बोले।

और मैं ने तुम से पूछा कि क्या उसके बाप-दादा में से कोई बादशाह हुआ है? तो तुम ने जवाब दिया कि नहीं। मैं कहता हूँ कि अगर उसके बाप-दादा में कोई बादशाह गुज़रा होता तो मैं कहता कि यह अपने बाप की बादशाहत चाहता है।

मैंने तुम से पूछा कि बड़े लोग इसकी बात की पैरवी कर रहे हैं या कमज़ोर लोग? तो तुम ने कहा कि कमज़ोर लोगों ने उसकी पैरवी की है। वास्तव में पैग़म्बरों के मानने वाले ऐसे ही लोग होते हैं।

मैंने तुम से पूछा कि क्या वह लोग बढ़ रहे हैं या घट रहे हैं? तो तुम ने कहा कि वह बढ़ रहे हैं। दरअसल ईमान इसी तरह बढ़ता रहता है यहाँ तक कि मुकम्मल हो जाता है।

मैंने तुम से यह पूछा कि क्या उस के दीन में प्रवेश करने के बाद कोई आदमी उस के दीन से नाराज़ (अप्रसन्न) होकर मुर्तद होता है? तो तुम ने कहा कि नहीं। वास्तविकता (हक़ीक़त) यह है कि जब ईमान का आनन्द दिलों में घुल-मिल जाता है तो कोई उस से अप्रसन्न नहीं होता।

मैंने तुम से यह पूछा कि क्या वह बेवफाई (प्रतिज्ञा भंग) करता है? तो तुम ने उत्तर दिया कि नहीं। और पैग़म्बर ऐसे ही होते हैं, वह ग़द्दारी (अ़हद शिकनी) नहीं करते।

मैंने पूछा कि क्या तुम लोगों ने उस से और उस ने तुम लोगों से जंग की है? तो तुम ने कहा कि हाँ, और तुम्हारी और उसकी लड़ाई बराबर की रही है, कभी तुम हारे कभी वह हारा। पैग़म्बर ऐसे ही होते हैं कि उन की परीक्षा की जाती है और अंतिम परिणाम उन्हीं का होता है।

मैं ने तुम से यह भी पूछा कि वह तुम्हें किन बातों का हुक्म देता है? तो तुम ने बतलाया कि वह तुम्हें अल्लाह की इबादत करने और उसके साथ किसी चीज़ को साझी न ठहराने का हुक्म देता है, तुम्हारे बाप- दादा जिन की पूजा करते थे उस से मना करता है, और नमाज़, सच्चाई, पाक दामनी, प्रतिज्ञा पालन और अमानत लौटाने का हुक्म देता है।

क़ैसर ने कहाः यह सब निःसंदेह उस पैग़म्बर की विशेषताएं हैं जिस के बारे में मुझे पता था कि वह आने वाला है, किन्तु मेरा गुमान यह नहीं था कि वह तुम में से होगा। जो कुछ तुम ने बताया है अगर वह सच है तो बहुत शीघ्र ही वह मेरे इन दोनों पैरों की जगह का मालिक हो जाएगा। अगर मुझे आशा होती कि मैं उसके पास पहुँच सकूंगा तो मैं उस से मिलने का कष्ट करता, और अगर मैं उसके पास होता तो उसके दोनों पाँव धुलता।

अबू सुफ़ियान ने कहाः फिर क़ैसर ने अल्लाह के पैग़म्बर का पत्र मंगाया और उसे पढ़ा गया, उस पत्र में इस तरह लिखा थाः

इस्लाम के सिद्धांत और उस के मूल आधार

❂ बिस्मिल्लाहिर्रहमानिर्रहीम

अल्लाह के दास (बन्दे) और पैग़म्बर मुहम्मद की ओर से रूम के बादशाह हिरक़्ल के नामः

उस आदमी पर सलाम हो जो हिदायत की पैरवी करे। (अम्माबाद)

मैं तुम्हें इस्लाम का आमंत्रण देता हूँ। इस्लाम लाओ, सालिम (सुरक्षित) रहोगे। इस्लाम लाओ अल्लाह तुम्हें तुम्हारा अज्र दो बार देगा। अगर तुम ने मुँह फेरा तो तुम पर अरीसियों (तुम्हारी प्रजा) का भी गुनाह होगा। ''ऐ अहले-किताब! एक ऐसी बात की ओर आओ जो हमारे और तुम्हारे बीच बराबर है; कि हम अल्लाह के सिवा किसी और को न पूजें, और उसके साथ किसी चीज़ को साझी न ठहराएं, और अल्लाह को छोड़ कर हम में से एक-दूसरे को रब्ब न बनाए। अगर लोग मुँह फेरें तो कह दो कि तुम लोग गवाह रहो कि हम मुसलमान हैं।''

❂ समकालीन अंग्रेज़ ईसाई धर्म प्रचारक जॉन सेंट की गवाही:

वह कहता हैः व्यक्ति और समूह की सेवा में इस्लाम के सिद्धान्तों और उसके विवरण, तथा बराबरी और एकता के आधार पर समाज को स्थापित करने में उसके न्याय से लगातार अवगत होने के बाद मैं अपने आप को अपने समुचित मन और आत्मा के साथ तेज़ी से इस्लाम की ओर खिंचता हुआ पाता हूँ और उसी दिन से मैं ने अल्लाह से वादा किया है कि मैं इस्लाम का प्रचारक बनूँगा, सारी दुनिया में उसके संदेश का प्रचार एवं प्रसार करूँगा।

ख़त्मे नबूवत

पिछली बातों से आप के सामने नबूवत की हक़ीक़त, उसकी निशानियां, उसके आयात और हमारे नबी मुहम्मद ﷺ की नबूवत के प्रमाण साफ़ ज़ाहिर हो चुके हैं और ख़त्मे नबूवत पर बात करने से पहले आप के लिए यह जानना आवश्यक है कि अल्लाह पाक जब भी किसी रसूल को भेजता है तो उन्हें नीचे दिए गये किसी कारण की वजह से भेजता है:

१ नबी की रिसालत किसी एक क़ौम के साथ ख़ास होगी, और उस रसूल को अपनी रिसालत की बात पड़ोस में रहने वाली दूसरी उम्मतों तक पहुंचाने का हुक्म न दिया जाए, क्योंकि अल्लाह दूसरी उम्मत के लिए अपना ख़ास पैग़ाम देकर किसी दूसरे रसूल को भेजता है।

२ पहले वाले नबी की रिसालत मिट गई हो, तो फिर अल्लाह किसी नबी को भेजता है ताकि वह लोगों के लिए उनके दीन को पुनः स्थापित करे।

३ पहले वाले नबी की शरीअत उन्हीं के समय के लिए उचित थी, बाद में आने वाले समय के लिए वह उचित न थी, तो अल्लाह किसी रसूल को भेजता है जो ऐसी रिसालत और शरीअत लेकर आता है जो उस समय और स्थान के लिए उचित हो, और अल्लाह पाक की हिक्मत ने यह चाहा कि वह मुहम्मद ﷺ को ऐसी रिसालत देकर भेजें जो सारे ज़मीन वालों के लिए आम हो, और हर समय व स्थान के लिए उचित हो, और हर प्रकार के बदलाव और परिवर्तन से उसकी हिफ़ाज़त फ़रमा दी, ताकि हमेशा आप की रिसालत जिंदा रहे, जिस से लोगों को ज़िन्दगी मिलती रहे, जो हर प्रकार की तहरीफ़ और तब्दीली (बदलाव) की ख़राबियों से पाक हो। इसी लिए अल्लाह पाक ने इस को तमाम रिसालतों के लिए ख़ात्मा क़रार दिया।[1]

१ अक़ीदा तहाविया, पेजः १५६.

और जिन चीज़ों से अल्लाह ने मुहम्मद ﷺ को ख़ास किया, उन्हीं में से यह भी है कि आप ख़ातमुल अंबिया हैं, आप के बाद कोई नबी न होगा, क्योंकि अल्लाह ने आप के द्वारा रिसालतों को पूरा कर दिया, आप के द्वारा शरीअतों का ख़ातमा फ़रमा दिया। आप के द्वारा इमारत पूरी हो गई, और आप की नबूवत के द्वारा हज़रत ईसा मसीह ﷷ की बशारत भी साबित हो गई जैसा कि उन्हों ने फरमायाः ‘‘क्या तुम ने कभी किताबों में नहीं पढ़ा कि, वह पत्थर जिसे बनाने वालों ने ठुकरा दिया था वही एक कोने के लिए सरदार बन गया।’’

और पादरी इब्राहीम ख़लील -जिस ने बाद में इस्लाम क़बूल किया- ने इस बात को मुहम्मद ﷺ के अपने बारे में कहे इस हदीस के अनुसार कहा हैः ‘‘बेशक मेरी मिसाल और मुझ से पहले के नबियों की मिसाल उस मनुष्य की तरह है, जिस ने एक घर बनाया, तो अच्छा और बहुत सुंदर घर बनाया, मगर एक कोने में एक ईंट की जगह ख़ाली छोड़ दी, तो लोग उसके चारों ओर चक्कर लगाने लगे और उस पर आश्चर्य करने लगे और कहने लगेः तुम ने यह ईंट क्यों नहीं लगाई? आप ने फरमायाः तो मैं ही वह ईंट हूं, और मैं ख़ातमुन-नबीईन हूं।’’

और इसी लिए अल्लाह पाक ने उस किताब को जिसे लेकर मुहम्मद ﷺ आए, पिछली सारी किताबों पर ग़ालिब और उन के लिए नासिख़ क़रार दिया, जैसा कि आप की शरीअत को पिछली तमाम शरीअतों के लिए नासिख़ बना दिया, और अल्लाह ने आप की शरीअत की हिफ़ाज़त की ज़िम्मेदारी भी ली, तो वह मुतवातिर तौर पर नक़ल की गई है, और जिस प्रकार क़ुरआने करीम पढ़ने-लिखने हर प्रकार से मुतवातिर नक़ल किया गया है, उसकी प्रकार आप की कही हुई और की हुई सुन्नतें भी मुतवातिर नक़ल की गई हैं। इसी प्रकार इस दीन की शरीअतें, इबादतें, सुन्नतें, और अहकाम भी व्यवहारिक रूप से मुतवातिर नक़ल किए गए हैं।

और जो कोई सीरत और सुन्नत की किताबों का ज्ञान हासिल करेगा, वह जान लेगा कि आप के सहाबा ﵃ ने इन्सानियत के लिए आप ﷺ के तमाम हालात, आप के सारे कथन और कर्म को महफूज कर दिया है, उन्हों ने आप की अपने रब की इबादत, जिहाद, अल्लाह पाक के ज़िक्र, आप के इस्तिग़फ़ार, आप की

उदारता, आप की वीरता, और आप के अपने सहाबा (साथी) और अपने पास बाहर से आने वालों के साथ व्यवहार को भी नक़ल किया है।[1]

इसी प्रकार उन्हों ने आप की ख़ुशी, उदासी, उठने-बैठने, आप के खाने- पीने और पहनने की विशेषताएं भी, और आप के सोने-जागने को भी नक़ल किया है।... तो जब आप इस को महसूस करेंगे, आप को विश्वास हो जाएगा कि यह दीन अल्लाह के इसे हिफ़ाज़त करने के कारण ही महफ़ूज़ है। और उसी समय आप जान लेंगे कि आप ﷺ ख़ातमुल अंबिया वल-मुर्सलीन हैं, क्योंकि अल्लाह तआला ने हम को यह ख़बर दी है कि आप ख़ातमुल-अंबिया हैं। अल्लाह तआला ने फ़रमायाः

﴿ مَا كَانَ مُحَمَّدٌ أَبَآ أَحَدٍ مِّن رِّجَالِكُمْ وَلَٰكِن رَّسُولَ ٱللَّهِ وَخَاتَمَ ٱلنَّبِيِّـۧنَ ﴾

"मुहम्मद तुम में से किसी पुरुष के बाप नहीं हैं, लेकिन वे अल्लाह के रसूल और ख़ातमुन-नबीईन हैं।" (सूरतुल अहज़ाबः ४०)

और आप ﷺ ने ख़ुद अपने विषय में फ़रमायाः

> "और मैं पूरी मख़लूक़ के लिए रसूल बनाया गया हूं, और मेरे द्वारा नबियों का सिलसिला ख़त्म कर दिया गया।"[2]

और अब इस्लाम की परिभाषा करने, उस की हक़ीक़त, उस के आधारों, अरकानों और उसके मरातिब को बयान करने का समय आ गया है।

"इस्लाम" शब्द का मतलबः

जब आप भाषा की शब्दकोषों को देखेंगे, तो आप को मालूम होगा कि शब्द "इस्लाम" का मतलब हैः मान लेना, झुक जाना, एलान करना, सिर झुका देना,

---

१ देखिएः मुहम्मद ﷺ फ़ित्तौरात, वल-इन्जील, वल-कुरआन, अल-मुहतदी इब्राहीम ख़लील अहमद, पेजः ७३। और हदीस को इमाम बुख़ारी ने किताब अल- मनाक़िब, बाबः १८ में ज़िक्र किया है, शब्द उन्हीं के हैं, और मुस्लिम ने किताबुल-फ़ज़ाइल, हदीस न. २२८६ में ज़िक्र किया है। हज़रत अबू हुरैरा से मरफ़ूअन, और यह हदीस मुसनद, जः २, पेजः २५६, ३१२ में भी है।

२ इसकी रिवायत इमाम अहमद ने अपनी मुसनद, जः ४, पेजः ४११-४१२ पर, और इमाम मुस्लिम ने किताब अल-मसाजिद, हदीस न. ५२३ में की है, और ये शब्द भी उन्हीं के हैं।

और हुक्म देने वाले के हुक्म और उसके मना करने को पूरा कर दिखाना बिना किसी बाधा और टिप्पणी के।

और अल्लाह पाक ने सच्चे धर्म को ''इस्लाम'' का नाम दिया है, क्योंकि इस्लाम नाम है, बिना किसी बाधा और टिप्पणी के, अल्लाह की अताअत करने और उस के हुक्म को पूरा करने, अल्लाह तआला ही के लिए इबादत को ख़ालिस करने, उसकी ख़बर को सच जानने और उस पर ईमान लाने का, और इस्लाम विशेष रूप से उस दीन का नाम हो गया जिसे मुहम्मद ﷺ लेकर आए।

इस्लाम की परिभाषा:[1]

दीन का नाम इस्लाम क्यों रखा गया? बेशक ज़मीन पर पाए जाने वाले अनेक प्रकार के सारे धर्मों का उनके अपने-अपने नाम हैं। चाहे वह किसी विशेष व्यक्ति, या विशेष उम्मत के नाम पर उनके नाम हों, तो नसरानियत को उसका नाम ''नसारा'' से दिया गया, और बुद्ध धर्म का नाम उसके संस्थापक ''बुद्धा'' के नाम पर, और ज़रदुश्त धर्म अपने इस नाम से प्रसिद्ध हुआ, क्योंकि उसका संस्थापक और उसका झंडा बुलंद करने वाला ''ज़रदुश्त'' था। इसी प्रकार यहूदी धर्म एक ऐसे क़बीले के बीच ज़ाहिर हुआ जो ''यहूज़ा'' के नाम से प्रसिद्ध था, इसी लिए इस को यहूदी का नाम दिया गया, आदि। मगर इस्लाम के साथ ऐसा नहीं है, वह न तो किसी विशेष व्यक्ति और न ही किसी विशेष उम्मत के नाम पर है। बल्कि इसका नाम ऐसी विशेषता को प्रमाणित करता है जो शब्द ''इस्लाम'' में पाया जाता है और इस नाम से यह भी ज़ाहिर होता है कि इस धर्म को वजूद में लाने वाला और इस की स्थापना करने वाला कोई मनुष्य नहीं है, और न ही यह दीन किसी विशेष क़ौम के लिए है कि दूसरी उम्मतों का उस पर कोई हक़ न हो। और इस का लक्ष्य यह है कि ज़मीन में रहने वाले सारे लोग इस्लाम की विशेषता से अपने आप को विशेष कर लें, तो जो कोई भी इस विशेषता को कर ले चाहे वह पुराने लोगों में से हो या नए लोगों में

१ अधिक जानकारी के लिए देखिए: मबादिउल इस्लाम, शैख़ हमूद बिन मुहम्मद अल्लाहिम, और किताब ''दलील मुख़्तसर लिफहमिल इस्लाम'' इब्राहीम हर्ब।

से वह मुसलमान होगा, और आने वाले समय में जो कोई भी इस को धारण करेगा वह मुसलमान होगा।

✺ इस्लाम की हक़ीक़त:

मालूम है कि इस सृष्टि की हर चीज़ एक विशेष आदेश और साबित मार्ग का पालन करती है, तो सूर्य, चांद, सितारे और ज़मीन एक समान्य शासन के नीचे काम कर रहे हैं, वे बाल बराबर भी न तो उस से हिल सकती हैं, और न ही उस से निकल सकती हैं, यहां तक कि मनुष्य भी, जब वह अपनी अवस्था पर विचार करेगा, उस के लिए साफ हो जाएगा कि वह अल्लाह के मार्गों को पूर्ण रूप से पालन कर रहा है। न तो वह सांस लेता है, न उसे पानी, आहार, रौशनी और गर्मी की आवश्यकता (ज़रूरत) होती है, मगर उसी समय जब अल्लाह की बनाई हुई तक़दीर चाहती है, जो जीवन को चलाता है, और उस के सारे अंग उसी तकदीर के अनुसार काम करते हैं। तो जितने भी काम ये अंग करते हैं वह अल्लाह की बनाई हुई तक़दीर के अनुसार ही करते हैं।

तो यह पूर्ण तक़दीर, सृष्टि की सारी चीज़ें उसका हुक्म मानती हैं, और कोई भी उसकी बात मानने से अलग नहीं है, आसमान के सब से विशाल सैयारे से लेकर, ज़मीन की रेत के सब से छोटे कण तक, सब कुछ उस एक क़ादिर, अज़ीम, बादशाह और माबूद की तक़दीर से है, तो आसमान व ज़मीन और उनके बीच की सारी चीज़ें उसी तक़दीर की बात मानते हैं, और यह सारी दुनिया उसी क़ादिर बादशाह की बात मानती है, जिस ने उनको पैदा किया है, और उसी के हुक्म का पालन करते हैं, और इस से यह बात साफ हो जाती है कि इस्लाम ही सारी सृष्टि का दीन है। क्योंकि इस्लाम का मतलब ही होता है, मानना, और हुक्म देने वाले के हुक्म और रोकने का बिना किसी बाधा के पालन करना, जैसाकि आप ने अभी-अभी जाना है, तो सूर्य, चांद और ज़मीन उसी की बात मानते हैं, और हवा, पानी, रौशनी, अंधेरा और गर्मी उसी की बात का पालन करते हैं। इसी प्रकार पेड़, पत्थर और चौपाये भी उसी की बात मानते हैं। बल्कि वह मनुष्य भी जो अपने रब को नहीं पहचानता है, उसकी

अस्तित्व को नकारता और उसकी निशानियों का इंकार करता है, या उस के अलावा की इबादत करता है, और उस के साथ उस के अलावा को साझेदार बनाता है, वह भी अपनी उस फ़ितरत के अनुसार जिस पर अल्लाह ने उस को पैदा किया है, वह उस के सामने झुका हुआ है।

जब आप ने यह सब जान लिया, तो आईये हम मनुष्य के अंदर विचार करें। उस में दो भिन्न चीज़ें पाई जाती हैं:

१) वह फ़ितरत जिस पर अल्लाह ने मनुष्य को पैदा किया है, वह यह है कि अल्लाह के लिए झुके, उस से मुहब्बत करे, उसकी इबादत करे, उसकी कुरबत हासिल करे, और अल्लाह जिन चीज़ों, जैसेः हक़, अच्छाई और सच्चाई से मुहब्बत करता है वह भी उन से मुहब्बत करे, और अल्लाह जिन चीज़ों को, जैसेः बातिल, बुराई, जुल्म और अत्याचार से नफ़रत करता है, वह भी उन से नफ़रत करे, और इसी के अनुसार फ़ितरत के सारे काम होते हैं। जैसेः माल, परिवार और बच्चों की मुहब्बत, खाने-पीने और निकाह करने की इच्छा, और दूसरे काम जिन को हमारे शरीर और अंग चाहते हैं जो उनके लिए आवश्यक है।

२) मनुष्य की चाहत और उसकी इच्छा।

और अल्लाह ने उस के लिए रसूलों को भेजा, और किताबें उतारीं, ताकि वह हक़ और बातिल, हिदायत और गुमराही और अच्छाई व बुराई के बीच अंतर कर सकें, और अक़्ल व समझ दी, ताकि वह अपने चुनने में बसीरत पर क़ायम रहें।

तो अगर वह चाहे कि वह अच्छाई के मार्ग पर चलेगा तो वे उसको हक़ और हिदायत की राह दिखायेगी और अगर वह बुराई के मार्गों पर चलना चाहे तो वह उसको बुराई और बर्बादी के मार्ग दिखाएगी।

तो अगर आप पहली बात के अनुसार मनुष्य के बारे में विचार करेंगे, तो आप उसे पैदाईशी तौर पर तक़दीर की बात मानने पर मजबूर पाएंगे, फ़ितरी तौर से वह उनकी पाबंदी करेगा, उस से कोई छुटकारा नहीं, इस बारे में वह और दूसरी मख़लूक़ात बराबर हैं।

इस्लाम के सिद्धांत और उस के मूल आधार

और जब आप दूसरी बात के अनुसार उस पर विचार करेंगे तो आप उसे ख़ुद मुख़्तार पाएंगे, वह जो चाहता है अख़्तियार करता है, तो या तो वह मुसलमान होता है, या काफ़िर (अविश्वासीय):

﴿إِمَّا شَاكِرًا وَإِمَّا كَفُورًا﴾

"या शुक्र करने वाला या कुफ़्र करने वाला।" (सूरतुल इंसानः ३)

इसी लिए आप लोगों को दो तरह के पायेंगेः

३ एक वह मनुष्य है जो अपने पैदा करने वाले को पहचानता है, और उस पर रब, मालिक और माबूद होने के कारण ईमान रखता है, केवल उसी की इबादत करता है, और अपने इख़्तियारी जीवन में भी उसी की शरीअत पर चलता है, जिस प्रकार कि वह अपने रब की बात मानने की फ़ितरत पर पैदा किया गया है, उस से उसे कोई छुटकारा नहीं, वह उसकी तक़दीर पर चलने वाला है, और यही वह पूर्ण मुसलमान है जिस ने अपने इस्लाम को सम्पूर्ण कर लिया है, और उसकी जानकारी सही है, क्योंकि उस ने अल्लाह पैदा करने वाले ख़ालिक़ को पहचान लिया है जिस ने उस के लिए रसूलों को भेजा, और उसे इल्म और सीखने की शक्ति दी, उस की अक़्ल सही, और उसकी सोच ठीक है, क्योंकि उस ने अपनी सोच को काम में लिया, फिर यह फैसला लिया कि वह केवल उसी अल्लाह की इबादत करेगा, जिस ने उसको महत्वपूर्ण मुद्दों पर विचार करने और उन को समझने की योग्यता देकर उसको सम्मान दिया, उस की ज़बान सही हो गई, वह हक़ बोलती है, क्योंकि अब वह केवल उसी एक रब की बात मानता है, जिस अल्लाह तआला ने उसे बोलने और बात करने की शक्ति प्रदान कर के उस पर इनाम किया है..... तो गोया कि उसके जीवन में सच ही सच है, क्योंकि वह अल्लाह की शरीअत का पालन अपने उन कामों में भी कर रहा है जिन में उसे इख़्तियार है, और उसके और सृष्टि की दूसरी सारी मख़लूक़ात के बीच पहचान और मुहब्बत का रिश्ता क़ायम हो चुका है। क्योंकि वह केवल उसी जानने वाले हिक्मत वाले अल्लाह की इबादत करता है, कि सारी मख़लूक़ उसी की इबादत करती है, उसी के हुक्म के

आगे झुकती और उसी की तक़दीर को मानती है। और ऐ मनुष्य, उस ने तुम्हारे लिए ही उन सब को काम पर लगा रखा है।

❂ कुफ़्र की हक़ीक़त:

और उस के विरुद्ध एक दूसरा मनुष्य है, जो मानने वाला बनकर पैदा हुआ, और अपना पूरा जीवन मानने वाला बनकर बिताया, मगर अपने मानने वाले होने का एहसास न कर सका, या उसे न भांप सका, और उस ने रब को नहीं पहचाना, उसकी शरीअत पर ईमान न लाया, उसके रसूलों की बात न मानी, और उसे अल्लाह तआला ने जो इल्म और अक़्ल दे रखा था उसका इस्तेमाल न किया, कि वह उसे पहचान सके जिस ने उसे पैदा किया है तथा उसके कान और आंख बनाए हैं। पस उस ने उसके अस्तित्व का इंकार कर दिया, उसकी इबादत से मुंह मोड़ लिया, और उस ने यह न माना कि वह अल्लाह की शरीअत का पालन अपने जीवन के उन कामों में भी करे जिन में उसे पूरा इख़्तियार है, या उसके अलावा को उसका साझेदार बना लिया, और उस ने उसकी उन निशानियों पर जो उसकी वहदानियत (अकेला होने) को प्रमाणित करती हैं भी ईमान लाने से इंकार कर दिया, और इसी को काफ़िर (अविश्वासी) कहते हैं। इस लिए कि कुफ़्र का मतलब यह होता है कि: छुपाना, ढांपना, पर्दा करना, कहा जाता है: उस ने अपने बक्तर को अपने कपड़े से कुफ़्र कर दिया (छिपा दिया), जब वह उसे छिपा लेता है, और उस के ऊपर दूसरा कपड़ा पहन लेता है, तो इसी प्रकार काफ़िर कहा जाता है, क्योंकि उस ने अपनी फ़ितरत को छिपा दिया, और उसे अपनी जिहालत व बेवकूफ़ी के पर्दे से ढांक दिया। और आप को अच्छी तरह मालूम है कि वह तो फ़ितरते इस्लाम पर पैदा हुआ है, और उसकी शरीर के सारे अंग फ़ितरते इस्लाम के अनुसार ही काम करते हैं, और उसके चारों ओर सारी सृष्टि "मानने" (इस्तिसलाम) के मार्गों पर ही चलती हैं। लेकिन उस ने अपनी जिहालत और नादानी के पर्दे से उसे छिपा दिया, फिर दुनिया की फ़ितरत और उसकी अपनी फ़ितरत भी उसकी बसीरत से छिपी रह गई। इसी लिए आप देखेंगे कि वह अपने विचार और इल्म (ज्ञान) की शक्तियों को केवल अपनी फ़ितरत के विरुद्ध कामों में ही प्रयोग करता है, उसे उसके

विपरीत चीज़ें ही दिखाई देती हैं और फ़ितरत को बातिल करने वाली चीज़ों के लिए ही वह कोशिश (प्रयास) करता है।

अब आप को चाहिए कि आप ख़ुद ही विचार करें कि काफ़िर कितनी दूर की गुमराही और खुले अंधकार में डूबा हुआ है।(1)

और यही वह इस्लाम है जो आप से यह अपेक्षा करता है कि आप उस को अपनाएं, यह मुश्किल काम नहीं है बल्कि यह आसान है जिन पर अल्लाह आसानी करना चाहे तो यही इस्लाम है जिस पर यह सारी सृष्टि चल रही है:

﴿وَلَهُۥٓ أَسْلَمَ مَن فِى ٱلسَّمَٰوَٰتِ وَٱلْأَرْضِ طَوْعًا وَكَرْهًا﴾

"और तमाम आस्मानों वाले और ज़मीन वाले सभी उसी की बात मानने वाले हैं चाहे ख़ुशी से या नाख़ुशी से।" (सूरतु आले इमरानः ८३)

और यही अल्लाह का दीन (धर्म) है। जैसा कि अल्लाह तआला ने फ़रमायाः

﴿إِنَّ ٱلدِّينَ عِندَ ٱللَّهِ ٱلْإِسْلَٰمُ﴾

"बेशक दीन (धर्म) अल्लाह के पास केवल इस्लाम है।" (सूरतु आले इमरानः १६)

और वह नाम है अपने को केवल अल्लाह ही के हवाले कर देने का, जैसा कि फ़रमायाः

﴿فَإِنْ حَآجُّوكَ فَقُلْ أَسْلَمْتُ وَجْهِىَ لِلَّهِ وَمَنِ ٱتَّبَعَنِ﴾

"अगर ये आप से झगडें, तो आप कह दें कि मैं ने और मेरी बात मानने वालों ने अल्लाह के लिए सिर को झुका दिया है।" (सूरतु आले इमरानः २०)

नबी ﷺ ने इस्लाम का मतलब बताया और फ़रमायाः

> "तुम अपने हृदय (दिल) को अल्लाह ही के हवाले कर दो, अपने चेहरे को उसी की ओर मोड़ दो, और फ़र्ज़ ज़कात अदा करो।"(2)

---

१ मबादिउल इस्लाम, पेजः ३,४.

२ इसे इमाम अहमद ने जः ५, पेजः ३ पर और इब्ने हिब्बान ने जः १, पेजः ३७७ पर रिवायत किया है।

और एक व्यक्ति ने रसूल ﷺ से प्रश्न किया कि "इस्लाम क्या है? आप ने फ़रमायाः

> "तुम्हारा हृदय अल्लाह के लिए हो जाए, और तुम्हारी ज़बान और हाथ से मुसलमान महफ़ूज़ रहें, उस ने पूछाः कौन सा इस्लाम अफ़ज़ल है? फ़रमायाः ईमान। पूछाः और ईमान क्या है? फ़रमायाः यह कि तुम ईमान लाओ अल्लाह पर, उस के फ़रिश्तों, उसकी किताबों, उसके रसूलों और मृत्यु के बाद दोबारा ज़िन्दा किए जाने पर।"(1)

इसी प्रकार अल्लाह के रसूल ﷺ ने फ़रमायाः

> "इस्लाम यह है कि तुम इस बात की गवाही दो कि अल्लाह के सिवा कोई सच्चा माबूद नहीं, और यह कि मुहम्मद अल्लाह के रसूल हैं, और नमाज़ क़ायम करो और ज़कात अदा करो। और रमज़ान के रोज़े रखो, और बैतुल्लाह (काबा) का हज करो, अगर वहां तक पहुचने की शक्ति हो।"(2)

और आप ﷺ ने फ़रमायाः

> "असली मुसलमान वह है जिस की ज़बान और हाथ से दूसरे मुसलमान महफ़ूज़ रहें।"(3)

और यह दीन जिसे दीन इस्लाम कहा जाता है, अल्लाह इसके अलावा किसी दूसरे दीन को क़बूल न करेगा, न तो पहले वाले लोगों से, न ही आख़िरी वाले लोगों से, बेशक तमाम नबी दीने इस्लाम पर सहमत हैं। अल्लाह तआला ने हज़रत नूह عليه السلام की ख़बर सुना दी, जिस समय उन्हों ने अपनी क़ौम से कहाः

﴿يَٰقَوۡمِ إِن كَانَ كَبُرَ عَلَيۡكُم مَّقَامِي وَتَذۡكِيرِي بِـَٔايَٰتِ ٱللَّهِ فَعَلَى ٱللَّهِ تَوَكَّلۡتُ﴾ ... إلى قوله:

---

१ इसे इमाम अहमद ने अपनी मुस्नद, जः ४, पेजः ११४ पर रिवायत किया है, और इमाम हैसमी ने "अलमजमा" जः १, पेजः ५६ पर कहा कि इस को अहमद ने और तबरानी ने अल-कबीर में इसी तरह रिवायत किया है, इस के रिजाल सिक़ा हैं। देखिएः रिसाला फ़ज़्लिल इस्लाम, इमाम मुहम्मद बिन अब्दुल वह्हाब (र०), पेजः ८.

२ इसकी रिवायत मुस्लिम ने किताब अल-ईमान, हदीस न. ८ में की है।

३ इसकी रिवायत बुख़ारी ने किताब अल-ईमान में की है, शब्द उन्ही के हैं। और मुस्लिम ने भी अपनी सहीह में किताब अल-ईमान, हदीस न. ८ में रिवायत की है।

﴿وَأُمِرْتُ أَنْ أَكُونَ مِنَ ٱلْمُسْلِمِينَ﴾

"ऐ मेरी क़ौम! अगर तुम को मेरा रहना और अल्लाह की आयात की नसीहत करना भारी लगता है, तो मैं तो केवल अल्लाह ही पर भरोसा करता हूं,..... यहां तक कि फ़रमायाः और मुझे हुक्म दिया गया है कि मैं मुसलमानों में से रहूं।" (सूरतु यूनुसः ७१,७२)

और इब्राहीम ﷺ के बारे में फ़रमायाः

﴿إِذْ قَالَ لَهُۥ رَبُّهُۥٓ أَسْلِمْ ۖ قَالَ أَسْلَمْتُ لِرَبِّ ٱلْعَٰلَمِينَ﴾

"जब उन के रब ने उन से कहा, तू इस्लाम क़बूल कर ले, उन्हों ने कहाः मैं सारे जहान के रब के लिए इस्लाम लाता हूं।" (सूरतुल बक़राः १३१)

और अल्लाह तआला ने हज़रत मूसा ﷺ के बारे में फरमायाः

﴿وَقَالَ مُوسَىٰ يَٰقَوْمِ إِن كُنتُمْ ءَامَنتُم بِٱللَّهِ فَعَلَيْهِ تَوَكَّلُوٓا۟ إِن كُنتُم مُّسْلِمِينَ﴾

"और मूसा (ﷺ) ने कहाः "ऐ मेरी क़ौम, अगर तुम अल्लाह पर ईमान रखते हो तो उसी पर भरोसा करो, अगर तुम मुसलमान हो।" (सूरतु यूनुसः ८४)

और ईसा ﷺ के बारे में फ़रमायाः

﴿وَإِذْ أَوْحَيْتُ إِلَى ٱلْحَوَارِيِّۦنَ أَنْ ءَامِنُوا۟ بِى وَبِرَسُولِى قَالُوٓا۟ ءَامَنَّا وَٱشْهَدْ بِأَنَّنَا مُسْلِمُونَ﴾

"और जब कि मैं ने हवारियों को आदेश (हुक्म) दिया कि मुझ पर और मेरे रसूल पर ईमान लाओ तो उन्हों ने कहा कि हम ईमान लाए, और आप गवाह रहिए कि हम मुसलमान हैं।"[1] (सूरतुल मायदाः १११)

और यह दीन इस्लाम इस की शरीअतें, अक़ीदे और इसके अहकाम वह्य इलाही कुरआन और सुन्नत से निकलते हैं, और हम जल्द ही इन दोनों के बारे में कुछ बातें बयान करेंगे।

---

१ अत्तदम्मुरिय्यह, पेजः १०६-११०.

इस्लाम के सिद्धांत और उसके स्रोत

बातिल धर्मों तथा मनघड़त मिल्लतों के मानने वालों की आदत हो चुकी है कि वह पुराने युग में लिखी गई तथा पूर्वजों से चली आई किताबों को महान समझते हैं और उसको सम्मान देते है। जबकि उनको इस सच्चाई के बारे में पता नहीं है कि उनका लेखक और उनका अनुवाद करने वाला कौन है, तथा यह किस युग में लिखी गई। बल्कि उनको ऐसे मनुष्यों ने लिखा है जिनके अन्दर कमजोरी पाई जाती है, वे भूलते हैं और बहुत सारी कमियां भी होती हैं।

लेकिन इस्लाम दूसरे धर्मों से विशिष्टता रखता है क्योंकि वह सच्चे आधार (अल्लाह की वह्य) कुरआन और हदीस पर निर्भर है। इन दोनों का वर्णन संक्षिप्त रूप से किया जा रहा है:

१ कुरआन:

पीछे जिनका वर्णन आ चुका, उस से आप को पता चल गया कि इस्लाम अल्लाह का धर्म है। इसी कारण अल्लाह ने कुरआन को मुहम्मद ﷺ पर लोगों की हिदायत के लिए उतारा, उसे मुसलमानों के लिए दस्तूर बनाया। उस में उन लोगों के लिए शिफ़ा है जिनको अल्लाह शिफ़ा देना चाहता है, जिनके लिए अल्लाह तआला भलाई तथा रौशनी चाहता है उनके लिए दीपक है। यह कुरआन उन सिद्धांतों को शामिल है जिसके लिए अल्लाह ने रसूलों को भेजा।[1]

कुरआन कोई नई किताब नहीं है जैसे कि मुहम्मद ﷺ कोई नये रसूल नहीं थे बल्कि अल्लाह ने इब्राहीम عليه السلام पर सहीफ़े उतारे, मूसा عليه السلام पर तौरात उतारा, दाऊद عليه السلام को ज़बूर दिया और ईसा मसीह عليه السلام इंजील लेकर आए। यह सारी किताबें अल्लाह की ओर से वह्य हैं जिनको अल्लाह ने नबियों और रसूलों पर वह्य की है। लेकिन इन में से बहुत सारी किताबें गुम हो चुकी हैं उनके

१ अलसुन्ना व मकानतुहा फि अल-तशरीअ अल-इस्लामी, लेखकः मुस्तफ़ा अल- सिबाई, पेजः ३७६.

अधिकतर भाग मिट चुके हैं और उनके अन्दर हेर-फ़ेर कर दिया गया है। लेकिन कुरआन की रक्षा की ज़िम्मेदारी अल्लाह ने ली है और उसे बाकी रहने वाला और पिछली सारी किताबों का नासिख़ बनाया है।

अल्लाह तआला का फ़रमान है:

﴿وَأَنزَلْنَآ إِلَيْكَ ٱلْكِتَٰبَ بِٱلْحَقِّ مُصَدِّقًا لِّمَا بَيْنَ يَدَيْهِ مِنَ ٱلْكِتَٰبِ وَمُهَيْمِنًا عَلَيْهِ﴾

"और हम ने आप की तरफ़ हक़ के साथ यह किताब उतारी है जो अपने से अगली किताबों की तसदीक करने वाली है और उनकी मुहाफ़िज़ है।" (सूरतुल मायेदा: ४८)

अल्लाह ने उसे हर चीज़ को बयान करने वाली कहा है। अल्लाह का फ़रमान है:

﴿وَنَزَّلْنَا عَلَيْكَ ٱلْكِتَٰبَ تِبْيَٰنًا لِّكُلِّ شَىْءٍ﴾

"और हम ने तुझ पर यह किताब उतारी है जिस में हर चीज़ का शाफ़ी बयान है।" (सूरतुन नहूल: ८६)

यह किताब हिदायत और रहमत है। जैसाकि अल्लाह तआला ने फ़रमाया:

﴿فَقَدْ جَآءَكُم بَيِّنَةٌ مِّن رَّبِّكُمْ وَهُدًى وَرَحْمَةٌ﴾

"अब तुम्हारे पास तुम्हारे रब के पास से एक किताब वाज़ेह और रहनुमाई का जरीआ और रहमत आ चुकी है।" (सूरतुल अंआम: १५७)

यह कुरआन सीधा रास्ता दिखाता है। अल्लाह तआला का फ़रमान है:

﴿إِنَّ هَٰذَا ٱلْقُرْءَانَ يَهْدِى لِلَّتِى هِىَ أَقْوَمُ﴾

"सत्य में यह कुरआन वह रास्ता दिखाता है जो बहुत ही सीधा है।" (सूरतुल इस्रा: ९)

अतः यह कुरआन इन्सानों को ज़िन्दगी के हर मोड़ पर सब से सीधा रास्ता दिखाता है।

यह कुरआन मुहम्मद ﷺ के लिए बाकी रहने वाली निशानी है (प्रलय के दिन तक बाकी रहने वाली निशानियों में से है)। पिछले नबियों की निशानियां और उनके मोजिज़े उनकी मृत्यु के साथ साथ ख़त्म हो जाते थे, लेकिन इस कुरआन को अल्लाह ने बाक़ी रहने वाला तर्क बनाया है।

वह बहुत बड़ा तर्क और खुली हुई निशानी है जिसके द्वारा अल्लाह ने इन्सान को चुनौती दी वह इस जैसा कुरआन ले आए, या उस जैसी दस सूरतें ले आये, या एक ही सूरत ला दे, लेकिन वे ऐसा नहीं कर सके। वह उम्मत जिस पर यह कुरआन उतारा गया है वह भाषा की विशेषज्ञ थी। अल्लाह तआला का कथन है:

﴿أَمْ يَقُولُونَ افْتَرَاهُ قُلْ فَأْتُوا بِسُورَةٍ مِّثْلِهِ وَادْعُوا مَنِ اسْتَطَعْتُم مِّن دُونِ اللَّهِ إِن كُنتُمْ صَادِقِينَ﴾

"क्या यह लोग यह कहते हैं कि आप ने उस को घड़ लिया? आप कह दीजिए कि तो फिर तुम उसकी तरह एक ही सूरत लाओ और अल्लाह के अतिरिक्त जिनको भी बुला सको बुला लो, अगर तुम सच्चे हो।" (सूरतु यूनुसः ३८)

यह कुरआन अल्लाह की तरफ से वह्य है इस का तर्क यह है कि इसके अन्दर पिछली उम्मतों की कहानियां मौजूद हैं। वह होने वाली घटनाओं के बारे में ख़बर देता है वैसे ही जैसे वे होते हैं। उसके अंदर बहुत सारे विज्ञान से सम्बन्धित तर्कों का वर्णन है जिस तक वैज्ञानिक इस नये युग में जाकर पहुंच सके हैं।

यह कुरआन अल्लाह की ओर से वह्य की गई है इसकी एक दलील यह भी है कि नबी ﷺ जिन पर यह कुरआन उतारा गया है, कुरआन के उतरने से पहले उनके पास कुरआन जैसी कोई किताब नहीं थी और न ही उनकी तरफ से इस प्रकार की कोई बात कही गई है। अल्लाह तआला का फ़रमान है:

﴿قُل لَّوْ شَاءَ اللَّهُ مَا تَلَوْتُهُ عَلَيْكُمْ وَلَا أَدْرَاكُم بِهِ فَقَدْ لَبِثْتُ فِيكُمْ عُمُرًا مِّن قَبْلِهِ أَفَلَا تَعْقِلُونَ﴾

"आप कह दीजिए कि अगर अल्लाह को मंजूर होता तो न मैं तुम को पढ़कर सुनाता और न अल्लाह तआला तुम को इसकी ख़बर देता, क्योंकि मैं इस से पहले तो एक बड़ी आयु तक तुम में रह चुका हूं, फिर क्या तुम अक़्ल नहीं रखते।" (सूरतु यूनुसः १६)

आप ﷺ तो अनपढ़ थे न तो पढ़ सकते थे और न ही लिखना जानते थे, कभी किसी ज्ञानी तथा गुरू के पास नहीं गये इसके बावजूद आप ﷺ इस भाषा के विद्धानों को चुनौती देते थे कि वे इस जैसा कुरआन ले आयें।

अल्लाह तआला का फ़रमान है:

﴿ وَمَا كُنتَ تَتْلُوا۟ مِن قَبْلِهِۦ مِن كِتَٰبٍ وَلَا تَخُطُّهُۥ بِيَمِينِكَ ۖ إِذًا لَّٱرْتَابَ ٱلْمُبْطِلُونَ ﴾

"इस से पहले तो आप कोई किताब पढ़ते न थे और न किसी किताब को अपने हाथ से लिखते थे कि यह बातिल की पूजा करने वाले लोग शक में पड़ते।" (सूरतुल अंकबूतः ४८)

यह अनपढ़ व्यक्ति जिसके बारे में तौरात और इन्जील में लिखा है कि वह अनपढ़ है, न पढ़ सकता है और न ही लिख सकता है, उसके पास यहूद व नसारा के पादरी -जिनके पास तौरात और इंजील का बचा हुआ भाग है- आते हैं और विवाद के बारे में उस से पूछते हैं और आपस में लड़ाई के समय अपना मुक़द्दमा उसी के पास ले जाते हैं। तौरात और इंजील के अन्दर अल्लाह तआला आप ﷺ के बारे में बयान करते हुए फ़रमाता है:

﴿ ٱلَّذِينَ يَتَّبِعُونَ ٱلرَّسُولَ ٱلنَّبِىَّ ٱلْأُمِّىَّ ٱلَّذِى يَجِدُونَهُۥ مَكْتُوبًا عِندَهُمْ فِى ٱلتَّوْرَىٰةِ وَٱلْإِنجِيلِ يَأْمُرُهُم بِٱلْمَعْرُوفِ وَيَنْهَىٰهُمْ عَنِ ٱلْمُنكَرِ وَيُحِلُّ لَهُمُ ٱلطَّيِّبَٰتِ وَيُحَرِّمُ عَلَيْهِمُ ٱلْخَبَٰٓئِثَ ﴾

"जो लोग ऐसे रसूल अनपढ़ नबी की आज्ञापालन करते हैं जिनको वह लोग अपने पास तौरात व इंजील में लिखा हुआ पाते हैं वह उनको नेक बातों का आदेश देते हैं और बुरी बातों से रोकते हैं और पाकीज़ा चीज़ों को हलाल बताते हैं और गंदी चीज़ों को उन पर हराम फ़रमाते हैं।" (सूरतुल आराफ़ः १५७)

मुहम्मद ﷺ से यहूद व नसारा के प्रश्न को बयान करते हुए अल्लाह तआला फ़रमाता है:

﴿ يَسْـَٔلُكَ أَهْلُ ٱلْكِتَٰبِ أَن تُنَزِّلَ عَلَيْهِمْ كِتَٰبًا مِّنَ ٱلسَّمَآءِ ﴾

"अहले किताब आप से अनुरोध करते हैं कि आप उनके पास कोई आसमानी किताब लायें।" (सूरतुन निसाः १५३)

अल्लाह तआला का फ़रमान है:

﴿ وَيَسْـَٔلُونَكَ عَنِ ٱلرُّوحِ ﴾

"और यह लोग आप से रूह के बारे में प्रश्न करते हैं।" (सूरतु इस्राः ८५)

अल्लाह का फ़रमान है:

﴿ وَيَسْـَٔلُونَكَ عَن ذِى ٱلْقَرْنَيْنِ ﴾

"और आप से जुल-क़रनैन की कहानी के बारे में यह लोग पूछ रहे हैं।" (सूरतुल कहफ़: ८३)

अल्लाह तआला का फ़रमान है:

﴿ إِنَّ هَـٰذَا ٱلْقُرْءَانَ يَقُصُّ عَلَىٰ بَنِىٓ إِسْرَٰٓءِيلَ أَكْثَرَ ٱلَّذِى هُمْ فِيهِ يَخْتَلِفُونَ ﴾

"बेशक यह कुरआन बनी इसराईल के सामने उन अधिकतर चीज़ो का बयान कर रहा है जिन में यह विवाद रखते हैं।" (सूरतुन नमलः ७६)

पादरी इब्राहीम फेलबस ने अपनी पी.एच.डी. के शोधप्रबंध में कुरआन के अंदर कमी निकालने का प्रयत्न किया लेकिन वह कभी नहीं निकाल सका, क्योंकि कुरआन ने उसे अपने मज़बूत तर्कों से ऐसा करने से असमर्थ कर दिया, तथा उस ने अपने असमर्थ होने की घोषणा भी की और अपने रब के सामने घुटने टेकते हुए इस्लाम स्वीकार कर लिया।[1]

जब एक मुसलमान ने अमरीकी डाक्टर जाफ़री लांग को एक अनुवाद किया हुआ कुरआन भेंट किया तो उस ने पाया कि वह कुरआन खुद प्रश्न करता है और स्वयं अपने प्रश्नों का उत्तर देता है तथा कुरआन और उसके मध्य बाधा को दूर करता है बल्कि उस ने यह भी कहा कि: "जिस ने कुरआन को उतारा है ऐसा लगता है कि वह मेरे बारे में स्वयं मुझ से अधिक जानता है।"[2] और ऐसा क्यों न हो? जबकि उसी ने इन्सान को पैदा किया जिस ने कुरआन को उतारा है और वह अल्लाह तआला है:

﴿ أَلَا يَعْلَمُ مَنْ خَلَقَ وَهُوَ ٱللَّطِيفُ ٱلْخَبِيرُ ﴾

"क्या वही न जाने जिस ने पैदा किया? फिर वह बारीक बीं और जानता भी हो।" (सूरतुल मुल्कः १४)

---

१ देखिए: अल मुसतशरिकून व अल मुबश्शिरून फिल आलम अल अरबी व अल इस्लामी। लेखक: इब्राहीम ख़लील अहमद।

२ अल-सुराअ मिन अज़लिल ईमान, लेखक: डा. जाफरी लांग, अनुवाद: मुनजिर अल-अबसी, प्रकाशित: दारुल फ़िक्र, पेज: ३४.

तो उसके कुरआन करीम के अनुवाद के पढ़ने और इस्लाम स्वीकार करने और इस किताब -जो आप के लिए अनुवाद की जा रही है- के लिखने का कारण बना।

कुरआन अज़ीम हर उस चीज़ को शामिल है जिसकी मनुष्य को ज़रूरत पड़ती है। यह कुरआन आदाब, मामलात, अहकाम, अक़ीदे आदि के सिद्धांतों को सम्मिलत है। अल्लाह तआला का फ़रमान है:

﴿مَّا فَرَّطْنَا فِي الْكِتَابِ مِن شَيْءٍ﴾

"हम ने दफ़्तर में कोई चीज़ नहीं छोड़ी।" (सूरतुल अंआमः ३८)

इस के अंदर अल्लाह के एक मानने की ओर बुलाया गया है, उसके नाम, काम तथा विशेषताओं का वर्णन है। यह कुरआन नबियों और रसूलों की लाई हुई चीज़ों को सत्य बताता है, यह कुरआन आख़िरत, बदला और हिसाब का निर्णय करता है और इस पर तर्क भी देता है। पिछली उम्मतों की ख़बरों का वर्णन करता है उनको जो कठोर दण्ड मिले उनको बयान करता है और आख़िरत में उनको जो दण्ड मिलेगा उसका भी वर्णन है।

इस कुरआन के अंदर बहुत सी ऐसी दलीलें, निशानियां और तर्क हैं जो ज्ञानियों को चकित कर देती हैं और यह हर युग के लिए है। इस के अंदर वैज्ञानिक तथा खोज करने वाले अपनी खोई हुई कामना पाते हैं। आप के लिए केवल तीन उदाहरणों का वर्णन करूंगा जो आप के लिए उनको वाज़ेह करेंगी और यह उदाहरण निम्नलिखित हैं:

अल्लाह तआला का फ़रमान है:

﴿وَهُوَ الَّذِي مَرَجَ الْبَحْرَيْنِ هَٰذَا عَذْبٌ فُرَاتٌ وَهَٰذَا مِلْحٌ أُجَاجٌ وَجَعَلَ بَيْنَهُمَا بَرْزَخًا وَحِجْرًا مَّحْجُورًا﴾

"और वही है जिस ने दो समुद्र आपस में मिला रखे हैं, यह है मीठा और मज़ेदार और यह खारी कड़वा और उन दोनों के बीच एक हिजाब और मज़बूत ओट कर दी है।" (सूरतुल फुरक़ानः ५३)

एक दूसरी जगह अल्लाह तआला ने फ़रमाया:

﴿أَوْ كَظُلُمَاتٍ فِي بَحْرٍ لُّجِّيٍّ يَغْشَاهُ مَوْجٌ مِّن فَوْقِهِ مَوْجٌ مِّن فَوْقِهِ سَحَابٌ ظُلُمَاتٌ بَعْضُهَا فَوْقَ بَعْضٍ إِذَا أَخْرَجَ يَدَهُ لَمْ يَكَدْ يَرَاهَا وَمَن لَّمْ يَجْعَلِ اللَّهُ لَهُ نُورًا فَمَا لَهُ مِن نُّورٍ﴾

"या उन अंधेरों की तरह है जो बहुत ही गहरे समुद्र की तह में हो जिसे ऊपर और नीचे की मौजों ने ढांप लिया हो फिर ऊपर से बादल छाये हुए हों, अतः अंधेरे हैं जो ऊपर तले एक के बाद एक हैं। जब अपना हाथ निकालें तो उसे भी करीब है कि न देख सकें और (बात यह है कि) जिसे अल्लाह तआला ही नूर न दे उसके पास कोई रौशनी नहीं होती।" (सूरतुन नूरः ४०)

अतः यह मालूम है कि नबी ﷺ ने समुद्र की यात्रा नहीं की और न ही उनके युग में ऐसे साधन थे जो समुद्र की गहराई पता लगाने में सहायक होते। तो अल्लाह ही वह है जिस ने आप ﷺ को इसकी जानकारी दी।

अल्लाह तआला का फ़रमान हैः

﴿ وَلَقَدْ خَلَقْنَا ٱلْإِنسَٰنَ مِن سُلَٰلَةٍ مِّن طِينٍ ﴿١٢﴾ ثُمَّ جَعَلْنَٰهُ نُطْفَةً فِى قَرَارٍ مَّكِينٍ ﴿١٣﴾ ثُمَّ خَلَقْنَا ٱلنُّطْفَةَ عَلَقَةً
فَخَلَقْنَا ٱلْعَلَقَةَ مُضْغَةً فَخَلَقْنَا ٱلْمُضْغَةَ عِظَٰمًا فَكَسَوْنَا ٱلْعِظَٰمَ لَحْمًا ثُمَّ أَنشَأْنَٰهُ خَلْقًا ءَاخَرَ ۚ فَتَبَارَكَ
ٱللَّهُ أَحْسَنُ ٱلْخَٰلِقِينَ ﴾

"और बेशक हम ने इंसान को खनखनाती मिट्टी के सार (खुलासा) से पैदा किया। फिर उसे वीर्य (मनी) बनाकर सुरक्षित (महफूज) जगह में रख दिया। फिर वीर्य को हम ने जमा हुआ खून बना दिया, फिर उस ख़ून के लोथड़े को गोश्त का टुकड़ा बना दिया, फिर गोश्त के टुकड़े में हड्डियां बनायीं, फिर हड्डियों को गोश्त पहना दिया, फिर एक दूसरी शक्ल में उसे पैदा कर दिया। बाबरकत है वह अल्लाह जो सब से अच्छी पैदाईश करने वाला है।" (सूरतुल मोमिनूनः १२-१४)

अल्लाह तआला का फ़रमान हैः

﴿ وَعِندَهُۥ مَفَاتِحُ ٱلْغَيْبِ لَا يَعْلَمُهَآ إِلَّا هُوَ ۚ وَيَعْلَمُ مَا فِى ٱلْبَرِّ وَٱلْبَحْرِ ۚ وَمَا تَسْقُطُ مِن وَرَقَةٍ إِلَّا
يَعْلَمُهَا وَلَا حَبَّةٍ فِى ظُلُمَٰتِ ٱلْأَرْضِ وَلَا رَطْبٍ وَلَا يَابِسٍ إِلَّا فِى كِتَٰبٍ مُّبِينٍ ﴾

"और उसी (अल्लाह) के पास ग़ैब की कुंजियां हैं जिनको सिर्फ़ वही जानता है, और जो थल और जल में हैं उन सभी को जानता है और जो पत्ता गिरता है उसे भी जानता है और ज़मीन के अंधेरों में कोई भी दाना नहीं पड़ता और न कोई तर और ख़ुश्क चीज़ गिरती है, लेकिन ये सब खुली किताब में है।" (सूरतुल अंआमः ५९)

इन्सानियत न तो इस सम्पूर्ण सोच से आगे बढ़ सकी और न ही उस ने इसके बारे में सोचा और न ही वह उसकी शक्ति रखती है। लेकिन जब ज्ञानियों का एक समूह किसी पेड़-पौधे या कीड़े-मकोड़े के बारे में कुछ बैठ कर सोचते हैं और उसके बारे में अपनी जानकारी को दर्ज करते हैं तो हमें यह जानकर आश्चर्य होता है कि जो जानकारी उन लोगों ने दर्ज की है वह बहुत ही कम है उस से जो अभी तक उनको पता नहीं।

फ्रांसीसी ज्ञानी मॉरेस बोकाय ने कुरआन, इन्जील, तौरात और उन नयी खोजों तथा आविष्कारों के मध्य तुलना किया जिनका संबंध ज़मीन आसमान तथा इन्सानों (मनुष्यों) के पैदा करने से है, तो उसने पाया कि आधुनिक खोज उसी के समान है जिस प्रकार कुरआन में वर्णित है, साथ ही उस ने इस समय मौजूद तौरात और इन्जील के अंदर जानवरों, इन्सानों, आसमान और ज़मीन के पैदा करने से संबंध बहुत सारी बातों को ग़लत पाया।[1]

२ नबी ﷺ की सुन्नतः

अल्लाह तआला ने मुहम्मद ﷺ पर कुरआन करीम को उतारा, और आप की ओर उसी के समान चीज़ की वह्य की, और वह है आप ﷺ की सुन्नत, जो कुरआन की व्याख्या करती है और उसके आदेशों को स्पष्ट करती है। आप ﷺ का फ़रमान हैः

"सुनो! मुझे कुरआन और उसके समान एक और चीज़ दी गई है।"[2]

अल्लाह तआला ने आप ﷺ को यह अनुमति प्रदान कर दी कि कुरआन में जो साधारण, या मख़सूस और संक्षेप बातें हैं उन को आप ﷺ स्पष्ट एवं व्याख्या कर दें। अल्लाह तआला का फ़रमान हैः

﴿وَأَنزَلْنَا إِلَيْكَ الذِّكْرَ لِتُبَيِّنَ لِلنَّاسِ مَا نُزِّلَ إِلَيْهِمْ وَلَعَلَّهُمْ يَتَفَكَّرُونَ﴾

---

१ देखिएः किताब अल-तौरात, व अल-इन्जील व अल-कुरआन फी ज़ौ अल मआरिफ़ अल-हदीसा, पेजः १३३, २८३, लेखकः मोरेस बोकाय, फ्रांसीसी नसरानी डाक्टर था, फिर इस्लाम ले आया।

२ इस हदीस की रिवायत इमाम अहमद ने अपने "मुसनद" में किया है, भाग २, पेजः १३१, और अबू दाऊद ने अपने "सुन्नत" किताबुस्सुन्नत में वर्णन किया है। बाब लुज़ूमुस्सुन्नह, हदीसः ४६०४, भाग ४, पेजः २००.

"यह ज़िक्र (किताब) हम ने आप की तरफ़ उतारी है कि लोगों की तरफ़ जो उतारा गया है आप उसे वाज़ेह तौर से बयान कर दें, शायद कि वे सोच-विचार करें।" (सूरतुन नहलः ४४)

हदीस इस्लाम के मूल एवं उसूल में से दूसरा सूत्र है, वास्तव में यह वह सारी चीज़ें हैं जो अल्लाह के नबी ﷺ से सही तथा मुत्तसिल सनद से साबित है और जो आप ﷺ के अक़वाल, अफ़आ़ल, तक़रीर और वस्फ़ (कथन, कार्य, स्विकृति और गुण) रिवायत है उस को हदीस कहते हैं।

और यह अल्लाह की ओर से आप के ऊपर वह्य की गई है, क्योंकि नबी ﷺ अपनी ख़्वाहिशात से बातचीत नहीं करते हैं। जैसे कि अल्लाह तआला का फ़रमान हैः

﴿إِنْ هُوَ إِلَّا وَحْيٌ يُوحَىٰ ۝٤ عَلَّمَهُۥ شَدِيدُ ٱلْقُوَىٰ﴾

"वह तो केवल वह्य (आकाशवाणी) है जो नाज़िल की जाती है, उसे पूरी ताक़त वाले फ़रिश्ते ने सिखाया है।" (सूरतुन नज्मः ४,५)

बेशक आप को जो कुछ आदेश दिया जाता है आप उस को लोगों तक पहुचा देते हैं। जैसा कि अल्लाह तआला का फ़रमान हैः

﴿إِنْ أَتَّبِعُ إِلَّا مَا يُوحَىٰٓ إِلَىَّ وَمَآ أَنَا۠ إِلَّا نَذِيرٌ مُّبِينٌ﴾

"मैं तो सिर्फ़ उसी की पैरवी करता हूं जो मेरी तरफ़ वह्य की जाती है और मैं तो केवल वाज़ेह तौर से सावधान (बाख़बर) कर देने वाला हूं।" (सूरतुल अहक़ाफ़ः ९)

सही एवं सच्ची हदीसें इस्लाम के अहकाम, अक़ायद, इबादात, मुआमलात और आदाब की व्यवहारिक, अनुकूल एवं मुताबिक़ हैं, क्योंकि अल्लाह के नबी ﷺ पुण्य की नियत से उन सारी चीज़ों को अंजाम देते थे जो आप को आदेश मिलता था, और उस को लोगों के लिए बयान एवं स्पष्ट करते थे, और लोगों को उस को उसी प्रकार करने का आदेश भी देते थे। जैसे आप ने इरशाद फ़रमायाः

"आप लोग उसी प्रकार से नमाज़ पढ़ें जिस तरह मुझे नमाज़ पढ़ता हुआ देखते हो।"[1]

---

१ इस हदीस को इमाम बुखारी ने "किताबुल अज़ान" में नक़ल किया है।

अल्लाह तआला ने मोमिनों को आदेश दिया है कि वे आप ﷺ की पैरवी और आप के फ़रमान के अनुसार कार्य करें, ताकि उन का ईमान संपूर्ण हो जाए। अल्लाह तआला का फ़रमान है:

﴿لَقَدْ كَانَ لَكُمْ فِي رَسُولِ اللَّهِ أُسْوَةٌ حَسَنَةٌ لِمَنْ كَانَ يَرْجُو اللَّهَ وَالْيَوْمَ الْآخِرَ وَذَكَرَ اللَّهَ كَثِيرًا﴾

"यक़ीनन तुम्हारे लिए रसूलुल्लाह में अच्छा नमूना है, हर इंसान के लिए जो अल्लाह (तआला) की और क़यामत के दिन की उम्मीद रखता है, और बहुत ज़्यादा अल्लाह का ज़िक्र करता है।" (सूरतुल अहज़ाबः २१)

सहाबा ने अल्लाह के नबी ﷺ की हदीसों को अपने बाद वालों के लिए नक़ल किया, उन लोगों ने अपने बाद में आने वालों के लिए नक़ल किया। फिर हदीसों को दीवान के अन्दर जमा एवं इकट्ठा कर दिया गया, वे हदीसों को बहुत कड़ी शर्तों के साथ स्थानांतरित करके नक़ल करते थे, और हदीसों को नक़ल करने में वह लोग यह शर्तें भी लगाते थे कि अगर कोई मुहद्दिस (विद्वान) किसी से हदीस ले रहा है तो उसके लिए आवश्यक है कि वह उसका समकालीन हो, यहां तक कि सनद रावी से लेकर अल्लाह के नबी तक मुसलसल हो जाये, और सनद के सारे रावी विश्वस्त एवं मोतबर, न्यायी, सच्चे और अमीन हों।

इसी प्रकार हदीस के इस्लाम की व्यवहारिक अनुकूल होने के साथ साथ यह क़ुरआन को स्पष्ट भी करती है, उसकी आयतों की व्याख्या करती है, और उसके संक्षेप अहकाम को विस्तार (तफ़सील) से बयान करती है। इस प्रकार से कि अल्लाह के नबी ﷺ बयान एवं वज़ाहत कर देते थे जो कुछ आप पर नाज़िल होता था, कभी अपनी बातों के द्वारा, तो कभी अपने कार्य से, और कभी दोनों चीज़ों के द्वारा, और कुछ जगहों पर हदीस स्थायी रूप में क़ुरआन करीम के कुछ अहकाम एवं कानून एवं नियमों की वज़ाहत करती है। इसी कारण क़ुरआन एवं हदीस दोनों पर ईमान लाना आवश्यक एवं अनिवार्य है, क्योंकि यह दोनों इस्लाम के वह आधार एवं मूल मसदर हैं जिनकी पैरवी करना वाजिब है, और उन दोनों की ओर रुजूअ (वापस) होना, और उन दोनों के आदेशों की फ़रमांबरदारी करना, और उन दोनों की मना की हुई चीज़ों से परहेज़ करना,

उन दोनों की बातों की पुष्टि करना, और उन दोनों में अल्लाह तआला के जो अस्मा व सिफ़ात और उसके जो अफ़आल हैं उस पर ईमान लाना, और इसी प्रकार अल्लाह तआला ने अपने मोमिन मित्रों के लिए जो कुछ तैयार कर रखा है, और काफ़िर शत्रुओं के लिए जो धमकियां दी है उन सारी बातों पर ईमान लाना आवश्यक है।

अल्लाह तआला का आदेश है:

﴿ فَلَا وَرَبِّكَ لَا يُؤْمِنُونَ حَتَّىٰ يُحَكِّمُوكَ فِيمَا شَجَرَ بَيْنَهُمْ ثُمَّ لَا يَجِدُوا فِي أَنفُسِهِمْ حَرَجًا مِّمَّا قَضَيْتَ وَيُسَلِّمُوا تَسْلِيمًا ﴾

"तो क़सम है तेरे रब की! यह (तब तक) ईमान वाले नहीं हो सकते जब तक कि सभी आपस के एख़्तिलाफ़ में आप को फ़ैसला करने वाला न कबूल कर लें, फिर जो फ़ैसला आप कर दें उन से अपने दिलों में ज़रा भी तंगी और नाखुशी न पायें, और फ़रमांबरदार की तरह कबूल कर लें।" (सूरतन निसा: ६५)

अल्लाह तआला का फ़रमान है:

﴿ وَمَا آتَاكُمُ الرَّسُولُ فَخُذُوهُ وَمَا نَهَاكُمْ عَنْهُ فَانتَهُوا ﴾

"और तुम्हें जो कुछ रसूल दें तो उसे ले लो और जिस से रोंके रुक जाओ।" (सूरतुल हश्र: ७)

इस दीन के स्रोतों का परिचय देने के बाद, हमारे लिए उचित है कि हम इस दीन की श्रेणियों एवं रुतबों को जानें। और वह इस प्रकार से हैं:

इस्लाम, ईमान और एहसान। अब हम संक्षेप में इन श्रेणियों के स्तंभों का वर्णन करेंगे।

पहली श्रेणी: इस्लाम

इस्लाम के पांच स्तंभ हैं:

१) शहादतैन (ला इलाह इल्लल्लाह मुहम्मदुर्रसूलुल्लाह) की गवाही देना, २) नमाज़, ३) ज़कात, ४) रोज़ा, ५) हज।

१ "ला इलाह इल्लल्लाह मुहम्मदुर्रसूलुल्लाह" की गवाही देना:

"ला इलाह इल्लल्लाह" की गवाही का अर्थ: नहीं है कोई वास्तविक माबूद आकाश में और न ही धरती में मात्र अल्लाह तआला के और वही वास्तविकता में प्रार्थना के योग्य है, उसके अलावा सारे माबूद झूठे असत्य हैं।" (दीने हक़: पेज ३८)

इसी प्रकार यह वाक्य इस चीज़ का तक़ाज़ा करता है कि इबादत एवं प्रार्थना को ख़ालिस एक अल्लाह के लिए किया जाए और उसके अलावा सब को नकारा जाये, और इस वाक्य के पढ़ने वाले उस समय तक कोई लाभ प्राप्त नहीं कर सकते हैं जब तक कि उसके यहां दो चीज़ें न पाई जायें।

पहली बात: "ला इलाह इल्लल्लाह" का इक़रार (स्वीकृति) इस प्रकार से किया जाये कि उस पर संपूर्ण अक़ीदा हो, उस के अर्थ की पूरी जानकारी हो, और उस पर पूरा यक़ीन हो और अमल से उसकी पुष्टि होती हो, और उस में मनुष्य को प्रेम और उल्लास प्राप्त हो।

दूसरी बात: अल्लाह के अलावा जितनी चीज़ों की इबादत एवं प्रार्थना की जाती है उन सब का इंकार करना। लेहाज़ा जिस मनुष्य ने भी इस शहादत का इक़रार किया लेकिन अल्लाह को छोड़ कर जिन की इबादत की जाती है उनका इंकार नहीं किया तो यह वाक्य उस को कोई लाभ नहीं देगा।[1]

---

१ क़ुर्रतु उ़युनिल मुअह्हिदीन, पेज: ६०.

मुहम्मदुर्रसूलुल्लाह" की शहादत एवं गवाही का अर्थ यह है कि मुहम्मदुर्रसूलुल्लाह की आज्ञाकारी एवं फ़रमांबरदारी उन चीज़ों में की जाये जिसका आप ने आदेश दिया, और उन सारी चीज़ों की पुष्टि की जाये जिसकी आप ने ख़बर दी, और जिन चीज़ों से आप ने रोका उस से परहेज़ किया जाये, और अल्लाह की इबादत उसी तरह की जाये जिस को आप ने जाएज़ किया है। और इस बात पर विश्वास करना कि मुहम्मद ﷺ सारे लोगों के रसूल हैं, और वह मनुष्य एवं इंसान हैं, लेहाज़ा उनकी इबादत न की जाये, चूंकि वह एक रसूल हैं, इस लिए उन को झुठलाया न जाये, बल्कि उनकी आज्ञाकारिता एवं फ़रमांबरदारी करनी चाहिए, जिस ने उन की फ़रमांबरदारी की वह स्वर्ग में दाख़िल हो गया, और जिस ने आप की आज्ञाकारिता की वह नरक में ढकेल दिया गया। इस बात का ज्ञान एवं विश्वास होना चाहिए कि धार्मिक क़ानून को प्राप्त किया जाये चाहे वह विश्वास एवं अक़ीदे का क़ानून हो, या इबादत के तरीक़े हों जिन का अल्लाह ने आदेश दिया है, या क़ानूनसाज़ी और हुकूमत का निज़ाम, या अख़लाक़ी बातें, या ख़ानदान के सुधार एवं निर्माण से संबंधित बातें, या हराम एवं हलाल से संबंधित मामले या मसले। इन सारी समस्याओं का समाधान केवल अल्लाह के रसूल मुहम्मद ﷺ के मार्ग एवं पद्धति से प्राप्त करने हैं। क्योंकि आप अल्लाह के पैग़म्बर हैं और आप ने अपनी शरीअत की तबलीग़ कर दी है, पूरी शरीअत को आप ने लोगों तक पहुंचा दिया।

२ नमाज:

यह इस्लाम का दूसरा रुकन है, बल्कि यह इस्लाम का स्तम्भ है, इसका बन्दों और उस के रब के बीच संबंध है, लोग इस को पूरे दिन में पांच बार अदा करते हैं, जिस के कारण उन के ईमान ताज़ा होते हैं, और मनुष्य इस से गुनाहों की गंदगी से पवित्र हो जाता है, यह मनुष्य और गुनाहों एवं अश्लील चीज़ों के बीच दूरी बढ़ाती है। प्रातःकाल मनुष्य जब अपनी नींद से जागता है, तो दुनिया के कार्य में लगने से पहले अपने रब के आगे पाक-साफ़ होकर खड़ा होता है, फिर अपने रब की बड़ाई बयान करता है, अपनी बंदगी का इक़रार करता है, और उस से फ़रियाद और सहायता प्राप्त करता है, और रुकूअ, सज्दा और क़ियाम के द्वारा अपने और अपने रब के बीच बंदगी एवं आज्ञाकारिता के प्रतिज्ञा

इस्लाम के सिद्धांत और उस के मूल आधार

को नया करता है, और ऐसा वह पूरे दिन में पांच बार दुहराता है। नमाज़ की अदायगी के लिए आवश्यक है कि मनुष्य का दिल, उसका बदन, कपड़ा और जिस जगह नमाज़ पढ़ रहा है वह सब पवित्र होना चाहिए, और मुसलमानों को अपने दूसरे भाईयों के साथ नमाज़ जमाअत के साथ अदा करनी चाहिए, और वह लोग अपने चेहरों को अल्लाह के घर काबा की ओर रखें।

इस लिए नमाज़ को सब से अच्छे एवं ऐसे पूर्ण तरीक़ एवं सूरत में रखा गया है जिस के द्वारा मनुष्य अपने अल्लाह एवं ख़ालिक़ की इबादत एवं प्रार्थना करता है, और मनुष्य के सारे आज़ा के द्वारा अल्लाह का सत्कार होता है। जैसे ज़बान, मुनष्य के दोनों हाथ दोनों पैर, और सर, इसी प्रकार उस के इन्द्रियां और मनुष्य के बदन के सारे भाग अल्लाह का सत्कार करते हैं। मनुष्य के बदन के सारे भाग इस महत्वपूर्ण इबादत में अपने-अपने योगदान के अनुसार अपना भाग प्राप्त करते हैं। चुनांचे इन्द्रियां और जिस्म के सारे भाग और दिल को अपने- अपने योगदान के अनुसार उनका भाग मिलता है और यह सारे भाग अपना काम करते हैं। जैसेः अल्लाह की प्रशंसा, अल्लाह की तारीफ़, प्रतिष्ठा एवं श्रेष्ठता बयान करना, तस्बीह और अल्लाह की बड़ाई, हक़ की शहादत एवं गवाही, कुरआन की तिलावत करना, अल्लाह के सामने क़ियाम करना, और क़ियाम में अल्लाह के सामने विनम्रता एवं नम्रता और अल्लाह की निकटता प्राप्त करना, इस के बाद रुकूअ और सज्दा करना, और दोनों सज्दों के बीच नम्रता एवं विनम्रता के साथ बैठना तथा अल्लाह के सत्कार एवं सम्मान के लिए अपने आप को विनीति के साथ झुका देना।

फिर नमाज़ का अंत अल्लाह की प्रशंसा एवं तारीफ़ से होनी चाहिए, और नबी ﷺ पर दरूद व सलाम पढ़ना चाहिए, फिर रब से दुनिया व आख़िरत की भलाईयों एवं अच्छाईयों की भीक मांगनी चाहिए।[1]

३ ज़कातः

ज़कात इस्लाम का तीसरा रुक्न है। धनवान मुसलमान के लिए आवश्यक एवं

१ मिफ्ताहो-दारुस्सआदा, भाग २, पेजः ३८४.

ज़रूरी है कि अपने धन की ज़कात निकाले, और यह माल का बहुत ही थोड़ा सा हिस्सा होता है, जिसको निर्धनों, ग़रीबों और फ़क़ीर-मिसकीनों तथा अन्य हक़दारों को दिया जाता है।

मुसलमानों के लिए आवश्यक है कि ज़कात को उन के योग्य (मुस्तहिक़) को देते समय प्रसन्नता से दें, और उन पर उपकार नहीं करना चाहिए, और न ही उस के कारण दुख एवं तकलीफ़ पहुचायें।

इसी प्रकार मुसलमान के लिए अनिवार्य है कि ज़कात को मात्र अल्लाह की प्रसन्नता प्राप्त करने के लिए निकाले, और उसके द्वारा लोगों से बदला और धन्यवाद की आशा न लगाये, बल्कि उसे मात्र अल्लाह की खुशी प्राप्त करने के लिए निकाले, दिखावा और प्रसिद्धि उसका मक़सद न हो। ज़कात निकालने से माल एवं धन में बरकत और वृद्धि होती है, और ज़रूरतमंदों, भिखारियों और ग़रीबों के दिलों के लिए प्रसन्नता का सामान होता है, और उन को एक-दूसरे के सामने हाथ फैलाने के अपमान से बेनियाज़ कर देता है। और उन के साथ दया एवं कृपा होती है निर्धनता और बरबादी से जब धनवान एवं अमीर लोग उनको छोड़ देते हैं। ज़कात निकालने का एक लाभ यह है कि मुनष्य इस के द्वारा दया, फ़ैयाज़ी एवं दानशीलता, स्वार्थ-त्याग, सख़ावत और कृपा आदि गुणों से जाना जाता है। और कुछ बुरे गुण जैसेः कंजूसी आदि घटिया चीज़ों से बच जाता है, और इस ज़कात के द्वारा मुसलमानों की सहायता होती है, और धनवान निर्धनों पर दया करते हैं, अगर सारे लोग इस ज़कात को देने लगें तो समाज में कोई मुहताज भिखारी नहीं रहेगा, और न ही कोई मनुष्य क़र्ज़ों के बोझ में लदा हुआ होगा।

 रोज़ाः

इस्लाम का चौथा रुक्न रोज़ा (व्रत) है, और यह रमज़ान के महीने का रोज़ा है जो फ़ज्र के उदय से आरंभ होता है और सूर्य के डूबने पर अंत होता है, और यह रोज़ा मनुष्य को खाने-पीने और अपनी पत्नी के साथ संभोग करने से रोकता है अल्लाह तआला की इबादत के ख़ातिर। और इसी प्रकार यह मनुष्य को लालसा एवं कामवासना से रोकता है। और अल्लाह तआला ने रोज़ा

से बीमार, मुसाफ़िर, हामिला औरत, दूध पिलाने वाली औरत और हैज़ और निफ़ास वाली औरतों को छूट दी है और इन में से हर एक के लिए अलग-अलग आदेश हैं। और इस माह में मुसलमानों को अपनी आत्मा को कामेच्छों से रोकना चाहिए और अपने आप को जानवरों के रुतबा से निकाल कर फ़रिश्तों के दर्जा में पहुंचा देना चाहिए।

रोज़ा मुनष्य की आत्मा को शुद्धि एवं साफ़ करता है और उसको अल्लाह का डर और तक़्वा अपनाने पर उभारता है। व्यक्तिगत और समाज को ख़ुशी एवं दुख में ढके एवं ज़ाहिर में अल्लाह तआला की निगरानी का बोध एवं चेतना देता है, ताकि पूरा समाज पूरे एक माह इस इबादत की रक्षा करें तथा अपने रब की निगरानी में सांस लें, अपने अन्दर अल्लाह का डर पैदा करें और अल्लाह पर ईमान और अंतिम दिन पर ईमान लायें, और यह यक़ीन और दृढ़ हो कि अल्लाह तआला राज़ की बातों को जानता है और ढकी-छुपी चीज़ों को भी, और मनुष्य को एक दिन अपने सामने खड़ा करेगा और मनुष्य से छोटे बड़े सारे कार्य (आमाल) के बारे में पूछ-गछ करेगा।[1]

५ हज:

हज इस्लाम का पांचवां रुक्न है। हज का अर्थ यह है कि मक्का मुकर्रमा में अल्लाह के घर की ज़ियारत करना। यह हर मुसलमान बालिग़, बुद्धिमान, ताक़तवर के लिए अनिवार्य है, जो अल्लाह के घर मस्जिद हराम तक पहुंचने का ख़र्च एवं व्यय या सफ़र का व्यय रखता हो, और उस के पास इतनी पूंजी एवं ख़र्च हो जो आने-जाने के लिए काफ़ी हो, और यह सफ़र का ख़र्च उस पूंजी के अलावा या फ़ाजिल हो जिस से उस के परिवारों का पालन-पोषण किया जाता हो। इसी प्रकार उसका रास्ता सुरक्षित हो, और उस के अनुपस्थिति में जिन का वह पालन- पोषण करता है वह लोग भी सुरक्षित हों। हज पूरे जीवन में मात्र एक बार अनिवार्य है जो मनुष्य वहां तक जाने की माली एवं जिस्मानी क्षमता रखता हो। जिस मनुष्य ने भी हज का इरादा किया हो उस के लिए उचित है कि वह अल्लाह से गुनाहों की माफ़ी मांगे,

१ देखिए: मिफ़्ताहोस्सआद, भाग २, पेज: २८४.

ताकि अपने आप को गुनाहों की गंदगी से पवित्र कर ले। जब मक्का मुकर्रमा और पवित्र मक़ामात में पहुंचे, तो अल्लाह तआला का सम्मान एवं सत्कार और बंदगी को बजा लाते हुए, हज के शआयर (आमाल-कार्य) को अदा एवं अंजाम दे, और यह बात अच्छी तरह जान ले कि काबा और सारे मशाएर में मात्र अल्लाह की ही पूजा एवं इबादत की जायेगी और यह कि यह सब स्थान न कोई हानि एवं लाभ पहुंचा सकते हैं। अगर अल्लाह तआला वहां पर हज करने का आदेश न दिया होता तो मुसलमानों के लिए उचित एवं सही नहीं था कि वहां जाकर हज करते। हज करते समय हाजी एक सफ़ेद रंग का तहबन्द या लुंगी और एक सफेद चादर पहनेगा।

चुनांचे धरती के हर कोना एवं कोण से मुसलमान एक जगह जमा (एकत्रित होना) होते हैं और सारे लोग एक ही कपड़े में होते हैं, सारे लोग मात्र (केवल) एक ही रब की इबादत (पूजा) करते हैं। राजा एवं प्रजा, धनवान एवं भिखारी, काला एवं गोरा के बीच में कोई भेद एवं अन्तर नहीं होता है, सारे के सारे अल्लाह के बन्दे और मख़लूक़ हैं।

एक मुसलमान को दूसरे मुसलमान पर उच्चता एवं श्रेष्ठता मात्र तक़वा (अल्लाह का डर) और सच्चे और नेक कार्य के कारण हो सकता है। लेहाज़ा मुसलमानों को एक-दूसरे की सहायता और परिचय कराना चाहिए, और उस दिन को याद करना चाहिए जिस दिन अल्लाह तआला सारे लोगों को क़ब्रों से जीवित करके उठायेगा और सारे लोगों को हिसाब व किताब के लिए एक मैदान में इकट्ठा करेगा। लेहाज़ा लोगों को अल्लाह की फ़रमांबरदारी कर के मौत के बाद की तैयारी करनी चाहिए।[1]

इस्लाम में इबादत (प्रार्थना) का बयान

इबादत कहते हैं कि वास्तविकता और अर्थ दोनों एतबार से मात्र अल्लाह की ही बन्दगी एवं प्रार्थना करना, क्योंकि अल्लाह ही पैदा करने वाला है और हम लोग मख़लूक़ हैं, हम सब उस के बन्दे हैं वह हम सब का अल्लाह और ईश्वर है। जब मामला ऐसा ही है तो हमारे लिए ज़रूरी है कि इस जीवन में हम अल्लाह

१ पिछला हवाला, भाग २, पेजः ३८५, और दीनुल हक़, पेजः ६७.

तआला के सरल एवं सीधे रास्ते की ओर चलें, उसकी शरीअत की फ़रमांबरदारी करते हुये उसके रसूलों के आसार (लक्षण) की पैरवी करें। अल्लाह तआला ने अपने बन्दों के लिए बहुत ही बुलंद एवं महान शरीअत एवं क़ानून बनाया है। जैसेः मात्र अल्लाह के लिए तौहीद (अल्लाह को सारी चीज़ों में एक मानना), नमाज़, ज़कात, रोज़ा और हज को अपने जीवन में लागू करना। लेकिन यही चंद बातें इस्लाम की संपूर्ण इबादतें एवं प्रार्थनायें नहीं हैं, इस्लाम में इबादतों का दायरा बहुत ही विशाल है।

इस्लाम में इबादत हर उस ज़ाहिरी और छिपी क़ौली (ज़बानी) और बदनी कार्यों को कहते है जिस से अल्लाह तआला प्रसन्न एवं हर्षित होता है और उस को पसन्द भी करता है। चुनांचे हर वह कार्य या कथन जिसको वह करता या अपने ज़बान से कहता है और उस से अल्लाह प्रसन्न एवं हर्षित भी होता हो, वह सब इबादत है। बल्कि हर अच्छी रीति एवं काम जिसको वह अल्लाह की निकटता प्राप्त करने के मंशा से करता है, तो यह इबादत है। इसी प्रकार अपने माता-पिता, और घर वालों के साथ अच्छा व्यवहार, अपने बच्चों, पड़ोसी के साथ मिल-जुल कर ज़िन्दगी गुज़ारने का इरादा अल्लाह की ख़ुशी एवं मर्ज़ी प्राप्त करना हो तो यह भी इबादत है। इसी प्रकार आप का व्यवहार घर, बाज़ार और आफ़िस में अच्छा हो तो वह भी इबादत है।

इसी तरह अमानत का देना, न्याय एवं सच्चाई की व्यवस्था एवं प्रबंध, दुख देने वाली चीज़ को रास्ते से हटाना, दुर्बल लोगों की मदद करना, हलाल कमाना, घर वालों और बच्चों पर उस को ख़र्च करना, ग़रीबों के साथ सहानुभूति जताना, या दिखाना, बीमारों की बीमार पुरसी या हाल पूछना, भूकों को खाना खिलाना, अत्याचारित की मदद अल्लाह की ख़ुशी और इच्छा प्राप्त करने की मंशा से अंजाम दिया गया कार्य इबादत है। लेहाज़ा हर वह कार्य जिस को आप अपने लिए, या अपने घर वालों के लिए समाज के लिए या अपने देश के लिए करते हैं और उसके प्रति अल्लाह की ख़ुशी प्राप्त करना है तो यह इबादत है। यही नहीं बल्कि आप अपनी जायज़ इच्छाओं को भी अल्लाह ने जो आप के लिए जायज़ परिधि बनाई है उस में रह कर पूरी करते हैं, तो वह भी इबादत है।

इस विषय में जब हम अल्लाह के रसूल ﷺ की हदीसों का अध्ययन करते हैं तो हमें सही मुस्लिम की यह हदीस मिलती है जिस में सहाबा ने आप से पूछाः

> ‘‘अगर हम में से कोई अपनी शहवत (कामेच्छा) को अपनी पत्नी से पूरा करता है, तो क्या उस में भी उस को पुण्य मिलता है? आप ने फ़रमायाः आप का क्या विचार है उस मनुष्य के बारे में जो अपनी शहवत (कामेच्छा) को हराम जगह पूरी करता है, तो क्या उस को उस पर गुनाह नहीं मिलेगा? इसी प्रकार अगर वह जायज़ तरीक़े से पूरा करता है तो उस को उस पर पुण्य (सवाब) मिलेगा।’’[1]

आप ﷺ ने इरशाद फरमायाः

> ‘‘सारे मुसलमानों को सदक़ा देना अनिवार्य है। कहा गयाः अगर किसी के पास न हो तो क्या करे? आप ने कहाः वह अपने हाथ से कार्य करे, उस से जो प्राप्त हो, उस में से ख़ुद खाये, और सदक़ा भी करे। सहाबा ने कहाः अगर वह कार्य की शक्ति न रखता हो तो क्या करे? आप ने कहाः सख़्त ज़रूरतमन्द की सहायता एवं सहयोग करे। कहा गयाः अगर यह भी न कर सके तो? आप ने कहाः अच्छी और नेक बातों का आदेश दे। सहाबा ने कहाः अगर यह भी न कर सके तो? आप ने कहाः अपने आप को बुरी चीज़ों से रोक ले, क्योंकि यह उस के लिए सदक़ा हैं।’’[2]

---

१ इस हदीस को इमाम मुस्लिम ने अपनी किताब सही में “किताबुज़्ज़कात” में रिवायत की है। हदीसः १००६.

२ इस हदीस को बुख़ारी ने “किताबुज़्ज़कात” में रिवायत की है, बाब २१, और इमाम मुस्लिम ने भी “किताबुज़्ज़कात” में रिवायत की है। हदीसः १००८.

इस्लाम के सिद्धांत और उस के मूल आधार

दूसरी श्रेणी: ईमान (विश्वास)

दूसरा दर्जा ईमान का है। ईमान के छः अरकान हैं:

१. अल्लाह पर ईमान एवं विश्वास और यक़ीन करना।

२. अल्लाह के फ़रिश्तों पर ईमान लाना।

३. अल्लाह की पुस्तकों पर ईमान लाना।

४. अल्लाह के रसूलों पर ईमान लाना।

५. अंतिम दिन (आख़िरत) पर ईमान और विश्वास रखना।

६. और भाग्य पर ईमान लाना।

१ अल्लाह पर ईमान

लाने का अर्थ यह है कि अल्लाह तआला की रुबूबियत पर ईमान एवं विश्वास रखना कि वही पालनहार, पैदा करने वाला, अधिपति एवं स्वामी है और सारे मामलात की युक्ति एवं उपाय करने वाला है। इसी प्रकार उसकी उलूहियत पर ईमान लाना इस प्रकार से कि वही सच्चा माबूद एवं ईश्वर है और उस के अलावा सारे माबूद (ईश्वर) झूठे हैं। अल्लाह पर ईमान की तीसरी क़िस्म अल्लाह के नाम और उस के मख़सूस अच्छाईयां एवं गुण हैं। और इस पर ईमान लाने का अर्थ यह है कि इस बात पर विश्वास एवं यक़ीन रखना कि अल्लाह के अच्छे-अच्छे नाम और संपूर्ण, उच्च सिफ़ात और अच्छाईयां हैं।

इसी प्रकार ईमान के विषय में यह भी है कि अल्लाह के एकेश्वरवाद पर यक़ीन और विश्वास किया जाये, इस तौर से कि कोई भी मनुष्य उसकी रुबूबियत में भागीदार है और न ही उसकी इबादत में साझीदार है और न ही उस के अच्छे-अच्छे नामों और उस की अच्छाईयां एवं गुणों में कोई शरीक है।

अल्लाह तआला का आदेश है:

﴿رَّبُّ ٱلسَّمَٰوَٰتِ وَٱلْأَرْضِ وَمَا بَيْنَهُمَا فَٱعْبُدْهُ وَٱصْطَبِرْ لِعِبَٰدَتِهِۦ ۚ هَلْ تَعْلَمُ لَهُۥ سَمِيًّا﴾

"आकाशों का और धरती का और जो कुछ उन के बीच है सब का रब वही है, तू उसी की इबादत कर और उसकी इबादत पर मज़बूत हो, तो क्या तेरे इल्म में उसका हमनाम और बराबर कोई दूसरा भी है।" (सूरतु मरियमः६५)

और इस बात पर भी ईमान लाना है कि उस को न तो नींद आती है और न ही ऊंघ, और वह छुपी और ज़ाहिर चीज़ों को जानने वाला है, और वही आकाशों और धरती का बादशाह है और उस की बादशाहत (हुकूमत) है।

अल्लाह तआला का फ़रमान है:

﴿وَعِندَهُۥ مَفَاتِحُ ٱلْغَيْبِ لَا يَعْلَمُهَآ إِلَّا هُوَ ۚ وَيَعْلَمُ مَا فِى ٱلْبَرِّ وَٱلْبَحْرِ ۚ وَمَا تَسْقُطُ مِن وَرَقَةٍ إِلَّا يَعْلَمُهَا وَلَا حَبَّةٍ فِى ظُلُمَٰتِ ٱلْأَرْضِ وَلَا رَطْبٍ وَلَا يَابِسٍ إِلَّا فِى كِتَٰبٍ مُّبِينٍ﴾

"और उसी (अल्लाह) के पास ग़ैब की कुंजियां है जिन को सिर्फ़ वही जानता है, और जो थल और जल में है उन सभी को जानता है, और जो पत्ता गिरता है उसे भी जानता है और ज़मीन के अंधेरों में कोई भी दाना नहीं पड़ता और न कोई तर और खुश्क़ चीज़ गिरती है, लेकिन ये सब खुली किताब में है।" (सूरतुल अंआमः६०)

और इस बात पर यक़ीन रखा जाऐ कि अल्लाह तआला अपने अर्श पर जलवा अफ़रोज़ है, और वह अपनी मख़लूक़ के साथ भी है, और वह इस तरह से कि वह उन की स्थिति से परिचित एवं ज्ञाता है, उनकी बातों को सुनता है, और उन के ठिकानों को देखता है।

और उन के मामलात की तदबीर एवं उपाय करता है, निर्धनों को रोज़ी देता है, टूटे हुए लोगों को जोड़ता है। जिस को चाहता है हुकूमत एवं राज्य प्रदान करता है, और जिस से चाहता है हुकूमत छीन लेता है, और वह हर चीज़ पर शक्तिमान है।[1]

---

१ देखिएः अक़ीदा अहले सुन्नत वल-जमाअत, पेजः ७-११.

अल्लाह पर ईमान लाने का फ़ायेदा:

नीचे की पंक्तियों में अल्लाह पर ईमान लाने के कुछ लाभों का वर्णन किया जा रहा है। वह इस प्रकार से हैं:

१ बंदे को अल्लाह तआ़ला से महब्बत और उसकी ताज़ीम की तौफ़ीक़ मिलती है, जो उसके आदेशों को पालन करने और उसके प्रतिबंधितों से परहेज़ करने को वाजिब करते हैं। और जब बंदा इस आधार पर अपना जीवन गुज़ारेगा तो इस के द्वारा दुनिया और आख़िरत दोनों में ख़ुशनसीबी प्राप्त होगी।

२ अल्लाह तआला पर ईमान एवं विश्वास करने से दिल में सम्मान और ख़ुद्दारी पैदा होती है, क्योंकि मनुष्य को पता होना चाहिए कि इस संसार में जितनी चीजें हैं सब का अल्लाह तआला वास्तविक स्वामी (मालिक) है, और अल्लाह के अलावा इस संसार में कोई भी मनुष्य लाभ एवं हानि नहीं पहुंचा सकता है, और अल्लाह पर विश्वास करने के बाद मनुष्य अल्लाह को छोड़कर सारे माबूदों से छुटकारा पा जाता है, और उस के दिल से दूसरे का डर और भय ख़त्म हो जाता है। इसलिए वह मात्र अल्लाह से ही आशा रखता है और वह अल्लाह के अलावा किसी से भी नहीं डरता।

३ अल्लाह पर ईमान लाने के कारण मनुष्य के दिल में नम्रता पैदा होती है, क्योंकि उसको ज्ञात होता है कि उसको जो वरदान प्राप्त है वह सब अल्लाह की ओर से है। इसलिए न तो उस को शैतान धोका दे सकता है, और न अहंकार एवं गर्व करता है और न ही अपने माल एवं धन तथा शक्ति पर इतराता है।

४ अल्लाह पर ईमान एवं विश्वास करने वाला अच्छी तरह जानता है कि नजात एवं कामयाबी का मार्ग एवं रहस्य मात्र वह अच्छे एवं नेक कार्य हैं जिन को अल्लाह पसंद करता एवं ख़ुश (प्रसन्न) होता है, जबकि कुछ दूसरे लोग ग़लत एवं असत्य विश्वास रखते हैं। जैसे अल्लाह के पुत्र को फांसी पर लटकाने का प्रतिकार (बदला) उन के गुनाहों का प्रायश्चित होगा, और अल्लाह को छोड़ कर असत्य माबूदों पर विश्वास करते हैं, और यह

अक़ीदा रखते हैं कि वह जो कुछ मांगते हैं वह उन को देते हैं। जबकि सही बात यह है कि वह (झूठे) ख़ुदा उन को न तो कोई लाभ पहुंचा सकते हैं और न ही कोई हानि, वह कुछ भी नहीं कर सकते। या कुछ लोग ऐसे हैं जो धर्मभ्रष्ट एवं अधर्मी हो जाते हैं, ऐसे लोग इस संसार की रचना और पैदा करने वाले का इंकार करते हैं..... यह सारी इच्छायें हैं... लेकिन जब क़यामत के दिन (अंतिम दिन) अल्लाह के सामने लाए जाएंगे और वास्तविकताओं एवं सच्चाईयों का वह लोग मुशाहिदा करेंगे, तो उन को अच्छी तरह विश्वास हो जाएगा कि वे लोग ख़ुली हुई गुमराही में हैं।

५ अल्लाह पर ईमान एवं विश्वास करने से मनुष्य के अंदर निश्चय, धैर्य, दृढ़ता, भरोसा की महान एवं उच्च शक्ति परवान चढ़ती है। जिस समय वह दुनिया में मात्र अल्लाह की ख़ुशी एवं इच्छा प्राप्त करने के लिए बड़े-बड़े मामलात की ज़िम्मेदारी संभालता है।[1]

२ फ़रिश्तों पर ईमान लानाः

फ़रिश्तों को अल्लाह ने अपनी आज्ञाकारिता एवं फ़रमांबरदारी के लिए जन्म दिया है। उनकी कुछ ख़ूबियों को इस प्रकार से बयान किया हैः

﴿عِبَادٌ مُّكْرَمُونَ ﴿٢٦﴾ لَا يَسْبِقُونَهُۥ بِٱلْقَوْلِ وَهُم بِأَمْرِهِۦ يَعْمَلُونَ ﴿٢٧﴾ يَعْلَمُ مَا بَيْنَ أَيْدِيهِمْ وَمَا خَلْفَهُمْ وَلَا يَشْفَعُونَ إِلَّا لِمَنِ ٱرْتَضَىٰ وَهُم مِّنْ خَشْيَتِهِۦ مُشْفِقُونَ﴾

“(फ़रिश्ते) बाइज़्ज़त बंदे हैं। उस के (अल्लाह के) सामने बढ़कर नहीं बोलते, और उस के हुक्म पर अमल करते हैं। वह उन के पहले और बाद के सभी हालतों से अवगत (वाकिफ़) है, और वे किसी की भी सिफ़ारिश नहीं करते सिवाय उस के जिस से वह (अल्लाह) ख़ुश हो, वे तो ख़ुद कांपते और डरते रहते हैं।” (सूरतुल अम्बियाः २६-२८)

और वे लोगः

﴿لَا يَسْتَكْبِرُونَ عَنْ عِبَادَتِهِۦ وَلَا يَسْتَحْسِرُونَ ﴿١٩﴾ يُسَبِّحُونَ ٱلَّيْلَ وَٱلنَّهَارَ لَا يَفْتُرُونَ﴾

१ देखिएः अक़ीदा अहले सुन्नत वल-जमाअत, पेजः ४४ और मबादेउल इस्लाम, पेजः ८०-८४.

"उसकी (अल्लाह) की इबादत से न सरकशी करते हैं और न थकते हैं। वे दिन-रात उसकी पाकीज़गी को बयान करते हैं, और ज़रा भी सुस्ती नहीं करते।" (सूरतुल अम्बियाः १६-२०)

अल्लाह तआला ने हम से उन को छुपा रखा है हम उन को नहीं देख सकते हैं, कभी-कभार अल्लाह तआला कुछ फ़रिश्तों को अपने कुछ नबियों और रसूलों के लिए ज़ाहिर करता है।

फ़रिश्तों के बहुत से कार्य हैं जिनका उन को मुकल्लफ़ बनाया गया है। जैसेः उन में से जिब्रील ﷺ को वह्य का कार्य सौंपा गया है, वह अल्लाह के पास से वह्य लेकर उस के रसूलों में से जिस के पास चाहते हैं आसमान से नाज़िल होते हैं। और उन्ही में से कुछ फ़रिश्तों को इंसान की रूह निकालने का कार्य दिया गया है। कुछ फ़रिश्तों को मां के गर्भ में, कुछ फ़रिश्तों को आदम के बच्चों की रक्षा का कार्य सौंपा गया है, कुछ को बन्दों के आमाल के लिखने और नोट करने की ज़िम्मेदारी दी गई है। हर मनुष्य के पास दो फ़रिश्ते लगे हुए हैं। अल्लाह तआला का फ़रमान हैः

﴿عَنِ ٱلْيَمِينِ وَعَنِ ٱلشِّمَالِ قَعِيدٌ ۝١٧ مَّا يَلْفِظُ مِن قَوْلٍ إِلَّا لَدَيْهِ رَقِيبٌ عَتِيدٌ﴾

"एक दायें तरफ़ और दूसरा बायें तरफ़ बैठा हुआ है, (इंसान) मुंह से कोई शब्द (लफ़्ज़) निकाल नहीं पाता लेकिन उस के क़रीब रक्षक (पहरेदार) तैयार हैं।" (सूरतु क़ाफ़ः १७,१८)[1]

फ़रिश्तों पर ईमान लाने के फ़ायदे:

१ मुसलमानों का अक़ीदाः शिर्क की मिलावट एवं संदेह और उस की गंदगी से पवित्र हो जाये, क्योंकि मुसलमान जब उन फ़रिश्तों के अस्तित्व पर ईमान ले आये जिनको अल्लाह तआला ने इन महान कामों का मुकल्लफ़ बनाया है तो उसे काल्पनिक मख़लूक़ात के वजूद के अक़ीदा से नजात मिल जाती है। जिन के बारे में दूसरों का अक़ीदा यह है कि यह वह्मी ख़ुदा संसार को चलाने में शरीक है।

---

१ देखिएः अक़ीदा अहले सुन्नत वल-जमाअत, पेजः १६.

❷ मुसलमान अच्छी तरह से यह जान लें कि फ़रिश्ते कोई लाभ या हानि नहीं पहुंचा सकते हैं। और यह लोग अल्लाह के सम्मानित बंदे हैं जो अपने रब के हुक्म की अवज्ञाकारी नहीं करते हैं, जो कुछ उन को आदेश दिया जाता है वह उसका पालन करते हैं और जो कार्य उन से संबंधित नहीं होता है तो वह उसकी ओर ध्यान नहीं देते।

❸ किताबों पर ईमान लाना:

इस बात पर ईमान लाना कि अल्लाह तआला ने अपने नबियों और रसूलों पर किताब उतारी, ताकि उसकी सच्चाई वाज़ेह हो जाये। और उसकी ओर लोगों को दावत दी जा सके। अल्लाह का फ़रमान है:

﴿لَقَدْ أَرْسَلْنَا رُسُلَنَا بِٱلْبَيِّنَٰتِ وَأَنزَلْنَا مَعَهُمُ ٱلْكِتَٰبَ وَٱلْمِيزَانَ لِيَقُومَ ٱلنَّاسُ بِٱلْقِسْطِ﴾

"बेशक हम ने अपने संदेष्टाओं (रसूलों) को खुली निशानियां देकर भेजा और उन के साथ किताब और न्याय (तराज़ू) नाज़िल किया। ताकि लोग इंसाफ़ पर बाक़ी रहें।" (सूरतुल हदीद: २५)

और इस प्रकार की बहुत सी किताबें हैं, उन में से कुछ इस प्रकार हैं: इब्राहीम का सहीफ़ा, तौरात जो मूसा पर उतारी गई, ज़बूर जो दाऊद को दी गई और इंजील जो हज़रत ईसा अलैहिमुस्सलाम को दी गई।

और यह सारी किताबें जिन के बारे में अल्लाह तआला ने हम को बताया है उन के नुक़ूश मिट चुके हैं, लेहाज़ा इब्राहीम ﷺ के सहीफ़ा (धर्मग्रंथ) का इस दुनिया में कोई वजूद (अस्तित्व) ही नहीं है। जहां तक रही बात तौरात, इंजील और ज़बूर की, अगरचे इन के नाम यहूदी एवं नसरानी के निकट मिलता है लेकिन यह सारी किताबें अपनी असली हालत में नहीं बाक़ी हैं बल्कि उस में तहरीफ़ (किसी लेख में शब्दों का उलट फेर देना) और तब्दीली कर दी गयी है और उन में से बहुत सी बातें तो गुम हो चुकी हैं। और इस में ऐसी चीज़ों को दाख़िल कर दिया गया है जो उस का असली हिस्सा नहीं है, और उनको दूसरे लोगों के नामों से मनसूब कर दिया गया है। पुराने समय (जमाना) के चालीस

से ज़्यादा जिल्द (भाग) हिस्से हैं।

परन्तु मूसा की ओर मात्र पांच की निस्बत (संबंध) की जाती है। और मौजूदा समय की इंजील की ओर किसी भी (जिल्द) की निस्बत (संबंध) मसीह ﷺ की ओर नहीं की जाती है।

इस लिए इन पिछली किताबों पर हम इस प्रकार से ईमान रखेगें कि अल्लाह ने इन किताबों को उन सारे रसूलों पर उतारा, और वह किताबें ऐसी क़ानून एवं नियम पर आधारित हैं जिस को अल्लाह तआला उस समय के लोगों के लिए पहुंचाना चाहता था। जहां तक रही बात अंतिम किताब की जो सब से अंत में अल्लाह की ओर से नाज़िल की गई वह कुरआन करीम है जो कि अंतिम पैगम्बर मुहम्मद ﷺ पर उतारी गई, और यह आख़िरी किताब सदैव (सदा के लिए) के लिए अल्लाह की रक्षा में रहेगी, इस लिए इस के शब्दों, या इसके अक्षरों, या इसके मात्राओं (ज़बर, ज़ेर, पेश) या इस के अर्थों (मआनी एवं मतलब) में कोई परिवर्तन एवं तबदीली नहीं हो सकती है।

कुरआन-ए-करीम और पिछली किताबों के बीच अन्तर:

१ पिछली सारी किताबें नष्ट एवं बरबाद हो गईं और उस में लोगों ने तहरीफ़ एवं परिवर्तन कर डाला और उन तब्दीलियों को दूसरों के नामों से संबंधित किया, तथा उस में अपनी ओर से उसकी व्याख्या, तालीक़ और तशरीहों की वृध्दि की, जो ऐसी चीज़ों पर सम्मिलित है जो अल्लाह तआला की वह्य, बुध्दि और प्रकृति की अस्वीकृति करती हैं। जहां तक रही बात कुरआन करीम की तो यह सदैव अल्लाह की रक्षा में अपने सारे अक्षरों एवं शब्दों के साथ सुरक्षित रहेगा, इस में किसी भी प्रकार की कोई तहरीफ़, कमी या वृध्दि नहीं की जा सकती है, क्योंकि सारे मुसलमानों की अंतिम इच्छा यही रहती है कि कुरआन करीम हर प्रकार के शक एवं संदेह से सही सलामत रहे, किसी ने भी कुरआन के साथ रसूल ﷺ के चरित्र को या सहाबा ﵃ के चरित्र को या कुरआन करीम की तफ़सीर एवं तशरीह को या इबादात एवं मामलात के अहकाम एवं आदेशों को गुड-मुड नहीं किया।

२ पुरानी आसमानी किताबों को आज के युग में कोई ऐतिहासिक प्रमाणपत्र नहीं

मिलता है, बल्कि उन में से कुछ ऐसी हैं जिन के बारे में नहीं पता चलता है कि किस पर नाज़िल हुईं, और किस भाषा में लिखी गईं, और उन में से कुछ भाग ऐसे हैं जो दूसरों की ओर मनसूब (संबंधित) कर दिये गये हैं।

जहां तक रही बात कुरआन की, तो उस को मुसलमानों ने अल्लाह के नबी मुहम्मद ﷺ से लिखित रूप में मौखिक एवं लिखित रूप में तसल्सुल एवं निरंतर तौर से वर्णन किया है। इस के साथ मुसलमानों के पास हर युग, हर नगर में इस पुस्तक के हज़ार से ज़्यादा हाफ़िज़ थे, और हज़ार से ज़्यादा किताबी रूप में लिखे हुये नुस्ख़े थे, और जब तक ज़बानी नुस्ख़े लिखित नुस्ख़ों से मेल नहीं खाते थे तब तक उन पर विश्वास नहीं किया जाता था, इसी प्रकार मुख़्तलिफ़ (विभिन्न) नुस्ख़ों पर विश्वास नहीं किया जाता था, क्योंकि उन के निकट आवश्यक था कि जो कुछ सीनों में है वह मेल खाता हो उन चीज़ो से जो कुछ पंक्तियों में है।

और इस से भी बड़ी बात यह है कि कुरआन लिखित एवं अलिखित रूप में (वर्णन) हुआ है, और यह सौभाग्य दुनिया की किसी भी किताब को प्राप्त नहीं हुआ है। और इसी प्रकार नक़ल (वर्णन) का यह विचित्र तरीक़ा मात्र मुहम्मद ﷺ की उम्मत में ही मिलता है।

इस वर्णन का तरीक़ा यह है कि छात्र कुरआन को अपने शैख़ (गुरू) से ज़बानी याद करता है, और इस छात्र का गुरू अपने गुरू से कुरआन याद करता है, फिर शैख़ अपने छात्र को ‘‘सर्टीफिकेट’’ अर्थ ‘‘प्रमाण- पत्र’’ प्रदान करता है। इस पत्र का अर्थ यह होता है कि शैख़ ने अपने छात्र को बताया कि मैं ने उन उन चीज़ों को पढ़ाया जिस को मैं ने अपने शैख़ से पढ़ा और उन्हों ने अपने शैख़ से पढ़ा। इस प्रकार से पूरे तसल्सुल के साथ एक पूरा सिलसिला तैयार हो जाता है और इस पूरी सनद में हर कोई अपने शैख़ के नाम को सनद में वर्णन करता है, यहां तक कि यह सनद अल्लाह के रसूल ﷺ तक ‘‘इत्तिसाल’’ (संयुक्त) के साथ पहुंचती है और इस प्रकार से मौख़िक सनद (प्रमाणपत्र) तसल्सुल के साथ छात्र से

शुरू होकर अल्लाह के रसूल ﷺ तक पहुंचती है।

कुरआन करीम की हर सूरत और आयत का परिचय प्राप्त करने के संबंध में तसल्सुल सनद के साथ अनेक प्रकार के ऐतिहासिक प्रमाण और मज़बूत दलीलें मिलती हैं कि फ़लां सूरत या आयत कहां उतरी, और कब आप ﷺ पर नाज़िल हुई।

३ वह भाषायें जिन में पिछली किताबें उतारी गई थीं वह बहुत समय से लोगों के बीच से ख़त्म हो चुकी हैं, उन भाषाओं को बोलने वाला कोई नहीं है और मौजूदा समय में इस भाषा को समझने वाले बहुत कम हैं। जहां तक रही बात उस भाषा की जिस भाषा में कुरआन नाज़िल हुआ है, तो यह आज भी एक जीवित भाषा है जिस को तकरीबन दस मिलयन से ज़्यादा लोग बोलते हैं। और यह भाषा धरती के हर कोने में पढ़ाई जाती है, और जो इस भाषा को नहीं पढ़ सकता है उन के लिए हर जगह कुरआन करीम के मआनी को समझाने वाला मिल जाएगा।

४ वह पुरानी किताबें एक विशेष समय के लिए थीं और एक ख़ास उम्मत के लिए उतारी गई थीं, न कि सारे मानव जाति के लिए। यही कारण है कि वह किताबें उस समय के अनुसार उस उम्मत के लिए कुछ निजी आदेशों पर सम्मिलित थीं और जो उस प्रकार की किताब हो तो यह उचित नहीं है कि वह सारे लोगों के लिए हो।

जहां तक रही बात कुरआन की, तो वह एक संपूर्ण और हर काल को सम्मिलित है और हर युग के लिए उचित, तथा वह कुरआन ऐसे अहकाम, मामलात और व्यवहार को सम्मिलित है जो हर उम्मती के लिए लाभकारी है तथा हर नगर के लिए उचित है, और जिस में सारे मानव जाति को संबोधित किया गया है।

इन बातों के द्वारा यह स्पष्ट हो गया कि यह संभव ही नहीं है कि अल्लाह की हुज्जत मनुष्य के विरुद्ध ऐसी किताबों के संबंध में हो जिस की असली शक्ल एवं रूप नहीं मिलता है और न ही पूरे धरती पर ऐसा कोई पुरुष मिलता है जो उन किताबों के भाषा को बोलना जानता हो उस में तहरीफ़ कर दिये जाने

के बाद,... बल्कि अल्लाह की हुज्जत (तर्क) अपने मख़लूक़ के संबंध में उन किताबों के सिलसिले में हैं जो तहरीफ़ एवं तब्दीली, और कमी एवं वृद्धि से सही सलामत और सुरक्षित हों, और उसके नुस्खे हर जगह पाये जाते हों और वह जीवित भाषा में लिखी गई हो, जिसको लाखों से भी ज़्यादा लोग बोलते हों, और वे लोग अल्लाह के पैग़ामों को लोगों तक पहुचाते हों, और वह किताब कुरआन करीम है, जिस को अल्लाह तआला ने मुहम्मद ﷺ पर नाज़िल किया, और जो पहले की सारी किताबों की पुष्टि करने वाली है, और उन सारी किताबों के लिए गवाह है, और वह ऐसी किताब है जिसका अनुसरण करना सारे मानव जाति के लिए आवश्यक है, ताकि यह किताब उन के लिए प्रकाश, शिफ़ा निर्देश, और दया एवं करुणा हो। जैसा कि अल्लाह तआला का फ़रमान है:

﴿وَهَٰذَا كِتَٰبٌ أَنزَلْنَٰهُ مُبَارَكٌ فَٱتَّبِعُوهُ وَٱتَّقُوا۟ لَعَلَّكُمْ تُرْحَمُونَ﴾

"और यह (पाक कुरआन) एक मुबारक किताब है जिसे हम ने उतारा, इस लिए तुम इस की इत्तेबा करो, ताकि तुम पर रहम (दया) किया जाये।" (सूरतुल अंआमः १५५)

दूसरी जगह अल्लाह तआला ने फ़रमायाः

﴿قُلْ يَٰٓأَيُّهَا ٱلنَّاسُ إِنِّى رَسُولُ ٱللَّهِ إِلَيْكُمْ جَمِيعًا﴾

"आप कह दीजिए कि हे लोगो! तुम सभी की तरफ़ अल्लाह का भेजा हुआ हूं।" (सूरतुल आराफ़ः १५८)[1]

४ रसूलों पर ईमान:

अल्लाह तआला ने रसूलों को अपने बंदों के पास वरदानों का शुभ समाचार देने के लिए भेजा, जब वे लोग अल्लाह पर ईमान लायें और रसूलों की पुष्टि करें, और उनको अज़ाब की धमकी दें जब वह लोग अल्लाह और रसूल की अवज्ञाकारी करें। अल्लाह का फ़रमान है:

﴿وَلَقَدْ بَعَثْنَا فِى كُلِّ أُمَّةٍ رَّسُولًا أَنِ ٱعْبُدُوا۟ ٱللَّهَ وَٱجْتَنِبُوا۟ ٱلطَّٰغُوتَ﴾

१ देखिएः अक़ीदा सहीहा वमायुजद्दहा, पेजः १७। अक़ीदा अहले सुन्नत वल- जमाअत, पेजः २२.

‘‘और हम ने हर उम्मत में रसूल भेजे कि (लोगो)! केवल अल्लाह की इबादत (उपासना) करो, और तागूत (उस के सिवाय सभी झूठे माबूद) से बचो।’’ (सूरतुन नहलः ३६)

अल्लाह तआला का फ़रमान है:

﴿ رُّسُلًا مُّبَشِّرِينَ وَمُنذِرِينَ لِئَلَّا يَكُونَ لِلنَّاسِ عَلَى ٱللَّهِ حُجَّةُۢ بَعۡدَ ٱلرُّسُلِ ﴾

‘‘(हम ने इन्हें) ख़ुशख़बरी और आगाह करने वाला रसूल बनाया, ताकि लोगों को कोई बहाना रसूलों को भेजने के बाद अल्लाह (तआला) पर न रह जाये।’’ (सूरतुन निसाः १६५)

यह रसूल बहुत हैं, इन में सब से पहले नूह ﷺ और सब से अंतिम मुहम्मद ﷺ हैं। उन में से कुछ रसूलों के विषय में अल्लाह ने हमें बताया है। जैसेः इब्राहीम, मूसा, ईसा, दाऊद, यहया, ज़करिया, सालेह... और कुछ के विषय में नहीं बताया है। अल्लाह तआला का फ़रमान है:

﴿ وَرُسُلًا قَدۡ قَصَصۡنَٰهُمۡ عَلَيۡكَ مِن قَبۡلُ وَرُسُلًا لَّمۡ نَقۡصُصۡهُمۡ عَلَيۡكَ ﴾

‘‘और आप से पहले के बहुत से रसूलों के वाक़िआत हम ने आप से बयान किये हैं, और बहुत से रसूलों की नहीं भी की हैं।’’ (सूरतुन निसाः १६४)

वह सारे रसूल अल्लाह के पैदा किये हुए इंसान हैं, और इन रसूलों का रुबूबियत एवं उलूहियत की विशेषता में कोई भागीदारी नहीं है।

और न ही इबादत के किसी भी भाग में उनका कोई तसर्रुफ़ (अधिकार एवं इस्तेमाल) है, और न ही वह लोग किसी हानि एवं लाभ की शक्ति रखते हैं।

नूह -जो की सब से पहले रसूल हैं- के बारे में अल्लाह तआला फ़रमाता है कि उन्हों ने अपनी क़ौम के लोगों से कहा:

﴿ وَلَآ أَقُولُ لَكُمۡ عِندِي خَزَآئِنُ ٱللَّهِ وَلَآ أَعۡلَمُ ٱلۡغَيۡبَ وَلَآ أَقُولُ إِنِّي مَلَكٞ ﴾

‘‘और मैं तुम से नहीं कहता कि मेरे पास अल्लाह के ख़ज़ाने हैं (सुनो) मैं ग़ैब का इल्म भी नहीं रखता, न मैं यह कहता हूं कि मैं फ़रिश्ता हूं।’’ (सूरतु हूदः ३१)

और अल्लाह तआला ने उनके अंतिम को यह हुक्म दिया कि वह यह कहें:

﴿لَآ أَقُولُ لَكُمْ عِندِى خَزَآئِنُ ٱللَّهِ وَلَآ أَعْلَمُ ٱلْغَيْبَ وَلَآ أَقُولُ لَكُمْ إِنِّى مَلَكٌ﴾

"(आप) कह दीजिए कि न तो मैं तुम से यह कहता हूं कि मेरे पास अल्लाह का ख़ज़ाना है, और न मैं ग़ैब जानता हूं, और न मैं यह कहता हूं कि मैं फ़रिश्ता हूं।" (सूरतुल अंआमः ५०)

और अल्लाह ने यह भी आदेश दिया कि यह कहें:

﴿لَّآ أَمْلِكُ لِنَفْسِى نَفْعًا وَلَا ضَرًّا إِلَّا مَا شَآءَ ٱللَّهُ﴾

"मैं अपनी ज़ात ख़ास के लिए किसी फ़ायदे का हक़ नहीं रखता और न किसी नुक़सान का, लेकिन इतना ही जितना कि अल्लाह ने चाहा हो।" (सूरतुल आराफ़: १८८)

लेहाज़ा सारे अम्बिया अल्लाह तआला के मान्य एवं आदरणीय बन्दे हैं, अल्लाह ने उनको चुना है और उनको पैग़म्बरी के पद से सम्मानित किया है और अपनी बंदगी एवं पूजा करना उनकी ख़ूबी बताया है, उन सब का धर्म इस्लाम है और अल्लाह इस्लाम के अलावा किसी भी धर्म को स्वीकार नहीं करेगा। अल्लाह तआला का फ़रमान है:

﴿إِنَّ ٱلدِّينَ عِندَ ٱللَّهِ ٱلْإِسْلَٰمُ﴾

"बेशक अल्लाह के पास दीन इस्लाम ही है, (अल्लाह के लिए मुकम्मल सपुर्दगी)।" (सूरतु आले इमरानः १६)

इन नबियों के पैग़ामात अपने उसूलों एवं बुनियादों के लेहाज़ से एक मत है लेकिन उन की शरीअतें अलग-अलग हैं। अल्लाह फ़रमाता है:

﴿لِكُلٍّ جَعَلْنَا مِنكُمْ شِرْعَةً وَمِنْهَاجًا﴾

"तुम में से हर एक के लिए हम ने एक शरीअत और रास्ता मुक़र्रर कर दिया है।" (सूरतुल मायदा: ४८)

और इन सारी शरीअतों का अन्त मुहम्मद ﷺ की शरीअत है, और यह शरीअत पहले की सारी शरीअतों के लिए नासिख़ (लिपिक) है। और आप का पैग़ाम एवं

रिसालत अंतिम पैग़ाम एवं रिसालत है, और आप रसूलों के ख़ातिम (समाप्तकर्ता) हैं।

अगर कोई मनुष्य किसी नबी पर ईमान लाया है तो उस के लिए ज़रूरी है कि वह सारे रसूलों पर ईमान लाये, और जिस ने किसी नबी का इंकार किया तो गोया उस ने सारे नबियों को झुठलाया, क्योंकि सारे नबियों एवं रसूलों ने अल्लाह पर ईमान लाने, उसके फ़रिश्तों पर ईमान लाने, उस के रसूलों, और अंतिम दिन पर ईमान लाने की दावत दी, क्योंकि उन सारे नबियों एवं रसूलों का धर्म एक था। लेहाज़ा जो उन के बीच अंतर करता है कुछ चीज़ों पर तो ईमान रखता है, और कुछ चीज़ों का इंकार करता है तो ऐसे लोगों ने सब का इंकार किया, क्योंकि उन में हर किसी ने सारे नबियों एवं रसूलों पर ईमान लाने की दावत दी थी। अल्लाह का फ़रमान है:

﴿ءَامَنَ ٱلرَّسُولُ بِمَآ أُنزِلَ إِلَيۡهِ مِن رَّبِّهِۦ وَٱلۡمُؤۡمِنُونَۚ كُلٌّ ءَامَنَ بِٱللَّهِ وَمَلَٰٓئِكَتِهِۦ وَكُتُبِهِۦ وَرُسُلِهِۦ لَا نُفَرِّقُ بَيۡنَ أَحَدٖ مِّن رُّسُلِهِۦۚ﴾

"रसूल उस चीज़ पर ईमान लाये जो उसकी तरफ़ अल्लाह (तआला) की तरफ़ से उतारी गयी और मुसलमान भी ईमान लाये, यह सब अल्लाह (तआला) और उसके फ़रिश्ते पर, और उसकी किताबों पर, और उस के रसूलों पर ईमान लाये, उसके रसूलों में से किसी के मध्य हम भेदभाव नहीं करते।" (सूरतुल बक़रा: २८५)

इसी प्रकार अल्लाह तआला ने फ़रमाया:

﴿إِنَّ ٱلَّذِينَ يَكۡفُرُونَ بِٱللَّهِ وَرُسُلِهِۦ وَيُرِيدُونَ أَن يُفَرِّقُواْ بَيۡنَ ٱللَّهِ وَرُسُلِهِۦ وَيَقُولُونَ نُؤۡمِنُ بِبَعۡضٖ وَنَكۡفُرُ بِبَعۡضٖ وَيُرِيدُونَ أَن يَتَّخِذُواْ بَيۡنَ ذَٰلِكَ سَبِيلًا﴾

"जो लोग अल्लाह और उस के रसूलों पर ईमान नहीं रखते हैं और चाहते हैं कि अल्लाह और उस के रसूलों के बीच अलगाव करें और कहते हैं कि हम कुछ को मानते हैं और कुछ को नहीं मानते हैं और इस के बीच रास्ता बनाना चाहते हैं।" (सूरतुन निसा: १५०)

५ अंतिम दिन (आख़िरत) पर ईमान लाना:

इस संसार एवं धरती पर बसने वाले सारे मनुष्य का अन्त मौत है। तो मौत

के बाद इंसान का परिणाम एवं ठिकाना क्या होगा?

मानव जाति मौत के कड़वे घूंट को नसल दर नसल पीती रहेगी, यहां तक कि अल्लाह तआला के आज्ञा से इस दुनिया का अन्त हो जायेगा, और सारी मख़लूक़ हलाक व बरबाद हो जायेगी, फिर सारे मख़लूक़ों को क़यामत के दिन उठायेगा, और उस दिन अल्लाह तआला पहले और बाद के सारे लोगों को एकत्रित करेगा, फिर बंदों का उन के अच्छे और बुरे कार्य के अनुसार हिसाब-किताब लिया जाएगा, तो मोमिनों को स्वर्ग में ले जाया जायेगा और काफ़िरों को नरक की ओर हांका जायेगा।

स्वर्ग (जन्नत) वह वरदान एवं अनुकम्पा है जिस को अल्लाह तआला ने अपने नेक मोमिन बंदों के लिए तैयार कर रखा है, जिस में तरह- तरह एवं सब प्रकार के वरदान हैं जिन को कोई पुरुष, मनुष्य बयान नहीं कर सकता है, उस स्वर्ग के सौ श्रेणी एवं कक्षा हैं, और हर श्रेणी के कुछ निवासी हैं उनका अल्लाह पर ईमान और उसकी आज्ञाकारी एवं फ़रमांबरदारी के अनुसार से, और स्वर्ग वालों का सब से कमतर श्रेणी एवं दर्जा यह है कि दुनिया के बादशाहों को बादशाहत और उसका दस गुना और ज़्यादा रुतबा एवं दर्जा होगा।

नरक वह अंजाम एवं सज़ा है जिसको अल्लाह ने तैयार कर रखा है काफ़िरों के लिए, जिस में तरह-तरह की भयानक और हौलनाक सज़ायें होंगी, जिनके वर्णन से मनुष्य कांप उठे, अगर अल्लाह तआला आख़िरत में किसी भी मनुष्य को मौत की आज्ञा दे तो नरक वाले मात्र उस को देखकर ही अपना दम तोड़ दें। अल्लाह तआला हर मनुष्य के बारे में अच्छी तरह जानता है कि वह क्या करेगा, क्या बोलेगा, अच्छा कार्य करेगा या बुरा एवं ख़राब, चाहे वह ज़ाहिरी तौर पर करे या ढके-छुपे, सारी बातों को अल्लाह अच्छी तरह से जानता है, और दो फ़रिश्तों को मनुष्य के साथ लगा दिया है, उन में से एक अच्छाईयों को लिखता है, और दूसरा बुराईयों को नोट करता है, उन दोनों से कोई भी चीज़ छूटती नहीं है। जैसा कि अल्लाह का फ़रमान है:

﴿مَّا يَلْفِظُ مِن قَوْلٍ إِلَّا لَدَيْهِ رَقِيبٌ عَتِيدٌ﴾

“(इंसान) मुंह से कोई भी शब्द (लफ़्ज़) निकाल नहीं पाता लेकिन उस के क़रीब रक्षक (पहरेदार) तैयार हैं।” (सूरतु क़ाफ़ः १८)

और यह दोनों फ़रिश्ते बंदो के कार्यों को एक किताब में संकलन करते रहते हैं और इसी किताब को क़यामत के दिन इंसानों को दिया जायेगा। अल्लाह तआला फ़रमाता है:

﴿ وَوُضِعَ ٱلْكِتَٰبُ فَتَرَى ٱلْمُجْرِمِينَ مُشْفِقِينَ مِمَّا فِيهِ وَيَقُولُونَ يَٰوَيْلَتَنَا مَالِ هَٰذَا ٱلْكِتَٰبِ لَا يُغَادِرُ
صَغِيرَةً وَلَا كَبِيرَةً إِلَّآ أَحْصَىٰهَا ۚ وَوَجَدُوا۟ مَا عَمِلُوا۟ حَاضِرًا ۗ وَلَا يَظْلِمُ رَبُّكَ أَحَدًا ﴾

“और आमालनामा आगे में रख दिये जायेंगे, फिर तू देखेगा कि गुनहगार उस के लेख से डर रहे होंगे और कह रहे होंगे कि हाय हमारा नाश! यह कैसा लेख है जिस ने कोई छोटा-बड़ा बिना घेरे नहीं छोड़ा, और जो कुछ उन्हों ने किया था सब कुछ मौजूद पायेंगे और तेरा रब किसी पर ज़ुल्म और नाइंसाफ़ी न करेगा।” (सूरतुल कहफ़ः ४६)

फिर वह लोग अपने आमालनामा को पढ़ेंगे, और उन में से किसी भी चीज़ का इंकार नहीं करेंगे, अगर किसी ने भी उन में से किसी भी चीज़ का इंकार किया, तो अल्लाह उन के कान, आंख, दोनों हाथ, दोनों पैर को बोलने की शक्ति प्रदान करेंगे और वह सारे आज़ा बोलेंगे और उस के सारे कार्य की सूचना देंगे।

अल्लाह तआला फ़रमाता है:

﴿ وَيَوْمَ يُحْشَرُ أَعْدَآءُ ٱللَّهِ إِلَى ٱلنَّارِ فَهُمْ يُوزَعُونَ ﴿١٩﴾ حَتَّىٰٓ إِذَا مَا جَآءُوهَا شَهِدَ عَلَيْهِمْ سَمْعُهُمْ وَأَبْصَٰرُهُمْ وَجُلُودُهُم
بِمَا كَانُوا۟ يَعْمَلُونَ ﴿٢٠﴾ وَقَالُوا۟ لِجُلُودِهِمْ لِمَ شَهِدتُّمْ عَلَيْنَا ۖ قَالُوٓا۟ أَنطَقَنَا ٱللَّهُ ٱلَّذِىٓ أَنطَقَ كُلَّ شَىْءٍ وَهُوَ خَلَقَكُمْ أَوَّلَ
مَرَّةٍ وَإِلَيْهِ تُرْجَعُونَ ﴿٢١﴾ وَمَا كُنتُمْ تَسْتَتِرُونَ أَن يَشْهَدَ عَلَيْكُمْ سَمْعُكُمْ وَلَآ أَبْصَٰرُكُمْ وَلَا جُلُودُكُمْ وَلَٰكِن ظَنَنتُمْ أَنَّ
ٱللَّهَ لَا يَعْلَمُ كَثِيرًا مِّمَّا تَعْمَلُونَ ﴾

“और जिस दिन अल्लाह के दुश्मन नरक की तरफ़ लाये जायेंगे और उन (सब) को जमा कर दिया जायेगा, यहां तक कि जब नरक के बहुत क़रीब आ जायेंगे उन पर उन के कान और उनकी आंखें और उनकी खालें उन के अमल की गवाही देंगे। और यह अपनी खालों से कहेंगे कि तुम ने हमारे ख़िलाफ़ गवाही क्यों दी, वह जवाब देंगे कि हमें उस अल्लाह ने बोलने की ताक़त दी जिस ने

हर चीज़ को बोलने की ताक़त अता की है, उसी ने पहली बार तुम्हें पैदा किया और उसी की तरफ़ तुम सब लौटाये जाओगे। और तुम (अपने करतूत) इस वजह से छिपा कर रखते ही न थे कि तुम पर तुम्हारे कान और तुम्हारी आंखें गवाही देंगी और तुम यह समझते रहे कि तुम जो कुछ भी कर रहे हो उस में से बहुत से कर्मों से अल्लाह अंजान है।" (सूरतु फ़ुस्सिलतः १६-२२)

और अंतिम दिन (क़यामत, मरने के बाद क़ब्र से दोबारा ज़िन्दा होना) की सूचना सारे नबियों और रसूलों ने दी है।

अल्लाह तआला का फ़रमान है:

﴿وَمِنْ ءَايَـٰتِهِۦٓ أَنَّكَ تَرَى ٱلْأَرْضَ خَـٰشِعَةً فَإِذَآ أَنزَلْنَا عَلَيْهَا ٱلْمَآءَ ٱهْتَزَّتْ وَرَبَتْ ۚ إِنَّ ٱلَّذِىٓ أَحْيَاهَا لَمُحْىِ ٱلْمَوْتَىٰٓ ۚ إِنَّهُۥ عَلَىٰ كُلِّ شَىْءٍ قَدِيرٌ﴾

"और उस (अल्लाह) की निशानियों में से (यह भी) है कि तू धरती को दबी-दबायी (शुष्क) देखता है, फिर जब हम उस पर वर्षा करते हैं तो वह तरो-ताज़ा होकर उभरने लगती है। जिस ने उसे ज़िन्दा कर दिया वही निश्चित रूप (यक़ीनी तौर) से मुर्दा को भी ज़िन्दा करने वाला है, बेशक वह हर चीज़ पर क़ादिर है।" (सूरतु फ़ुस्सिलतः ३६)

और इसी प्रकार अल्लाह तआला फ़रमाता है:

﴿أَوَلَمْ يَرَوْا۟ أَنَّ ٱللَّهَ ٱلَّذِى خَلَقَ ٱلسَّمَـٰوَٰتِ وَٱلْأَرْضَ وَلَمْ يَعْىَ بِخَلْقِهِنَّ بِقَـٰدِرٍ عَلَىٰٓ أَن يُحْـِۧىَ ٱلْمَوْتَىٰ﴾

"क्या वह नहीं देखते कि जिस अल्लाह ने आकाशों और धरती को पैदा किया और उन के पैदा करने से वह न थका, वह बेशक मुर्दों को ज़िंदा करने की कुदरत रखता है।" (सूरतुल अहक़ाफ़:३३)

और यही वह चीज़ है जो अल्लाह की बुद्धि (हिक्मत) की मांग एवं तक़ाज़ा करती है। क्योंकि अल्लाह ने मख़लूक़ को बेकार में नहीं पैदा किया है, और उन को बग़ैर किसी उद्देश्य एवं अभिप्राय के नहीं छोड़ा है। जबकि बुद्धि के हिसाब से सब से कमज़ोर लोग बग़ैर किसी मक़सद या तय इरादे के कोई कार्य नहीं करते हैं, बल्कि उन से संभव ही नहीं है तो कैसे विचार किया जा सकता है इंसान के बारे में।

या कैसे इंसान यह गुमान (भ्रम) करता है कि उसके रब ने उस को यहां बेकार ही पैदा कर दिया है और उसको वैसे छोड़ देगा? अल्लाह तआला इन सारी आपत्तियों से पवित्र है, और उसकी ज़ात एवं प्रतिष्ठा बहुत ही महान है। अल्लाह तआला फ़रमाता है:

﴿أَفَحَسِبْتُمْ أَنَّمَا خَلَقْنَاكُمْ عَبَثًا وَأَنَّكُمْ إِلَيْنَا لَا تُرْجَعُونَ﴾

"क्या तुम यह समझ बैठे हो कि हम ने तुम्हें बेकार ही पैदा किया है, और यह कि तुम हमारी ओर लौटाये ही नहीं जाओगे।" (सूरतुल मोमिनूनः ११५)

अल्लाह तआला दूसरी जगह फ़रमाता है:

﴿وَمَا خَلَقْنَا السَّمَاءَ وَالْأَرْضَ وَمَا بَيْنَهُمَا بَاطِلًا ۚ ذَٰلِكَ ظَنُّ الَّذِينَ كَفَرُوا ۚ فَوَيْلٌ لِّلَّذِينَ كَفَرُوا مِنَ النَّارِ﴾

"और हम ने आकाश और धरती और उनके बीच की चीज़ों को बेकार (और बिला वजह) पैदा नहीं किया, यह शक तो काफ़िरों का है, तो काफ़िरों के लिए आग की ख़राबी है।" (सूरतु सादः २७)

और सारे बुद्धिमान लोगों ने अंतिम दिन (क़यामत) पर ईमान लाने की गवाही दी है, और इसी चीज़ का बुद्धि तक़ाज़ा करती है, और सही सालिम स्वभाव इसी बात को स्वीकार करता है, क्योंकि इंसान जब क़यामत के दिन पर ईमान एवं विश्वास रखता है, तो उस को इस बात की जानकारी हो जाती है कि इंसान ने जो कुछ कार्य किया और जो कुछ छोड़ दिया उस पर अल्लाह की ओर से सवाब की उम्मीद रखता है, और उस को यह भी जानकारी प्राप्त होती है कि जो भी मनुष्य किसी के साथ अन्याय करेगा, अवश्य ही वह अपना हिस्सा लेकर रहेगा, और क़यामत के दिन ऐसे लोगों के बीच फैसला किया जायेगा, और अन्याय करने वालों से उस दिन बदला लिया जाएगा, और उस दिन मनुष्य को उसका बदला अवश्य दिया जाएगा, अगर नेक है तो उसका बदला अच्छा होगा, लेकिन अगर बुरा है तो उसका अंजाम बहुत बुरा होगा, और हर जाति को उस के आमाल एवं कार्य के अनुसार बदला दिया जाएगा, और उस दिन अल्लाह तआला के न्याय का प्रदर्शन होगा। अल्लाह तआला फ़रमाता है:

﴿فَمَن يَعْمَلْ مِثْقَالَ ذَرَّةٍ خَيْرًا يَرَهُ ۝٧ وَمَن يَعْمَلْ مِثْقَالَ ذَرَّةٍ شَرًّا يَرَهُ﴾

"तो जिस ने कण (ज़र्रे) के बराबर भी पुण्य (नेकी) किया होगा वह उसे देख लेगा। और जिस ने कण (ज़र्रे) के बराबर भी पाप किया होगा, वह उसे देख लेगा।" (सूरतुज़ ज़िल्ज़ालः ७-८, देखिएः दीनुल हक़, पेजः १६)

अल्लाह की मख़लूक़ में से किसी को भी ज्ञान नहीं है कि क़यामत कब आयेगी, और वह दिन ऐसा है जिसे न तो नबियों को पता है और न ही मुक़र्रब फ़रिश्तों को, बल्कि इस का इल्म मात्र अल्लाह के साथ मख़सूस है। जैसे कि अल्लाह का फ़रमान हैः

﴿ يَسْـَٔلُونَكَ عَنِ ٱلسَّاعَةِ أَيَّانَ مُرْسَىٰهَا ۖ قُلْ إِنَّمَا عِلْمُهَا عِندَ رَبِّى ۖ لَا يُجَلِّيهَا لِوَقْتِهَآ إِلَّا هُوَ ﴾

"यह लोग आप से क़यामत के बारे में सवाल करते हैं कि वह कब आयेगी, आप कह दीजिए कि इसका इल्म सिर्फ़ मेरे रब के पास ही है, इस को इस के वक़्त पर सिवाय अल्लाह (तआला) के कोई दूसरा ज़ाहिर न करेगा।" (सूरतुल आराफ़ः १८७)

अल्लाह तआला फ़रमाता हैः

﴿ إِنَّ ٱللَّهَ عِندَهُۥ عِلْمُ ٱلسَّاعَةِ ﴾

"बेशक अल्लाह (तआला) ही के पास क़यामत का इल्म है।" (सूरतु लुक़मानः ३४)

६ तक़दीर पर ईमान लानाः

इस बात पर ईमान एवं विश्वास करना ज़रूरी है कि अल्लाह को यह पता एवं इल्म है कि अभी क्या होने वाला है और भविष्य में क्या होगा और उस को बंदों के हालात, उन के आमाल, उनकी उम्रों और उनकी रोज़ियों के बारे में भी इल्म है। अल्लाह तआला का फ़रमान हैः

﴿ إِنَّ ٱللَّهَ بِكُلِّ شَىْءٍ عَلِيمٌ ﴾

"बेशक अल्लाह तआला हर चीज़ का जानने वाला है।" (सूरतुल अनकबूतः ६२)

इसी प्रकार अल्लाह का फ़रमान हैः

﴿ وَعِندَهُۥ مَفَاتِحُ ٱلْغَيْبِ لَا يَعْلَمُهَآ إِلَّا هُوَ ۚ وَيَعْلَمُ مَا فِى ٱلْبَرِّ وَٱلْبَحْرِ ۚ وَمَا تَسْقُطُ مِن وَرَقَةٍ إِلَّا
يَعْلَمُهَا وَلَا حَبَّةٍ فِى ظُلُمَٰتِ ٱلْأَرْضِ وَلَا رَطْبٍ وَلَا يَابِسٍ إِلَّا فِى كِتَٰبٍ مُّبِينٍ ﴾

"और उसी (अल्लाह) के पास गैब की कुंजियां हैं जिन को सिर्फ़ वही जानता है, और जो थल और जल में है वह सभी को जानता है, और जो पत्ता गिरता है उसे भी जानता है और ज़मीन के अंधेरों में कोई भी दाना नहीं पड़ता और न कोई तर और खुश्क चीज़ गिरती है, लेकिन यह सब खुली किताब में है।" (सूरतुल अंआमः ५६)

अगर कुरआन में मात्र यही एक आयत ही होती तो वाज़ेह दलील होती, और कातिअ तर्क होती कि यह सारी चीजें अल्लाह की ओर या जानिब से हैं, क्योंकि हर काल के मानव जाति में विशेष रूप से मौजूदा समय में जिस में इल्म आम हो गया है, और इस समय में इंसान अपने आप को बड़ा समझने लगा है, इस आयत में जो जो चीज़ें संक्षेप में कह दी गई हैं उन पर ग़ौर एवं विचार नहीं करता है, चे जाये कि वह उन्हें कर सके।

और अल्लाह के पास सारी चीज़े एक किताब में लिखी हुई हैं, अल्लाह का फ़रमान हैः

﴿وَكُلَّ شَىْءٍ أَحْصَيْنَٰهُ فِىٓ إِمَامٍ مُّبِينٍ﴾

"और हर बात को हम ने एक खुली किताब में संकलन (ज़ब्त) कर रखा है।" (सूरतु यासीनः १२)

इसी प्रकार अल्लाह तआला दूसरी जगह फ़रमाता हैः

﴿أَلَمْ تَعْلَمْ أَنَّ ٱللَّهَ يَعْلَمُ مَا فِى ٱلسَّمَآءِ وَٱلْأَرْضِ ۗ إِنَّ ذَٰلِكَ فِى كِتَٰبٍ ۚ إِنَّ ذَٰلِكَ عَلَى ٱللَّهِ يَسِيرٌ﴾

"क्या आप ने नहीं जाना कि आकाश और धरती की हर चीज़ अल्लाह के इल्म में है, यह सब लिखी हुई किताब में महफ़ूज़ है, अल्लाह (तआला) के लिए यह काम बड़ा आसान है।" (सूरतुल हज्जः ७०)

और अल्लाह तआला जब किसी चीज़ के करने का इरादा करता है तो कहता है कि 'हो जा' तो वह चीज़ हो जाती है। जैसा कि अल्लाह तआला का फ़रमान हैः

﴿إِنَّمَآ أَمْرُهُۥٓ إِذَآ أَرَادَ شَيْـًٔا أَن يَقُولَ لَهُۥ كُن فَيَكُونُ﴾

"जब वह किसी चीज़ का इरादा करता है, उसे इतना कह देता (बस) है कि

हो जा, वह फ़ौरन हो जाती है।" (सूरतु यासीनः ८२)

और अल्लाह तआला ही सारी चीज़ों का अंदाज़ा लगाता है, और वही सारी चीज़ों को पैदा करने वाला है। अल्लाह तआला का फ़रमान हैः

﴿إِنَّا كُلَّ شَيْءٍ خَلَقْنَٰهُ بِقَدَرٍ﴾

"बेशक हम ने हर चीज़ को एक (निर्धारित) अंदाजा पर पैदा किया है।" (सूरतुल क़मरः ४९)

और अल्लाह तआला ने फ़रमायाः

﴿ٱللَّهُ خَٰلِقُ كُلِّ شَيْءٍ﴾

"अल्लाह सभी चीज़ों का स्रष्टा है।" (सूरतुज़्ज़ुमरः ६२)

अल्लाह ने बंदों को अपनी आज्ञाकारिता एवं फ़रमांबरदारी के लिए पैदा किया है, और उसको उनके लिए बयान किया है और उनको अपने आदेशों का पालन करने का हुक्म दिया है, और अपनी अवज्ञाकारिता करने से उन को रोका है, और उसको उनके लिए स्पष्ट कर दिया है, और उन के लिए तकदीर एवं मशीयत (ईश्वरीय इच्छा) बनाया, जिस से अल्लाह के अवामिर (आदेशों) का पालन करने पर क़ादिर हो सकते हैं, जिस के कारण उन को सवाब मिलेगा, और अल्लाह की अवज्ञाकारिता करने के कारण अज़ाब और सज़ा के योग्य होंगे।

तक़दीर (भाग्य) पर ईमान एवं विश्वास करने के लाभः

१. असबाब वाले कार्य को करते समय बंदे का भरोसा अल्लाह पर होता है, क्योंकि वह जानता है कि सबब और मुसब्बब दोनों का संबंध अल्लाह के फैसले और उस के अंदाज़े से होता है।

२. आत्मा और दिल को संतोष एवं शांति मिलती है, क्योंकि जब उसको पता चलता है कि यह अल्लाह के फैसले और उसके अंदाज़े से है, और लिखा हुआ अप्रिय कार्य हर हाल में हो कर रहेगा। उसकी आत्मा को सुख होता है और अल्लाह के फैसले से प्रसन्न होता है, लेहाज़ा जो मनुष्य भाग्य पर

ईमान एवं विश्वास करता है वही सब से पाकीज़ा जीवन, सब से ज़्यादा आराम एवं चैन की ज़िन्दगी गुज़ारता है।

३ मुराद एवं मकसद के हासिल होते समय अपने नफ़्स पर इतराने से रोकता है, क्योंकि अल्लाह की ओर से उसे यह वरदान जिसको अल्लाह ने कामयाबी एवं भलाई के रूप में उसके भाग्य में लिख दिया था तो इस पर बंदा अल्लाह की कृपा बयान करता है।

४ भाग्य पर ईमान किसी मुराद के न प्राप्त होने या संकट के समय परेशानी और ग़म को दूर करता है, क्योंकि यह अल्लाह के फैसले के अनुसार होता है और फैसला कोई टाल नहीं सकता है, वह हर हाल में होकर रहेगा, तो इस पर बंदा सब्र करता है और अल्लाह की प्रसन्नता कमाकर अल्लाह के सवाब को प्राप्त करता है। अल्लाह तआला का फ़रमान है:

﴿مَآ أَصَابَ مِن مُّصِيبَةٍ فِى ٱلْأَرْضِ وَلَا فِىٓ أَنفُسِكُمْ إِلَّا فِى كِتَٰبٍ مِّن قَبْلِ أَن نَّبْرَأَهَآ ۚ إِنَّ ذَٰلِكَ عَلَى ٱللَّهِ يَسِيرٌ ۝٢٢ لِّكَيْلَا تَأْسَوْا۟ عَلَىٰ مَا فَاتَكُمْ وَلَا تَفْرَحُوا۟ بِمَآ ءَاتَىٰكُمْ ۗ وَٱللَّهُ لَا يُحِبُّ كُلَّ مُخْتَالٍ فَخُورٍ﴾

"न कोई कठिनाई (संकट) दुनिया में आती है न विशेष तुम्हारी जानों पर, लेकिन इस से पहले कि हम उस को पैदा करें वह एक ख़ास किताब में लिखी हुई है। बेशक यह काम अल्लाह (तआला) पर (बड़ा) आसान है। ताकि तुम अपने से छिन जाने वाली चीज़ पर दुखी न हो जाया करो और न अता (प्रदान) की हुई चीज़ पर गर्व करने लगो और इतराने वाले फ़ख़्र करने वालों से अल्लाह प्रेम नहीं करता।" (सूरतुल हदीद: २२,२३)[1]

५ तक़दीर (भाग्य) पर ईमान लाने से अल्लाह तआला पर पूर्ण भरोसा प्राप्त होता है, क्योंकि मुसलमान जानता है कि अल्लाह के हाथ में ही लाभ एवं हानि है, लेहाज़ा वह किसी ताक़तवर से नहीं डरता है, उसकी ताक़त एवं शक्ति के कारण और किसी से डर कर अच्छे कार्य करने में कोताही और सुस्ती नहीं करता है।

---

१ देखिए: अल-अक़ीदा सहीहा वमा यज़ाद्दुहा, पेज: १६, अक़ीदा अहले सुन्नत वल-जमाअत पेज: ३६, दीनुल हक़, पेज: १८.

अल्लाह के रसूल ﷺ ने इब्ने अब्बास से फ़रमायाः

"अगर पूरी की पूरी उम्मत तुम को लाभ पहुंचाना चाहे, तो वह कुछ भी लाभ नहीं पहुंचा सकते हैं, सिवाय वही जिस को अल्लाह तआला ने आप के लिए लिख दिया है, और इसी प्रकार सारे लोग आप को हानि पहुंचाना चाहें तो आप को कुछ भी हानि नहीं पहुंचा सकते हैं। सिवाय इस बात के जो अल्लाह ने आप के लिए लिख दिया है।"[1]

---

१ इस हदीस को इमाम अहमद ने अपनी किताबः मुसनद, भागः १, पेजः २६३ और इमाम तिर्मिज़ी ने इस हदीस को अपने सुनन में "अब्वाबुल क़ियामा" भागः ४, पेजः ७६.

तीसरी श्रेणी: एहसान (उपकार एवं भलाई)

और इसका एक ही स्तंभ है:

अर्थात आप अल्लाह की पूजा एवं इबादत इस प्रकार से करें कि गोया आप अल्लाह तआला को देख रहे हैं, अगर आप उस को नहीं देख सकते हैं तो कम से कम यह ख़्याल रहे कि वह आपको देख रहा है।

लेहाजा जब मनुष्य इस विशेषता के साथ अपने रब (अल्लाह) की पूजा (इबादत) करता है, और यह विशेषता उसे यह ध्यान दिलाती है कि उस का रब उस से बहुत करीब है, जैसे कि वह अपने रब के सामने ख़ड़ा है, और यह हालत अल्लाह के प्रति भय, मान सम्मान रखने, अल्लाह के साथ ख़ैरख़्वाही करने को ज़रूरी बनाती है। इसी लिए इबादत को उत्तम एवं उमदा और पूर्णता बनाने के लिए अधिक प्रयास एवं साहस की आवश्यकता है।

लेहाजा बंदा इबादत करते समय अपने रब से डरे, और अल्लाह की निकटता को इस प्रकार से महसूस करे जैसे कि वह अल्लाह को देख रहा हो, अगर इस हालत (अल्लाह की निकटता) को प्राप्त करने में कोई कठिनाई आ रही हो तो उस को प्राप्त करने के लिए अल्लाह तआला से सहायता मांगे, और इस बात पर विश्वास रखे कि अल्लाह तआला उस को देख रहा है। इसी प्रकार अल्लाह तआला मनुष्य के सारे रहस्य को जानता है, चाहे वह ढका हुआ हो या ज़ाहिर, बंदे का कोई भी कार्य एवं मामला अल्लाह से ढका-छिपा हुआ नहीं है।[1]

जब बंदा इस प्रकार से अल्लाह की इबादत करता है तो वह उस महान मक़ाम एवं मंज़िल तक पहुंच जाता है कि उस के बाद वह अल्लाह के अलावा किसी और की ओर ध्यान नहीं देता है, और न ही लोगों की प्रशंसा प्राप्त करने का प्रयास

१ देखिये: जामेउल उलूम वल-हिकम, पेज: १२८.

करता है, और इसी प्रकार न ही वह लोगों की मलामत से भय खाता है, बल्कि वह अल्लाह की तारीफ़ और उस को प्रसन्न करना ही असल कामयाबी समझता है।

और वह ऐसा मनुष्य बन जाता है जिस का ज़ाहिर और भीतर समान होता है, और अपने रब की पूजा तंहाई और ग़ैर तंहाई दोनों हालतों में करता है, और संपूर्ण तरीके से इस बात पर विश्वास रखता है कि जो कुछ उस के दिल में छिपा है और जो संदेह एवं वस्वसा उस के मन में है वह सब कुछ अल्लाह तआला जानता है।

तो अल्लाह पर ईमान (विश्वास) उसके दिल की देख-रेख करता है, और वह अपने रब की निगरानी एवं देख-भाल को अनुभव करता है, और वह अपने सारे आज़ा व ज़वारेह को अल्लाह के लिए समर्पित कर देता है, और वह वही कार्य करता है जिस को अल्लाह पसंद एवं जिस से प्रसन्न होता है, और अपने आप को संपूर्ण तरीके से अल्लाह के हवाले कर देता है, और उस का दिल सदैव अपने रब के साथ लटका (लगा हुआ) होता है, लेहाजा वह किसी भी मनुष्य से सहायता नहीं प्राप्त करता है, और न ही किसी इंसान से अपनी परेशानियों की फ़रियाद करता है, क्येंकि परेशानियों और ज़रूरतों को मात्र अल्लाह तआला ही नाज़िल करता है और वही उन को दूर करने कि शक्ति रखता है, मनुष्य के लिए मात्र सहायक अल्लाह तआला ही है। इसी प्रकार इंसान किसी भी जगह से भय एवं भयभीत नहीं होता है, और न ही वह किसी मनुष्य से भयभीत होता है, क्येंकि वह जानता है कि अल्लाह तआला हर जगह उस के साथ है, और वह उस के लिए काफ़ी है, और वह कितना ही अच्छा सहायक है, नेक बंदे अल्लाह के किसी भी आदेश को नहीं छोड़ते हैं, और न ही अल्लाह के प्रति अवज्ञा (पाप) करते हैं, क्योंकि वह अल्लाह तआला से शर्म करते हैं और वह इस बात को नापसंद करते हैं कि अल्लाह तआला का कोई आदेश उन से छूट जाये या उस के किसी प्रतिबंध को वे लोग कर लें।

इसी प्रकार वे लोग न तो किसी के साथ अहंकार करते हैं, और न ही किसी मनुष्य के साथ अत्याचार करते हैं, और न ही किसी के हक़ को हड़पते हैं,

आदि। क्योंकि वह अच्छी तरह जानते हैं कि अल्लाह तआला हर चीज़ से परिचित है। अल्लाह बहुत जल्द उन के कार्य का हिसाब लेगा। इसी प्रकार अल्लाह के नेक बंदे धरती पर किसी से दंगा फसाद नहीं करते हैं, क्योंकि धरती पर जितने दान एवं प्रदान हैं उन सब का अधिपति अल्लाह है, और उसी ने इन सारे दानों एवं प्रदानों को मनुष्य के अधीन किया है। लेहाज़ा मनुष्य अपनी आवश्यकता के अनुसार लेता है और उस पर अल्लाह का शुक्र अदा करता है।

इस पुस्तिका में जो कुछ मैं ने आप के लिए वर्णन किया है और जो कुछ मैं ने आप के लिए पेश किया है वह बहुत ही महत्वपूर्ण बातें, और इस्लाम के बहुत ही महान अरकान हैं, और यह ऐसे अरकान हैं जिन पर मनुष्य का ईमान लाना, और उसी के अनुसार अपने जीवन में कार्य करना, तथा उन अरकानों को अपने जीवन में लागू करना ज़रूरी है, तब जाकर मनुष्य मुसलमान कहलाता है। और मैं पहले यह वर्णन कर चुका हूं कि इस्लाम नाम है दीन, दुनिया, इबादत, जीवन के मार्ग का, बेशक इस्लाम नाम है संपूर्ण इलाही निज़ाम (ईश्वर का क़ानून) का, जिसकी शरीअत में हर वह चीज़ शामिल हैं, जिस की समाज और व्यक्ति दोनों को समान्य रूप से आवश्यकता होती है। जीवन के सारे मैदानों में जैसेः अक़ीदा, सियासत, आर्थिक, समाजिक और सुरक्षा आदि। इस में इंसान को एक ऐसे नियम एवं क़ायदे, और उसूल एवं अहक़ाम मिलते हैं जो ज़रूरी हुकूक़, युद्ध एवं शान्ति की हालत को बयान करते हैं, और इंसानों, पक्षियों, जानवरों, समाज और उस के आस-पास की चीज़ों की उदारता एवं कुलीनता की सुरक्षा करते हैं।

और इंसान के जीवन, मौत और मरने के बाद दोबारा जीवित होने की वास्ताविकता को स्पष्ट करती है। और इसी प्रकार इंसानों और उस के आस-पास के लोगों से व्यवहार करने के लिए बहुत ही बढ़िया तरीक़ा उस में मिलता है। जैसा कि अल्लाह तआला का फ़रमान हैः

﴿وَقُولُوا لِلنَّاسِ حُسْنًا﴾

"और लोगों को अच्छी बातें बताना।" (सूरतुल बक़राः ८३)

इसी प्रकार अल्लाह तआला का फ़रमान है:

﴿وَٱلْعَافِينَ عَنِ ٱلنَّاسِ﴾

“और लोगों को माफ़ करने वाले हैं।” (सूरतु आले इमरानः १३४)

अल्लाह तआला का फ़रमान है:

﴿وَلَا يَجْرِمَنَّكُمْ شَنَـَٔانُ قَوْمٍ عَلَىٰٓ أَلَّا تَعْدِلُوا۟ ٱعْدِلُوا۟ هُوَ أَقْرَبُ لِلتَّقْوَىٰ﴾

“और किसी कौम की दुश्मनी तुम्हें इंसाफ़ न करने पर तैयार न करे, इंसाफ़ करो, वह परहेज़गारी से बहुत क़रीब है।” (सूरतुल मायदाः ८)

इस दीन की श्रेणियों और उसकी हर श्रेणी के सारे अरकानों (बुनियादी बातों) का वर्णन करने के बाद हमारे लिए उचित यह है कि हम संक्षेप में इस्लाम की खूबियों एंव अच्छाईयों को बयान करें।

इस्लाम की ख़ूबियां एवं अच्छाईयां

इस्लाम की ख़ूबियों का इहाता करने से क़लम निर्बल है, और इस दीन की उच्चतायें एवं श्रेष्ठतायें संपूर्ण तरीक़े से बयान करने से शब्द कमज़ोर हैं, और दीन यह (धर्म) मात्र अल्लाह तआला का दीन है, जिस प्रकार से दृष्टि अल्लाह तआला का इदराक नहीं कर सकती और मनुष्य उस के ज्ञान (इल्म) का इहाता नहीं कर सकता है उसी प्रकार से क़लम अल्लाह की शरीअत (क़ानून एवं क़ायदे) की ख़ूबियों का इहाता नहीं कर सकता है।

इब्ने क़ैयिम रहिमहुल्लाह कहते हैं: ‘‘जब आप इस सीधे और सरल दीन, और मुहम्मद ﷺ की शरीअत के अनुपम एवं अद्धितीय हिक्मत पर चिंतन करेंगे -और मुहम्मद ﷺ की शरीअत जिस के कमाल और ख़ूबियों को शब्दों में नहीं बयान किया जा सकता है, और उसकी अच्छाईयों का इदराक़ बयानों से नहीं लगाया जा सकता है, और न ही अक्लमंदों की अक्लें उसकी बुलंदियों का अंदाजा कर सकती हैं। अगरचे उन में से सब से संपूर्ण लोगों की बुद्धियां इकट्ठी हो जायें, जबकि विद्वान और पूर्ण बुद्धियां यह विचार करती हैं कि उन्हों ने इस्लाम की ख़ूबियों और अच्छाईयों का इदराक कर लिया, और उसकी श्रेष्ठता की गवाही दी, और यह कि दुनिया ने इस्लामी शरीअत से ज़्यादा संपूर्ण और इस से ज़्यादा पाकीज़ा और इस से ज़्यादा महान शरीअत का दरवाज़ा ही नहीं खटखटाया है- तो आप को इसकी ख़ूबी का अंदाज़ा हो जायेगा। अगर अल्लाह के रसूल ﷺ कोई दलील एवं तर्क न भी लाते तो तर्क और गवाही के लिए यही काफ़ी था कि यह दीन अल्लाह की तरफ़ से है, और अल्लाह का पसंदीदा दीन है, और संसार की सारी चीज़ें उस (अल्लाह के संपूर्ण इल्म) की गवाही देती हैं। संसार की सारी चीज़ें अल्लाह के संपूर्ण इल्म, संपूर्ण हिक्मत, अत्यधिक दया एवं करुणा, नेकी और उपकार, ग़ैब और हाज़िर का संपूर्ण इल्म या जानकारी, नियम और परिणाम एवं अंजाम की जानकारी, आदि की गवाही देते हैं और

यह अल्लाह का सब से उच्च एवं महान वरदान है जो उस ने अपने बंदों के साथ उपकार या वरदान किया है। बंदो पर अल्लाह का सब से महान वरदान यह है कि उस ने अपने (दीन) इस्लाम के द्वारा लोगों की हिदायत की, और उस ने लोगों को उसके योग्य बनाया, और उन के लिए इस को (इस्लाम) पसंद किया। यही कारण है कि उस (अल्लाह) ने अपने बंदों पर उपकार करते हुए उनको उसकी (इस्लाम) की हिदायत की। अल्लाह तआला का फ़रमान है:

﴿لَقَدْ مَنَّ ٱللَّهُ عَلَى ٱلْمُؤْمِنِينَ إِذْ بَعَثَ فِيهِمْ رَسُولًا مِّنْ أَنفُسِهِمْ يَتْلُوا۟ عَلَيْهِمْ ءَايَـٰتِهِۦ وَيُزَكِّيهِمْ وَيُعَلِّمُهُمُ ٱلْكِتَـٰبَ وَٱلْحِكْمَةَ وَإِن كَانُوا۟ مِن قَبْلُ لَفِى ضَلَـٰلٍ مُّبِينٍ﴾

“बेशक मुसलमानों पर अल्लाह का उपकार (एहसान) है कि उस ने उन्ही में से एक रसूल उन में भेजा जो उन्हें उसकी आयतें पढ़कर सुनाता है और उन्हें पाक करता है, और उन्हें किताब और सूझ-बूझ सिखाता है, और बेशक यह सब उस से पहले वाज़ेह तौर से भटके हुए थे।” (सूरतु आले इमरानः १६४)

और अल्लाह तआला अपने बंदों का परिचय कराते हुए और अपने महान वरदानों को याद दिलाते हुए, और उन वरदानों के प्रति उन पर धन्यवार प्राप्त करते हुए फ़रमाता है:

﴿ٱلْيَوْمَ أَكْمَلْتُ لَكُمْ دِينَكُمْ﴾

“आज मैं ने तुम्हारे लिए तुम्हारे दीन को मुकम्मल कर दिया।” (सूरतुल मायदाः ३)[1]

इस दीन (धर्म) के प्रति हम अल्लाह का शुक्र अदा करते हुए दीन इस्लाम की कुछ ख़ूबियों को संक्षेप में वर्णन कर रहे हैं:

१ इस्लाम अल्लाह का दीन है:

यह वही दीन है जिसे अल्लाह तआला ने अपने लिए पसंद किया है, और इस को देकर रसूलों को भेजा, और अपनी मख़लूक़ को यह आदेश दिया कि उसके दीन के द्वारा उस की पूजा एवं इबादत करें, जिस तरह से ख़ालिक़ (ईश्वर) और मख़लूक़ के बीच मुशाबहत (समानता) नहीं की जा सकती उसी प्रकार अल्लाह

१ मिफ्ताहु दारिस्सआदा, भागः १, पेजः ३७४-३७५.

इस्लाम के सिद्धांत और उस के मूल आधार

के दीन और लोगों के बनाए हुये क़ानून और उन के धर्मों के बीच मुशाबहत (समानता) संभव ही नहीं है।

जिस प्रकार अल्लाह तआला ने अपने आप को पूर्णतः कमाल के गुण से मुत्तसिफ़ किया है, उसी प्रकार उसका दीन पूर्णतः कमाल का हामिल है। उन क़ानूनों एवं क़ायदों को पूरा करने में जिस से लोगों की दुनिया एवं आख़िरत दोनों की सुधार हो सके और उन में दोनों जहां का लाभ मौजूद हो, और जो ख़ालिक़ (अल्लाह) के हुक़ूक़ और बंदों के वाज़िबात (आवश्यक चीज़ों) और लोगों का हक़ एक-दूसरे के प्रति और इसी प्रकार एक-दूसरे के (वाजिबात) की जानकारी देता हो।

२ व्यापकता:

इस दीन की सब से महत्वपूर्ण ख़ूबी एवं अच्छाई यह है कि यह हर चीज़ को शामिल है। अल्लाह तआला का फ़रमान है:

﴿مَّا فَرَّطْنَا فِي الْكِتَابِ مِن شَيْءٍ﴾

“हम ने किताब में लिखने से कोई चीज़ न छोड़ी।” (सूरतुल अंआमः ३८)

इस लिए यह दीन हर उस चीज़ को शामिल है जिस का संबंध ख़ालिक़ (अल्लाह) से है, जैसेः अल्लाह के नाम उसकी ख़ूबियां और उस के हुक़ूक़। इसी प्रकार हर वह चीज़ जिसका संबंध मख़लूक़ से हो, जैसेः क़ानून एवं क़ायदे, अधिकार, सद्व्यवहार और वाजिबात इत्यादि।

और इस दीन ने रसूलों, नबियों, फ़रिश्तों और पहले तथा बाद के लोगों की ख़बरों से आगाह कर दिया है। इसी प्रकार इस में आकाश, धरती, गगनों, सितारों, समुद्रों, पेड़ों, और कायनात के बारे में विस्तार से वर्णन किया गया है, और मनुष्य को पैदा करने के कारण और उस के मकसद एवं रहस्य को बयान किया है। इसी प्रकार स्वर्ग और मोमिनों के ठिकाने का वर्णन और नरक और काफ़िरों के अंतिम अंजाम का वर्णन किया है।

३ इस्लाम ख़ालिक (अल्लाह) और मख़लूक़ (बंदों) के बीच संबंध को जोड़ता है:

हर समुदाय और हर झूठे धर्म की यह विशेषता है कि वह एक इंसान को उसी

के समान इंसान से जोड़ता है जिसको मौत, कमज़ोरी, और बीमारी आती है, बल्कि कभी-कभार ऐसे मनुष्य से संबंध रखता है जो सदियों पहले मर चुका हो, और वह सड़-गल कर मिट्टी और हड्डी बन गया हो.....। लेकिन इस्लाम की यह विशेषता है कि वह मनुष्य का सम्बंध सीधे अपने ख़ालिक़ (स्रष्टा) से जोड़ता है। बीच में किसी वसीला और आदरणीय मनुष्य, या किसी पवित्र ज़ात का सहारा नहीं लेता है बल्कि अल्लाह ही से सीधा सम्पर्क होता है। ख़ालिक़ और मख़लूक़ के बीच ऐसा संबंध जो बुद्धि को उस के रब के साथ जोड़ता है तो वह उस से प्रकाश प्राप्त करता है, और उसका मार्गदर्शन करता है, उस को ऊंचा करता है और उस के द्वारा कमाले बंदगी प्राप्त करता है और घटिया कामों से दूरी इख़्तियार करता है, अगर कोई मनुष्य दिल से अपने ख़ालिक़ से संबंध नहीं रखता है तो वह चौपायों से भी ज़्यादा घृणित और अपमानित है।

यह ख़ालिक़ (अल्लाह) और मख़लूक़ (बंदों) के बीच ऐसा संबंध है जिस के द्वारा बंदा अपने रब की कामना एवं इच्छा से परिचित होता है, जिस के कारण अपने रब की पूजा एवं इबादत बसीरत (बुद्धिमत्ता) से करता है, और इस संबंध के द्वारा उस की ख़ुशी एवं प्रसन्नता की जगहों से भी परिचित होता है और उस को हासिल करता है, तथा अल्लाह की नाराज़गी की जगहों को जान कर उस से परहेज़ करता है। और यह एक महान ख़ालिक़ (ईश्वर) और ग़रीब निर्बल मख़लूक़ (बंदों) के बीच ऐसा संबन्ध है जिस के द्वारा मख़लूक़ (बंदा) मदद, सहयोग और ईश्वरीय मार्गदर्शन प्राप्त करता है, और वह अल्लाह से मांगता है कि उस को छल-कपट करने वालों के छल-कपट और शैतानों की चाल से रक्षा करे।

४ इस्लाम दुनिया और आख़िरत दोनों के लाभ का पक्षपात करता है:

इस्लाम का क़ानून एवं शरीअत दुनिया एवं आख़िरत के लाभ की प्राप्ति और उच्च अख़्लाक़ की पूर्ति के नींव पर स्थापित है।

आख़िरत के लाभ का बयानः (इस्लामी) शरीअत ने इस की सारी क़िस्मों को बयान कर दिया है, उन में से किसी भी चीज़ को नहीं छोड़ा है, बल्कि उस

की तशरीह एवं व्याख्या और वज़ाहत भी कर दी है ताकि उन में से कोई चीज़ भी बाक़ी न रहे। नेक लोगों को उस के वरदानों का वादा किया गया है और नाफ़रमानों को उस के अज़ाब एवं सज़ा की धमकी सुनाई गई है।

दुनियावी लाभ का बयानः अल्लाह तआला ने इस दीन (धर्म) में हर उस चीज़ को क़ानून का दर्जा दिया है जो इंसान के दीन, उस की जान, धन, नसब, सम्मान और उसकी बुद्धि की रक्षा करे।

उच्च अख़्लाक़ का बयानः अल्लाह तआला ने इस का आदेश ज़ाहिरी एवं बातिनी दोनों प्रकार से दिया है, तुच्छ और घटिया काम से मना किया है, तो ज़ाहिरी विनम्रता सफ़ाई, पवित्रता, गंदगी, मैल-कुचैल से बचना, ख़ुशबू लगाने, अच्छे कपड़े और अच्छी शक्ल-सूरत में रहने की रीति डालना उचित है। इसी तरह ख़बीस चीज़ों को हराम समझना, जैसेः ज़िना, शराब पीना, मुर्दा जानवरों का गोश्त (मांस) खाना और सुअर का मांस खाना आदि।

बातिनी (अन्दरूनी) दिली सफ़ाईः अन्दरूनी एवं दिली सफ़ाई का अर्थ यह है कि मनुष्य घृणित एवं ख़राब व्यवहार से दूर रहे और अच्छाई एवं शिष्टता तथा सदाचार से सुशोभित हो। और बुरा सदाचार यह है कि झूठ, बदकारी, ज़िना, प्रकोप, ईर्ष्या (हसद), कंजूसी, नफ़्स की पामाली, जाह एवं हश्मत से प्रेम, दुनिया की मुहब्बत, गर्व, अभिमान, और दिखावा (रिया) आदि।

प्रशंसित सद्व्यहारः रुचिकर सदाचार बहुत ज़्यादा हैं, कुछ महत्वपूर्ण इस प्रकार से हैंः विनम्रता, मनुष्य की शिष्टता और अच्छों की सुहबत उसके साथ उपकार करना, न्याय, आदर एवं सत्कार, सच्चाई एवं सत्यता, शरीफ़ नफ़्स, अल्लाह पर भरोसा, निस्वार्थता, अल्लाह का डर एवं ख़ौफ़, सब्र तथा धैर्य और अल्लाह के वरदानों का शुक्र आदि।[1]

५ सरलता (साधारण):

सरलता वह महत्वूर्ण ख़ूबी है जिस से यह दीन प्रतिष्ठित है, इस दीन के हर धार्मिक चिन्ह में सरलता रखी गयी है, इस की सारी इबादतों में आसानी एवं सरलता है।

१ देखिएः “अलऐलाम बिमा फ़ी दीनिन्निसार मिनल फ़साद वह औहाम”, इमाम कुर्तबी की, पेजः ४२२-४४५.

अल्लाह तआला का फ़रमान है:

﴿وَمَا جَعَلَ عَلَيْكُمْ فِي الدِّينِ مِنْ حَرَجٍ﴾

“और (अल्लाह ने) तुम पर दीन के बारे में कोई कठिनाई नहीं की।” (सूरतुल हज: ७८)

और इस सरलता का अर्थ यह है कि अगर कोई मनुष्य इस्लाम में प्रवेश करना चाहता हो तो उसको किसी मनुष्य के मध्यस्तता, या पहले से किसी अभिवादन की आवश्यकता नहीं होती है, बल्कि वह पाक साफ हो जाए, और “ला इलाह इल्लल्लाह, व मुहम्मदुर्रसूलुल्लाह” की गवाही दे, और दोनों शब्दों के अर्थों पर अक़ीदा रखे, और उन के तक़ाज़े के अनुसार अमल करे।

इसी तरह जब इंसान सफर करता है या वह बीमार हो जाता है तो उसकी इबादत में कमी एवं आसानी और सरल कर दी जाती है, और उस को उस कार्य का सवाब निवासी (मुक़ीम) और सही व स्वस्थ के समान सवाब (पुण्य) मिलता है, बल्कि एक मुसलमान का जीवन सरल एवं संतुष्ट और निश्चिन्त होता है। इस के विपरीत काफ़िर का जीवन संकुचित और चिंतित स्थिति से घिरा होता है, और इसी प्रकार मोमिन की आत्मा (रूह) बहुत आसानी से निकाल ली जाती है, जिस प्रकार से पानी की बूंद बर्तन से निकलती है।

अल्लाह तआला का फ़रमान है:

﴿الَّذِينَ تَتَوَفَّاهُمُ الْمَلَائِكَةُ طَيِّبِينَ يَقُولُونَ سَلَامٌ عَلَيْكُمُ ادْخُلُوا الْجَنَّةَ بِمَا كُنْتُمْ تَعْمَلُونَ﴾

“वे जिनकी जान फ़रिश्ते ऐसी हालत में निकालते हैं कि वह पाक-साफ हों, कहते हैं कि तुम्हारे लिये सलामती ही सलामती है अपने उन अमलों के बदले जन्नत में जाओ जो तुम कर रहे थे।” (सूरतुन नहल: ३२)

जहां तक रही बात काफ़िरों की, तो उस की मौत के समय बहुत ही सख़्त गंदे मैले फ़रिश्ते हाज़िर होते हैं और उसको कोड़े से मार कर उस की जान निकालते हैं।

जैसे कि अल्लाह तआला का फ़रमान है:

﴿وَلَوْ تَرَىٰ إِذِ الظَّالِمُونَ فِي غَمَرَاتِ الْمَوْتِ وَالْمَلَائِكَةُ بَاسِطُو أَيْدِيهِمْ أَخْرِجُوا أَنْفُسَكُمُ الْيَوْمَ
تُجْزَوْنَ عَذَابَ الْهُونِ بِمَا كُنْتُمْ تَقُولُونَ عَلَى اللَّهِ غَيْرَ الْحَقِّ وَكُنْتُمْ عَنْ آيَاتِهِ تَسْتَكْبِرُونَ﴾

"अगर आप ज़ालिमों को मौत के सख़्त अज़ाब में देखेंगे, जब फ़रिश्ते अपने हाथ लपकाये होते हैं कि अपनी जान निकालो, आज तुम्हें अल्लाह पर नाहक़ इल्ज़ाम लगाने और तकब्बुर से उसकी आयतों का इंकार करने के सबब अपमानकारी (रुस्वाकुन) बदला दिया जायेगा।" (सूरतुल अंआमः ९३)

अल्लाह तआला का फ़रमान हैः

﴿وَلَوْ تَرَىٰٓ إِذْ يَتَوَفَّى ٱلَّذِينَ كَفَرُوا۟ ٱلْمَلَٰٓئِكَةُ يَضْرِبُونَ وُجُوهَهُمْ وَأَدْبَٰرَهُمْ وَذُوقُوا۟ عَذَابَ ٱلْحَرِيقِ﴾

"और काश कि तू देखता जबकि फ़रिश्ते काफ़िरों की जान निकालते हैं, उन के मुंह और कमर पर मार मारते हैं (और कहते हैं) तुम जलने के अज़ाब का मज़ा चखो।" (सूरतुल अंफ़ालः ५०)

६ न्याय (इंसाफ़):

जिस ज़ात ने इस्लामी शरिअत को क़ानूनी रूतबा दिया वह मात्र एक अल्लाह है, और वही सारे मख़लूक़, काले-गोरे मर्द और औरत सारे लोगों को पैदा किया, और यह सारे लोग अल्लाह की हिकमत, उसके न्याय, उस की दया के सामने सब समान हैं। और उस ने मर्द एवं औरत के लिए जो उचित है उस को क़ानून का रुतबा दिया है।

लेहाज़ा ऐसी हालत में असंभव है कि शरीअत मर्दों का पक्षपात करे और औरतों के समक्ष, या औरतों को श्रेष्ठ करे और मर्दों के साथ अन्याय करे, या गोरे लोगों को प्रधानता दे, और कालों को उस से वंचित कर दे, लेहाज़ा अल्लाह तआला की शरीअत के निकट सारे लोग समान (बराबर) हैं उन के बीच सिवाये एक चीज़ की वजह से बरतरी साबित नहीं होती है और वह है अल्लाह का डर एवं ख़ौफ़ (तक़वा)।

७ भलाई का आदेश देना और बुराई से मना करना:

यह शरीअत (इस्लाम) महान एवं उच्च और बुलन्द विशेषताओं पर है, और वह भलाई एवं अच्छाई का आदेश देना और बुरे कार्यों से रोकना।

लेहाज़ा हर मुसलमान, मर्द एवं औरत बालिग़, बुद्धिमान, ताक़तवर (साहिबे इस्तेताअत) के लिए आवश्यक है कि भलाई का आदेश दे और अपनी शक्ति के अनुसार ग़लत कामों से मना करे। भलाई के आदेश और बुराई से मना करने की ज़िम्मेदारी के हिसाब से, और वह यह है कि भलाई एवं अच्छाई का आदेश हाथ से करना और हाथ से ग़लत कार्य को रोकना, और अगर इस के पास इतनी शक्ति नहीं है तो वह लोगों को अपनी ज़बान से मना करे, अगर इस की भी शक्ति नहीं है तो कम से कम अपने दिल में ही बुरा जाने और समझे।

इस प्रकार से पूरी उम्मत एक-दूसरे के लिए निरीक्षक बन जाए। लेहाज़ा सारे लोगों के लिए उचित है कि वह भलाई का आदेश दें, और हर उस मनुष्य को बुराई से मना करें जो भलाई के कार्य करने से आलसी होते हैं। इसी तरह अगर किसी ने पाप या अपराध किया है, चाहे वह हाकिम हो या महकूम तो अपनी शक्ति के अनुसार और शरीअत के उन क़ानून के अनुसार उसे रोके। यह आदेश हर मनुष्य पर उस के शक्ति के अनुसार आवश्यक है, जबकि आजकल के बहुत से सियासी निज़ाम गर्व करते हैं कि उन्हों ने विपक्षी दलों को यह अधिकार दे रखा है कि वह सरकारी काम-काज की निगरानी करें।

तो यह इस्लाम की कुछ महत्वपूर्ण ख़ूबियां हैं, अगर आप उन को विस्तार से वर्णन करना चाहेंगे तो यह चीज़ इस बात का तक़ाज़ा करती है कि हर धार्मिक चिन्ह, हर फ़र्ज़ और हर आदेश एवं हर प्रतिबंध आदि को बयान करें और जो कुछ उस में संपूर्ण हिक्मत, ठोस क़ानून, संपूर्ण भलाई एवं सुन्दरता और कमाल (चमत्कार) हैं, उन पर ग़ौर किया जाये।

और जो इस दीन की शरीअतों (क़ानूनों) पर चिंतन-मनन करेगा वह अच्छी तरह ज्ञात हो जाएगा कि यह दीन अल्लाह की ओर से उतारा गया है, और बग़ैर किसी शंका एवं संदेह के यह दीन सत्य है, और ऐसे मार्ग की ओर रहनुमाई करता है जिस में कोई अंधकार नहीं है।

इस लिए अगर आप ने अल्लाह की ओर ध्यान देने, उसकी शरीअत की फ़रमांबरदारी करने और उस के नबियों एवं रसूलों की पैरवी करने का मज़बूत

इरादा कर लिया है, तो तौबा (गुनाहों की माफ़ी मांगने) का दरवाज़ा खुला हुआ है, और आप का रब (ईश्वर) बहुत ज़्यादा क्षमा करने वाला और दयावान है, वह आप के गुनाहों को क्षमा कर देगा।

तौबा (प्रायश्चित)

अल्लाह के रसूल ﷺ ने फ़रमायाः

> "आदम के सारे बेटे ख़ताकार हैं, और सब से अच्छे ख़ताकार वे लोग हैं जो अपने गुनाहों की अल्लाह से माफ़ी मांगते हैं।"[1]

मनुष्य स्वाभाविक रूप से दुर्बल होता है, इसी प्रकार साहस एवं संकल्प दोनों रूपों से दुर्बल ही होता है, वह अपने पाप एवं गुनाहों के अंजाम को उठाने की शक्ति नहीं रखता है, इस लिए अल्लाह तआला ने मनुष्य पर दया करते हुए उसको बहुत सारी आसानी और छूट दे रखी है, और इसी लिए उस के लिए तौबा का दरवाज़ा खुला रखा है।

तौबा की वास्तविकता:

मनुष्य गुनाहों को उसकी क़बाहत की वजह से छोड़ दे, अल्लाह तआला के ख़ौफ़ एवं भय से और उस चीज़ की अभिलाषा रखते हुए जिस को अल्लाह तआला ने बंदों के लिए तैयार कर रखा है, और जो कुछ उस से गुनाह हुआ है उस पर लज्जित हो, और उस गुनाह को छोड़ने का दृढ़ संकल्प करे और अच्छे एवं नेक कार्य के द्वारा अपना सुधार करे।"[2]

लेहाज़ा आप के लिए आवश्यक नहीं है कि आप किसी मनुष्य के हाथ पर तौबा करें जो आप के मामले को रुस्वा करे, और आप के रहस्य को खोल दे, और आप की कमज़ोरी का नाजायज़ फ़ायेदा उठाये, बल्कि तौबा आप के और आप के रब के बीच मुनाजात है, आप अल्लाह तआला से अपने पापों की क्षमा की

१ इस को इमाम अहमद ने अपनी मुसनद में भागः ३, पेज १६८, तिर्मिज़ी ने अपनी सुनन में "सिफ़त-उल-कयामा" नामी बाब में रिवायत किया है, भागः४, पेजः ४६, इब्ने माजा ने "किताबुज़्ज़ुहद में भागः ४, पेजः ४६१.

२ अलमुफ़रादात फी ग़रीबिल कुरआन, पेजः ७६.

फ़रियाद करते हैं और उस से मार्गदर्शन चाहते हैं और वह आप के पापों को क्षमा कर देता है।

इस्लाम में विरासत में मिले हुए पाप की कोई कल्पना ही नहीं है, और न ही मनुष्य में कोई प्रतीक्षित पापों से मुक्ति दिलाने वाला है, बल्कि मामला बिल्कुल ऐसे ही है जैसा कि आस्ट्रियन यहूदी कन्वर्ट मुहम्मद असद का कहना है कि: ''मुझे पूरे कुरआन में किसी भी जगह इस बात का कोई उल्लेख नहीं मिला कि मनुष्य को पापों से छुटकारा दिलाने की ज़रूरत है। इस्लाम में किसी भी विरासत में मिली हुई प्रथम ग़लती का कोई तसव्वुर नहीं जो आदमी के और उसके अंतिम परिणाम के बीच रुकावट बनती हो। क्योंकि (जैसाकि अल्लाह तआला का फ़रमान है):

﴿لَّيْسَ لِلْإِنسَٰنِ إِلَّا مَا سَعَىٰ﴾

''इंसान के लिए केवल वही है जिसकी कोशिश खुद उस ने की।'' (सूरतुन नज्मः ३६)

लेहाज़ा यह उचित नहीं है कि इंसान से यह मांग की जाए कि वह कोई नज़र या चढ़ावा पेश करे या अपनी जान बलिदान करे, ताकि उस के लिए तौबा (पश्चाताप) का दरवाज़ा खुल जाए और वह पापों से मुक्त हो जाए।''[1]

बल्कि सत्य यह है। जैसा अल्लाह तआला का फ़रमान हैः

﴿أَلَّا تَزِرُ وَازِرَةٌ وِزْرَ أُخْرَىٰ﴾

''कि कोई इंसान किसी दूसरे का बोझ न उठायेगा।'' (सूरतुन नज्मः ३८)

तौबा के बहुत सारे लाभ और महान इनाम हैं, उन में से कुछ महत्वपूर्ण लाभों का हम वर्णन कर रहे हैं।

१ बंदा को अल्लाह तआला की सहनशीलता का फैलाव, और उस के रहस्य पर पर्दा डालने में उस की दानशीलता का ज्ञान होता है। अगर वह चाहे तो पाप पर जल्दी पकड़ कर ले, और बंदों के बीच उसको अपमान करे, जिस के कारण उसका जीवन कठिन हो जाए, लेकिन अल्लाह तआला

---

१ अत्तरीक इलल इस्लाम, मुहम्मद असद, पेजः १४०.

मनुष्य के प्रति बहुत दयालु है, वह बंदों के रहस्य को ढांक कर रखता है, और उस के कर्मों पर पर्दा डाल कर रखता है, और वह बंदे की सहायता, शक्ति जीविका, ख़ुराक (रोज़ का खाना) प्रदान करता है।

२ तौबा का दूसरा लाभ यह है कि बंदा अपनी वास्तविकता को अच्छी तरह जान जाता है, और उस की एक आत्मा होती है जो बुरी बातों का आदेश देती है, और उसी बुरे आत्मा से कोताही, गुनाह और पाप सादिर होते हैं, और यह इस बात की दलील है कि मनुष्य का नफ़्स (आत्मा) कमज़ोर होता है, और वह निषिद्ध इच्छाओं पर धैर्य रखने से निर्बल होता है। (और वह इस बारे में पलक झपकने के समय के बराबर अल्लाह से बेपरवाह नहीं हो सकता है)

३ अल्लाह तआला ने तौबा को इस लिए क़ानून का रुतबा दिया ताकि लोग इस के द्वारा सब से महान सौभाग्य के असबाब को प्राप्त करें, और वह है अल्लाह की ओर ध्यान देना और उस से सहायता प्राप्त करना। इसी प्रकार तौबा के द्वारा मनुष्य का दुआ (प्रार्थना) करना, विनम्रता से प्रार्थना करना, अनशन एवं उपवास, प्रेम, डर एवं भय और उम्मीद एवं अरमान आदि प्रकार की चीज़ें प्राप्त होती हैं। इस तरह से मनुष्य की आत्मा अपने ख़ालिक़ (अल्लाह) से बहुत ही क़रीब हो जाती है जो तौबा और अल्लाह की ओर ध्यान देने के बिना संभव ही न था।

४ तौबा करने से अल्लाह तआला मनुष्य के पिछले पापों को क्षमा कर देता है। अल्लाह तआला का फ़रमान है:

﴿قُل لِّلَّذِينَ كَفَرُوٓاْ إِن يَنتَهُواْ يُغۡفَرۡ لَهُم مَّا قَدۡ سَلَفَ﴾

“आप काफ़िरों से कह दीजिए कि अगर यह लोग रुक जायें तो इसके सारे गुनाह जो पहले कर चुके हैं, माफ़ कर दिये जायेंगे।” (सूरतुल अंफ़ालः ३८)

५ तौबा के द्वारा इंसान के गुनाह अच्छाईयों में बदल दिये जाते हैं। जैसा कि अल्लाह तआला का फ़रमान है:

﴿إِلَّا مَن تَابَ وَءَامَنَ وَعَمِلَ عَمَلٗا صَٰلِحٗا فَأُوْلَٰٓئِكَ يُبَدِّلُ ٱللَّهُ سَيِّـَٔاتِهِمۡ حَسَنَٰتٖۗ وَكَانَ ٱللَّهُ غَفُورٗا رَّحِيمٗا﴾

"उन लोगों के सिवाय जो माफ़ी मांग लें और ईमान लायें और नेक काम करें, ऐसे लोगों के गुनाहों को अल्लाह (तआला) नेकी में बदल देता है, अल्लाह तआला बड़ा बख़्शने वाला और रहम करने वाला है।" (सूरतुल फुरक़ानः ७०)

६ मनुष्य एवं इंसान अपने जैसों के साथ उनकी कोताहियों, ग़लतियों में उसी प्रकार का व्यवहार करे जैसा कि उसकी ग़लतियों और कोताहियों में अल्लाह तआला पसंद करता है, क्योंकि बदला कार्य के प्रकार एवं श्रेणी से होता है। जब लोग इस प्रकार से अच्छा व्यवहार करेंगे तो अल्लाह भी इसी प्रकार से व्यवहार एवं सुलूक़ करेगा, और अल्लाह तआला उन के गुनाहों एवं ग़लतियों को नेकियों और अच्छाईयों से बदल देगा।

७ यह बात अच्छी तरह जान लेना चाहिए कि इंसान की आत्मा बहुत सारी बुराईयों और दोषों का मुजस्समा होती है, लेहाज़ा उस के लिए उचित है कि वह बंदों के दोषों से दूर रह कर बचता रहे, और दूसरों के दोषों एवं बुराईयों को देख कर अपना सुधार करता रहे।[1]

और मैं इस वाक्य का अन्त उस मनुष्य की सूचना से करना चाहता हूं, जो अल्लाह के नबी ﷺ के पास आया और कहाः "ऐ अल्लाह के रसूल! मैं ने हर प्रकार की बुराईयां की हैं। आप ने पूछाः क्या तुम यह गवाही नहीं देते कि अल्लाह के अलावा कोई माबूद नहीं है और मुहम्मद अल्लाह के रसूल हैं? आप ने तीन बार कहा तो उस आदमी ने उत्तर दियाः जी हां, तो आप ने कहाः यह वाक्य उन्हें ख़त्म कर देगा।

और दूसरी रिवायत में है किः "उन सब को यही काफ़ी है।"[2]

और एक दूसरी रिवायत में है कि वह अल्लाह के रसूल ﷺ के पास आया और

---

१ देखिए "मिफ़्ताहु दारिस्सआदा, भागः १, पेजः ३५८-३७०.

२ इस हदीस को अबू यअला ने अपनी मुसनद में रिवायत किया है, भागः ६, पेजः १५५, तबरानी ने मुअजमुल औसत में रिवायत किया है, भागः ६, पेजः २०१, अज़्ज़िया फिल मुख़्तारा, भागः ५, पेजः १५१, १५२, और कहा है कि इसकी सनद सही है, और अलमुज़म में, भागः १०, पेजः ८३, इस को अबू यअला और बज़्ज़ार ने इसी तरक रिवायत किया है, और इमाम तबरानी ने "अस्सग़ीर और औसत" में इस हदीस की रिवायत की है और इस के रिजाल सच्चे हैं।

कहा किः आप का क्या विचार है उस मनुष्य के बारे में जिस ने हर प्रकार के गुनाह किये हों, सिवाये उस ने अल्लाह के साथ किसी को शरीक नहीं किया हो, तो क्या ऐसे मनुष्य के लिए तौबा (पश्चाताप) का दरवाज़ा खुला हुआ है? तो आप ने प्रश्न पूछाः क्या तू इस्लाम लाया है? तो उस आदमी ने कहा कि मैं तो यह गवाही देता हूं कि अल्लाह के अलावा कोई इबादत के लायक़ नहीं और केवल अकेला और एक है, उस की बादशाहत में कोई शरीक नहीं है और आप अल्लाह के आख़िरी रसूल और नबी हैं। तो आप ने फ़रमायाः नेक और अच्छे कार्य करते रहो, और ग़लत कार्य से परहेज़ करो, तो अल्लाह तआला आप के लिए बहुत सारी नेकियां लिख देगा। फिर उस मनुष्य ने कहा मेरी पहले की ग़लतियां और नाफ़रमानियां कहां गईं? आप ने 'अल्लाहु अकबर' कहा, वह बराबर तकबीर पढ़ता रहा यहां तक कि वह छुप गया।[1]

तो इस्लाम अपने से पहले सारे गुनाहों और कुफ़्र को मिटा देता है और सच्ची तौबा भी अपने से पहले की ग़लतियों को मिटा देती है, जैसा कि अल्लाह के नबी ﷺ की इस हदीस से सिद्ध हुआ।

---

१ इब्ने अबी आसिम ने 'आहाद' और 'अलमसानी' में, भाग ५, पेज १८८ में रिवायत किया है और तबरानी ने 'अल-कबीर' में, भाग ७, पेज ५३ और ३१४ में रिवायत किया है और इमाम हौसमी ने 'अलमुजम्मा' के भाग १, पेज ३२ में रिवायत किया है और इमाम तबरानी और 'बज़्ज़ार ने भी इसी प्रकार से रिवायत किया है, और इमाम 'बज़्ज़ार' के रिजाल सही और सच्चे हैं, सिवाय 'मुहम्मद बिन हारून अबी नशीत' के वह सेक़ह हैं।

इस्लाम का पालन न करने वाले का परिणाम

इस पुस्तक में आप के लिए स्पष्ट हो चुका है कि इस्लाम अल्लाह का धर्म है, और यही सच्चा धर्म है, और यही वह धर्म है जिसे सभी संदेश- वाहक और ईशदूत लेकर आए हैं। अल्लाह तआला ने इस पर ईमान लाने वाले के लिए लोक व परलोक में महान प्रतिफल और इनाम का वादा किया है और इस के साथ कुफ़्र करने वाले को कठोर सज़ा की धमकी दी है।

चूँकि अल्लाह तआला ही इस ब्रह्माण्ड का रचयिता, स्रष्टा, स्वामी और नियंत्रणकर्ता है। और हे मनुष्य तू उसकी सृष्टि और रचनाओं में से एक सृष्टि है, उस ने तेरी रचना की और ब्रहमाण्ड की सभी चीज़ों को तेरे अधीन कर दिया, तेरे लिए अपना धर्मशास्त्र व नियम निर्धारित किया, और तुझे उसका पालन करने का आदेश दिया; अतः यदि तू उस पर ईमान लाया, और जिस चीज़ का उस ने तुझे आदेश दिया है उसका पालन किया, और जिस चीज़ से उस ने तुझे रोका है उस से रुक गया; तो उस स्थायी नेमत् के साथ सफल होगा जिसका अल्लाह तआला ने परलोक में तुझ से वादा किया है, और तुझे संसार में विभिन्न प्रकार की नेमतों का सौभाग्य प्राप्त होगा जो अल्लाह तेरे ऊपर उपकार करेगा, और तू सब से परिपूर्ण बुद्धि वाले और सब से पवित्र आत्मा वाले लोगों की समानता अपनाने वाला होगा, और वे ईशदूत, संदेष्टा, सदाचारी और निकटवर्ती फ़रिश्ते हैं।

और यदि तू ने नास्तिकता का रास्ता अपनाया और अपने पालनहार के आदर्शों का उल्लंघन किया; तो अपने सांसारिक जीवन और परलोक में घाटा उठाएगा, लोक-परलोक में उसके क्रोध और प्रकोप का सामना करेगा, और तू सब से दुष्ट लोगों, सब से बुद्धिहीन लोगों, और सब से हीन आत्मा वाले लोगों जैसे शैतानों, अत्याचारियों, और भ्रष्टाचारियों की समानता अपनाने वाला होगा। यह परिणाम तो सार रूप से है।

अब मैं विस्तार के साथ कुफ़्र (नास्तिकता) के कुछ परिणामों का उल्लेख कर रहा हूँ और वे इस प्रकार हैं:

१ भय और असुरक्षा:

अल्लाह तआला ने अपने ऊपर ईमान रखने वालों और अपने संदेष्टाओं का पालन करने वालों के लिए सांसारिक जीवन और परलोक में संपूर्ण सुरक्षा का वादा किया है। अल्लाह तआला ने फ़रमाया:

﴿ٱلَّذِينَ ءَامَنُوا۟ وَلَمْ يَلْبِسُوٓا۟ إِيمَـٰنَهُم بِظُلْمٍ أُو۟لَـٰٓئِكَ لَهُمُ ٱلْأَمْنُ وَهُم مُّهْتَدُونَ﴾

"जो लोग ईमान लाए और अपने ईमान में शिर्क (अनेकेश्वरवाद) की मिलावट नहीं की, उन्ही लोगों के लिए सुरक्षा है और वही लोग मार्गदर्शन प्राप्त हैं।" (सूरतुल अंआमः ८२)

अल्लाह तआला ही सुरक्षा दाता और निरीक्षक है, वही ब्रह्माण्ड की सभी चीज़ों का स्वामी है। जब वह किसी बंदे से उसके ईमान की वजह से प्यार करता है तो उसे सुरक्षा, शांति और चैन प्रदान कर देता है, और अगर मनुष्य उसके साथ कुफ़्र करता है तो वह उसके चैन और सुरक्षा को छीन लेता है। अतः आप ऐसे व्यक्ति को परलोक के जीवन में अपने परिणाम के प्रति भयभीत, और दुनिया में अपने ऊपर आपदाओं व बीमारियों से डरने वाला, अपने भविष्य के बारे में डरने वाला पायेंगे। इसी लिए वह असुरक्षा की भावना और अल्लाह पर भरोसा (विश्वास) न होने के कारण, जीवन और संपत्ति का बीमा कराता है।

२ कठिन जीवन:

अल्लाह ने मनुष्य को पैदा किया और ब्रह्माण्ड की सभी चीज़ों को उस के अधीन कर दिया, और प्रत्येक प्राणी के लिए जीविका और आयु से उसका हिस्सा आवंटित कर दिया है। आप पक्षी को देखते हैं कि वह सवेरे अपने घोंसले से बाहर जाता है ताकि अपनी जीविका तलाश करे। चुनाँचे वह उसे पाता है, और एक डाली से दूसरी डाली पर स्थानांतरित होता रहता है, और सब से मधुर स्वर में गाता है। मानव भी इन्ही प्राणियों में से एक प्राणी है जिनके लिए उनकी

आजीविका और मृत्यु को निर्धारित कर दिया गया है। यदि वह अपने पालनहार पर ईमान लाया और उसके धर्मशास्त्र पर जमा रहा, तो वह उसे सौभाग्य, खुशी और स्थिरता प्रदान करेगा और उसके मामले को सहज बना देगा, भले ही उसके लिए जीवन की केवल न्यूनतम आवश्यकताएं ही उपलब्ध हों।

लेकिन अगर उसने अपने पालनहार के साथ कुफ़्र किया और उसकी पूजा से अहंकार प्रदर्शित किया; तो वह उसके जीवन को तंग और कठोर बना देगा, और उसके ऊपर दुःख और चिंता को इकट्ठा कर देगा, भले ही वह सुख व आराम के सभी साधनों और नाना प्रकार के सामग्री का मालिक हो। क्या आप उन देशों में आत्महत्या करने वालों की बड़ी संख्या नहीं देखते जो अपने नागरिकों के लिए समृध्दि व विलासिता के सभी साधन सुनिश्चित करते हैं? क्या आप जीवन का आनंद लेने के लिए विभिन्न प्रकार के फर्नीचरों और तरह-तरह के पर्यटनों में अपव्यय को नहीं देखते? इस बारे में अपव्यय करने पर जो चीज़ तत्पर करती है वह दिल का ईमान व विश्वास से ख़ाली होना, तंगी व संकुचिता का एहसास, और नित्य नये साधनों के द्वारा इस चिंता के मोचन का प्रयास है। इस संदर्भ में अल्लाह तआला का यह फ़रमान कितना सच्चा है:

﴿وَمَنْ أَعْرَضَ عَن ذِكْرِي فَإِنَّ لَهُۥ مَعِيشَةً ضَنكًا وَنَحْشُرُهُۥ يَوْمَ ٱلْقِيَٰمَةِ أَعْمَىٰ﴾

"और हाँ जो मेरी याद से मुँह फेरेगा उसके जीवन में तंगी रहेगी और हम उसे क़यामत के दिन अँधा करके उठायेंगे।" (सूरतु ताहाः १२४)

३ वह अपने आप के साथ और अपने आसपास के ब्रह्माण्ड के साथ संघर्ष (खींचतान) में रहता है:

क्योंकि उसकी आत्मा की उत्पत्ति तौहीद (एकेश्वरवाद) पर हुई है। अल्लाह तआला का फ़रमान है:

﴿فِطْرَتَ ٱللَّهِ ٱلَّتِى فَطَرَ ٱلنَّاسَ عَلَيْهَا﴾

"अल्लाह तआला की वह फ़ितरत (प्रकृति) जिस पर उस ने लोगों को पैदा किया है।"(सूरतुर्रूमः ३०)

उसके शरीर ने अपने पैदा करने वाले के समक्ष आत्मसमर्पण कर दिया और उसकी व्यवस्था के अनुसार चल रहा है, लेकिन काफ़िर (नास्तिक) अपनी प्रकृति (स्वभाव) के विपरीत और उल्टा करता है, और अपने वैकल्पिक मामलों में अपने पालनहार के आदेश का विरोध करता है, तो यद्यपि उसका शरीर अपने पालनहार के लिए समर्पित है, परंतु उसका विकल्प अपने पालनहार का विरोधी है।

तथा वह अपने आसपास के ब्रह्माण्ड के साथ भी संघर्ष (खींचतान और टकराव) में है; क्योंकि यह पूरा ब्रह्माण्ड अपने सब से बड़े आकाश गंगा से लेकर अपने सब से छोटे कीट तक उस तक़दीर पर चल रहा है, जिसे उसके पालनहार ने उसके लिए निर्धारित किया है। अल्लाह तआला का फ़रमान है:

﴿ثُمَّ ٱسۡتَوَىٰٓ إِلَى ٱلسَّمَآءِ وَهِيَ دُخَانٞ فَقَالَ لَهَا وَلِلۡأَرۡضِ ٱئۡتِيَا طَوۡعًا أَوۡ كَرۡهٗا قَالَتَآ أَتَيۡنَا طَآئِعِينَ﴾

"फिर वह आकाश की ओर बुलंद हुआ और वह धुँआ (सा) था, तो उसे और धरती को हुक्म दिया कि तुम दोनों आओ, चाहो या न चाहो, दोनों ने निवेदन किया कि हम खुशी-खुशी हाज़िर हैं।" (सूरतु फुस्सिलतः ११)

बल्कि यह ब्रह्माण्ड उस से प्यार करता है जो अपने अल्लाह के प्रति समर्पण में उस से सहमत है, और उस से घृणा करता है जो उसका विरोध करता है, और काफ़िर ही इस सृष्टि में विसंगति और विचित्र है कि उस ने अपने आप को अपने पालनहार का विपक्षी और उसका प्रतिद्वंदी बना लिया है, इसी लिए आकाश व धरती और सभी प्राणियों के लिए लायक़ व योग्य है कि वे इस से घृणा करें और इसकी नास्तिकता और विधर्मता से नफ़रत करें। अल्लाह सर्वशक्तिमान का फ़रमान है:

﴿وَقَالُواْ ٱتَّخَذَ ٱلرَّحۡمَٰنُ وَلَدٗا ٨٨ لَّقَدۡ جِئۡتُمۡ شَيۡـًٔا إِدّٗا ٨٩ تَكَادُ ٱلسَّمَٰوَٰتُ يَتَفَطَّرۡنَ مِنۡهُ وَتَنشَقُّ
ٱلۡأَرۡضُ وَتَخِرُّ ٱلۡجِبَالُ هَدًّا ٩٠ أَن دَعَوۡاْ لِلرَّحۡمَٰنِ وَلَدٗا ٩١ وَمَا يَنۢبَغِي لِلرَّحۡمَٰنِ أَن يَتَّخِذَ وَلَدًا ٩٢ إِن كُلُّ مَن فِي
ٱلسَّمَٰوَٰتِ وَٱلۡأَرۡضِ إِلَّآ ءَاتِي ٱلرَّحۡمَٰنِ عَبۡدٗا﴾

"और उनका कहना तो यह है कि अल्लाह रहमान ने संतान बना रखी है। निःसंदेह तुम बहुत (बुरी और) भारी चीज़ लाए हो। क़रीब है कि इस कथन से आकाश फट जाए और धरती में दराड़ हो जाए और पहाड़ कण-कण हो जाएं।

कि वे रहमान की संतान साबित करने बैठे हैं। और रहमान के लायक़ नहीं कि वह संतान रखे। आकाशों और धरती में जो भी हैं सब अल्लाह के गुलाम बन कर ही आने वाले हैं।'' (सूरतु मरियमः ८८-९३)

तथा अल्लाह सर्वशक्तिमान ने फ़िरऔन और उसके सैनिकों के बारे में फ़रमायाः

﴿فَمَا بَكَتْ عَلَيْهِمُ ٱلسَّمَآءُ وَٱلْأَرْضُ وَمَا كَانُوا۟ مُنظَرِينَ﴾

''तो उन पर न आकाश और धरती रोए और न उन्हें अवसर मिला।'' (सूरतुद दुखानः २९)

४ वह अज्ञानता का जीवन गुज़ारता है:

नास्तिकता (कुफ़्र) वास्तव में अज्ञानता है, बल्कि वह सब से बड़ी अज्ञानता है; क्योंकि काफ़िर (नास्तिक) अपने पालनहार से अनभिज्ञ होता है, वह इस ब्रह्माण्ड को देखता है जिसकी उसके पालनहार ने रचना की है तो उसे ख़ूब अच्छा बनाया है, तथा वह स्वयं अपने अंदर महान कारीगरी और भव्य रचना देखता है, फिर भी वह उस अस्तित्व से अंजाना बन जाता है जिस ने इस ब्रह्माण्ड की रचना की है और जिस ने उसके अस्तित्व को बनाया है, क्या यह सब से बड़ी अज्ञानता नहीं है?

५ वह अपने ऊपर और अपने आसपास के लोगों पर ज़ुल्म (अन्याय) करते हुए जीवन यापन करता है:

क्योंकि उस ने अपने आप को उस उद्देश्य की प्राप्ति के लिए समर्पित नहीं किया है जिसके लिए वह पैदा किया गया है, और उस ने अपने पालनहार की पूजा नहीं की, बल्कि उसके अलावा की पूजा की, और ज़ुल्म (अन्याय) किसी चीज़ को उसके असली स्थान के अलावा में रखने को कहते हैं, और पूजा को उसके वास्तविक हक़दार से फेरने से बड़ा अन्याय क्या है। जबकि लुक़मान हकीम ने शिर्क (अनेकेश्वरवाद) की बुराई को स्पष्ट करते हुए फ़रमायाः

﴿يَٰبُنَيَّ لَا تُشْرِكْ بِٱللَّهِ إِنَّ ٱلشِّرْكَ لَظُلْمٌ عَظِيمٌ﴾

''ऐ मेरे बेटे! तू अल्लाह के साथ शिर्क न करना, निःसंदेह शिर्क महा अन्याय (महापाप) है।'' (सूरतु लुक़मानः १३)

तथा वह उसके आसपास के मानव और प्राणियों के साथ भी ज़ुल्म (अन्याय) है; क्योंकि वह हक़ वाले के हक़ को नहीं पहचानता है, अतः जब क़यामत का दिन होगा तो हर वह मानव या जानवर जिस के साथ उस ने अन्याय किया है, उसके रुबरू खड़ा होकर अपने पालनहार से अपने लिए उस से बदला लेने की मांग करेगा।

६ उस ने दुनिया में अपने आप को अल्लाह की घृणा और उसके क्रोध का निशाना बनाया है:

चुनाँचे वह तत्काल दंड के रूप में आपदाओं और वेदनाओं से पीड़ित होने के निशाने पर होता है। अल्लाह सर्वशक्तिमान का फ़रमान है:

﴿أَفَأَمِنَ ٱلَّذِينَ مَكَرُواْ ٱلسَّيِّـَٔاتِ أَن يَخْسِفَ ٱللَّهُ بِهِمُ ٱلْأَرْضَ أَوْ يَأْتِيَهُمُ ٱلْعَذَابُ مِنْ حَيْثُ لَا يَشْعُرُونَ ﴿٤٥﴾ أَوْ يَأْخُذَهُمْ فِى تَقَلُّبِهِمْ فَمَا هُم بِمُعْجِزِينَ ﴿٤٦﴾ أَوْ يَأْخُذَهُمْ عَلَىٰ تَخَوُّفٍ فَإِنَّ رَبَّكُمْ لَرَءُوفٌ رَّحِيمٌ﴾

“क्या बुरा छल-कपट करने वाले इस बात से निश्चिंत हो गए हैं कि अल्लाह उन्हें धरती में धंसा दे या उनके पास ऐसी जगह से अज़ाब (प्रकोप) आ जाए, जिसका उन्हें एहसास भी न हो। या उन को चलते-फिरते पकड़ ले, तो यह किसी भी तरह से अल्लाह को मजबूर नहीं कर सकते। या उन्हें डरा-धमका कर पकड़ ले, फिर बेशक तुम्हारा पालनहार बड़ा करुणामय और दयावान है।” (सूरतुन नहलः ४५-४७)

और अल्लाह तआला ने फ़रमायाः

﴿وَلَا يَزَالُ ٱلَّذِينَ كَفَرُواْ تُصِيبُهُم بِمَا صَنَعُواْ قَارِعَةٌ أَوْ تَحُلُّ قَرِيبًا مِّن دَارِهِمْ حَتَّىٰ يَأْتِىَ وَعْدُ ٱللَّهِ ۚ إِنَّ ٱللَّهَ لَا يُخْلِفُ ٱلْمِيعَادَ﴾

“काफ़िरों को तो उनके कुफ़्र के बदले सदैव ही कोई न कोई सख़्त सज़ा पहुँचती रहेगी, या उनके मकानों के आसपास उतरती रहेगी, यहाँ तक कि अल्लाह का वादा आ पहुँचे, निःसंदेह अल्लाह तआला वादा नहीं तोड़ता।” (सूरतु रअदः ३१)

तथा अल्लाह सर्वशक्तिमान ने फ़रमायाः

﴿أَوَأَمِنَ أَهْلُ ٱلْقُرَىٰٓ أَن يَأْتِيَهُم بَأْسُنَا ضُحًى وَهُمْ يَلْعَبُونَ﴾

"क्या इन बस्तियों के रहने वाले इस बात से निश्चिंत हो गए हैं कि उन पर हमारा अज़ाब दिन चढ़े आ जाए जिस समय वे खेलों में व्यस्त हों।" (सूरतुल आराफ़: ९८)

और अल्लाह के स्मरण (ज़िक्र) से उपेक्षा करने वाले प्रत्येक व्यक्ति का यही परिणाम होता है। अल्लाह तआला पिछले नास्तिक समुदायों की सज़ाओं के बारे में सूचना देते हुए फ़रमाता है:

﴿فَكُلًّا أَخَذْنَا بِذَنبِهِۦ ۖ فَمِنْهُم مَّنْ أَرْسَلْنَا عَلَيْهِ حَاصِبًا وَمِنْهُم مَّنْ أَخَذَتْهُ ٱلصَّيْحَةُ وَمِنْهُم مَّنْ خَسَفْنَا بِهِ ٱلْأَرْضَ وَمِنْهُم مَّنْ أَغْرَقْنَا ۚ وَمَا كَانَ ٱللَّهُ لِيَظْلِمَهُمْ وَلَـٰكِن كَانُوٓا۟ أَنفُسَهُمْ يَظْلِمُونَ﴾

"फिर तो हम ने हर एक को उसके पाप की सज़ा में धर लिया, उन में से कुछ पर तो हम ने पत्थरों की बारिश की, उन में से कुछ को तेज़ चीख ने दबोच लिया, उन में से कुछ को हम ने धरती में धँसा दिया, और उन में से कुछ को हम ने पानी में डुबो दिया। अल्लाह तआला ऐसा नहीं कि उन पर ज़ुल्म करे, बल्कि वही लोग अपनी जानों पर स्वयं ज़ुल्म करते थे।" (सूरतुल अनकबूत: ४०)

इसी तरह आप अपने पास के लोगों की विपदाओं को देख सकते हैं जिन पर अल्लाह की सज़ा उतरी है।

७ उसके लिए विफलता और घाटा लिख दिया जाता है:

उस ने अपने ज़ुल्म के कारण सब से बड़ी वह चीज़ खो दी जिस से दिलों और आत्माओं को आनंद मिलता है और वह है अल्लाह की पहचान, उसकी तपस्या से लगाव, और उस से चैन व शांति का अनुभव है। उस ने दुनिया को गवाँ दिया क्योंकि वह उस में एक दुखद और उलझन का जीवन बिताता है, तथा उस ने अपनी आत्मा को भी नष्ट कर दिया जिस की वजह से वह उसे एकत्रित कर रहा था; इस लिए कि उस ने उसे उस लक्ष्य के अधीन नहीं किया जिसके लिए उसे पैदा किया गया था। तथा उसे दुनिया में भी उस से खुशी प्राप्त नहीं हुई; क्योंकि उस ने दुर्भाग्यपूर्ण जीवन बिताया, दुर्भाग्यावस्था में उसकी मृत्यु हुई और (क़यामत के दिन) दुर्भागी लोगों के साथ उठाया जायेगा। अल्लाह तआला का फ़रमान है:

﴿وَمَنْ خَفَّتْ مَوَٰزِينُهُۥ فَأُو۟لَـٰٓئِكَ ٱلَّذِينَ خَسِرُوٓا۟ أَنفُسَهُم﴾

"और जिसका (नेकियों का) पलड़ा हल्का होगा, तो ये वे लोग हैं जिन्हों ने अपना घाटा कर लिया।" (सूरतुल आराफ़: ९)

तथा उस ने अपने परिवार का भी घाटा किया, क्योंकि वह उनके साथ अल्लाह के साथ कुफ़्र की हालत में जीवन बिताया, अतः वे भी दुर्भाग्य और तंगी में उसी के समान बराबर हैं, और उनका ठिकाना जहन्नम है। अल्लाह तआला का फ़रमान है:

﴿إِنَّ ٱلْخَـٰسِرِينَ ٱلَّذِينَ خَسِرُوٓا۟ أَنفُسَهُمْ وَأَهْلِيهِمْ يَوْمَ ٱلْقِيَـٰمَةِ﴾

"वास्तव में घाटा उठाने वाले वे लोग हैं जो क़यामत के दिन अपने आप को और अपने परिवार को घाटे में डाल देंगे।" (सूरतुज़्ज़ुमर: १५)

और क़यामत के दिन वे नरक की ओर इकट्ठा किए जाएंगे, और वह बुरा ठिकाना है। अल्लाह तआला ने फ़रमाया:

﴿ٱحْشُرُوا۟ ٱلَّذِينَ ظَلَمُوا۟ وَأَزْوَٰجَهُمْ وَمَا كَانُوا۟ يَعْبُدُونَ ﴿٢٢﴾ مِن دُونِ ٱللَّهِ فَٱهْدُوهُمْ إِلَىٰ صِرَٰطِ ٱلْجَحِيمِ﴾

"जो लोग ज़ुल्म करते थे उन्हें इकट्ठा करो, और उनके समान लोगों को और जिन-जिन की वे अल्लाह को छोड़कर पूजा करते थे, (उन सबको जमा करके) उन्हें नरक का रास्ता दिखा दो।" (सूरतुस्साफ़्फ़ात: २२,२३)

८ वह अपने पालनहार के साथ कुफ़्र करने वाला और उसकी नेमतों का इंकार (नाशुक्री) करने वाला होता है:

क्योंकि अल्लाह ने उसे अनस्तित्व से अस्तित्व प्रदान किया है, और उस पर सभी प्रकार की नेमतें व अनुकम्पाएं अवतरित की हैं, फिर भी वह उसके अलावा की पूजा करता है, उसके अलावा के साथ दोस्ती रखता है और उसके अतिरिक्त का आभारी होता है.... तो इस से बढ़कर उसकी नेमतों का इंकार और क्या हो सकता है? और इस से अधिक घृणित कृत्घनता और नाशुक्री और क्या हो सकती है?

९ वह वास्तविक जीवन से वंचित कर दिया जाता है:

इस लिए कि जीवन के योग्य मनुष्य वह है जो अपने पालनहार पर ईमान लाए,

अपने उद्देश्य को समझे, अपने अंजाम (परिणाम) से अवगत हो और मरने के बाद पुनः जीवित किए जाने पर यक़ीन रखता हो। चुनाँचे वह हर हक़दार के हक़ को पहचानता हो, अतः वह कोई हक़ नहीं मारता, और न किसी प्राणी को कष्ट पहुँचाता है, जिसकी वजह से वह खुशहाल लोगों के समान जीवन व्यतीत करता है, और दुनिया व आख़िरत में उत्तम जीवन प्राप्त करता है। अल्लाह तआला का फ़रमान है:

﴿ مَنْ عَمِلَ صَٰلِحًا مِّن ذَكَرٍ أَوْ أُنثَىٰ وَهُوَ مُؤْمِنٌ فَلَنُحْيِيَنَّهُۥ حَيَوٰةً طَيِّبَةً ﴾

"जो व्यक्ति सत्कर्म करे, चाहे वह पुरुष हो या स्त्री, किन्तु मोमिन हो, तो निःसन्देह हम उसे उत्तम जीवन प्रदान करेंगे।" (सूरतुन नहलः ९७)

और आख़िरत में:

﴿ وَمَسَٰكِنَ طَيِّبَةً فِى جَنَّٰتِ عَدْنٍ ۚ ذَٰلِكَ ٱلْفَوْزُ ٱلْعَظِيمُ ﴾

"(वे लोग) सदा रहने वाले बाग़ों में अच्छे घरों में होंगे, यह बहुत बड़ी सफलता है।" (सूरतुस-सफ़्फ़ः १२)

परंतु जो व्यक्ति इस जीवन में चौपायों के समान जीवन व्यतीत करता है, चुनाँचे वह न अपने पालनहार को जानता है और न अपने जीवन के उद्देश्य को जानता है, और न उसे यह पता होता है कि उसका अंतिम परिणाम कहाँ है? बल्कि उसका उद्देश्य खाना-पीना और सोना है... तो इसके बीच और अन्य जानवरों के बीच क्या अंतर है, बल्कि वह उन से भी अधिक गुमराह है। अल्लाह सर्वशक्तिमान ने फ़रमायाः

﴿ وَلَقَدْ ذَرَأْنَا لِجَهَنَّمَ كَثِيرًا مِّنَ ٱلْجِنِّ وَٱلْإِنسِ ۖ لَهُمْ قُلُوبٌ لَّا يَفْقَهُونَ بِهَا وَلَهُمْ أَعْيُنٌ لَّا يُبْصِرُونَ بِهَا وَلَهُمْ ءَاذَانٌ لَّا يَسْمَعُونَ بِهَآ ۚ أُو۟لَٰٓئِكَ كَٱلْأَنْعَٰمِ بَلْ هُمْ أَضَلُّ ۚ أُو۟لَٰٓئِكَ هُمُ ٱلْغَٰفِلُونَ ﴾

"और हम ने ऐसे बहुत से जिन्न और इन्सान जहन्नम के लिए पैदा किए हैं, जिनके दिल ऐसे हैं जिन से वे नहीं समझते, और जिनकी आँखें ऐसी हैं जिन से वे नहीं देखते, और जिनके कान ऐसे हैं जिन से वे नहीं सुनते। ये लोग चौपायों (पशुओं) की तरह हैं, बल्कि उन से भी अधिक भटके हुए हैं। यही लोग ग़ाफ़िल हैं।" (सूरतुल आराफ़ः १७९)

और अल्लाह तआला ने फ़रमायाः

﴿أَمْ تَحْسَبُ أَنَّ أَكْثَرَهُمْ يَسْمَعُونَ أَوْ يَعْقِلُونَ ۚ إِنْ هُمْ إِلَّا كَالْأَنْعَامِ ۖ بَلْ هُمْ أَضَلُّ سَبِيلًا﴾

"क्या आप इसी सोच में हैं कि उन में से अधिकतर सुनते या समझते हैं, वे तो निरे जानवर की तरह हैं, बल्कि उन से भी अधिक भटके हुए हैं।" (सूरतुल फ़ुरक़ानः ४४)

⑩ वह सदैव अज़ाब (यातना) में रहेगा:

क्योंकि काफ़िर एक यातना से दूसरी यातना की ओर स्थानांतरित होता रहता है, वह दुनिया से -जबकि वह उसकी वेदना और कठिनाई के घूँट पी चुका होता है- निकलकर आख़िरत के घर की ओर जाता है, और उसके पहले चरण में उसके पास मृत्यु के फ़रिश्ते आते हैं, जबकि उन से पहले यातना के फ़रिश्ते आ चुके होते हैं ताकि उसे उस सज़ा का मज़ा चखाएँ जिस का वह हक़दार है।

अल्लाह तआला का फ़रमान हैः

﴿وَلَوْ تَرَىٰ إِذْ يَتَوَفَّى الَّذِينَ كَفَرُوا ۙ الْمَلَائِكَةُ يَضْرِبُونَ وُجُوهَهُمْ وَأَدْبَارَهُمْ﴾

"काश आप देखते जब फ़रिश्ते काफ़िरों की प्राण निकालते हैं, उन के मुख पर और नितम्बों पर मार-मारते हैं।" (सूरतुल अंफ़ालः ५०)

फिर जब उसके प्राण निकल जाते हैं और उसे उसकी क़ब्र में उतारा जाता है तो उसका सामना अति कठोर यातना से होता है। अल्लाह तआला ने फ़िरऔनियों के बारे में सूचना देते हुए फ़रमायाः

﴿النَّارُ يُعْرَضُونَ عَلَيْهَا غُدُوًّا وَعَشِيًّا ۖ وَيَوْمَ تَقُومُ السَّاعَةُ أَدْخِلُوا آلَ فِرْعَوْنَ أَشَدَّ الْعَذَابِ﴾

"आग है जिस पर वे प्रातःकाल और सायंकाल पेश किये जाते हैं, और जिस दिन महाप्रलय होगी (आदेश होगा कि) फ़िरऔनियों को अत्यंत कठिन अज़ाब (यातना) में झोंक दो।" (सूरतुल मोमिनः ४६)

फिर जब क़यामत का दिन होगा और लोगों को उठाया जाएगा और कर्मों को पेश किया जायेगा, और काफ़िर देखेगा कि अल्लाह ने उसके सभी कामों को उस किताब में गिन रखा है। जिसके बारे में अल्लाह ने फ़रमाया हैः

﴿ وَوُضِعَ ٱلْكِتَٰبُ فَتَرَى ٱلْمُجْرِمِينَ مُشْفِقِينَ مِمَّا فِيهِ وَيَقُولُونَ يَٰوَيْلَتَنَا مَالِ هَٰذَا ٱلْكِتَٰبِ لَا يُغَادِرُ صَغِيرَةً وَلَا كَبِيرَةً إِلَّا أَحْصَىٰهَا ﴾

"और कर्म-पत्र (आमालनामा) आगे रख दिये जायेंगे, तो आप उस समय अपराधियों को देखेंगे कि वे उसके लेख से डर रहे होंगे, और कह रहे होंगे कि हाय हमारा विनाश! यह कैसा लेख-पत्र है जिस ने कोई छोटा-बड़ा (कार्य) बिना गिने हुए नहीं छोड़ा।" (सूरतुल कहफ़ः ४६)

उस समय काफ़िर व्यक्ति कामना करेगा कि वह मिट्टी हो गया होताः

﴿ يَوْمَ يَنظُرُ ٱلْمَرْءُ مَا قَدَّمَتْ يَدَاهُ وَيَقُولُ ٱلْكَافِرُ يَٰلَيْتَنِى كُنتُ تُرَٰبَۢا ﴾

"जिस दिन इंसान अपने हाथों की कमाई को देख लेगा, और काफ़िर (नास्तिक) कहेगा कि काश मैं मिट्टी बन जाता।" (सूरतुन नबाः ४०)

तथा उस दिन की स्थिति की गंभीरता के कारण यदि मनुष्य धरती की सभी संपत्तियों का मालिक हो तो उसे उस दिन के अज़ाब से छुटकारा पाने के लिए फ़िदिया (फिरौती) दे देगा। अल्लाह तआला ने फ़रमायाः

﴿ وَلَوْ أَنَّ لِلَّذِينَ ظَلَمُوا۟ مَا فِى ٱلْأَرْضِ جَمِيعًا وَمِثْلَهُۥ مَعَهُۥ لَٱفْتَدَوْا۟ بِهِۦ مِن سُوٓءِ ٱلْعَذَابِ يَوْمَ ٱلْقِيَٰمَةِ ﴾

"और यदि ज़ालिमों के पास वह सब कुछ हो जो धरती पर है, और उसके साथ उतना ही और हो, तो भी वे क़यामत के दिन बुरे दण्ड के बदले में ये सब कुछ दे दें।" (सूरतुज़्ज़ुमरः ४७)

और अल्लाह तआला ने फ़रमायाः

﴿ وَفَصِيلَتِهِ ٱلَّتِى تُـْٔوِيهِ ۝ يَوَدُّ ٱلْمُجْرِمُ لَوْ يَفْتَدِى مِنْ عَذَابِ يَوْمِئِذٍۭ بِبَنِيهِ ۝ وَصَٰحِبَتِهِۦ وَأَخِيهِ ۝ وَمَن فِى ٱلْأَرْضِ جَمِيعًا ثُمَّ يُنجِيهِ ﴾

"पापी उस दिन के अज़ाब के बदले (फिरौती) में अपने पुत्रों को देना चाहेगा, अपनी पत्नी को और अपने भाई को। और अपने परिवार को जो उसे पनाह देता था। और धरती के सभी लोगों को, ताकि यह उसे मुक्ति दिला दें।" (सूरतुल मआरिजः ११-१४)

और इस लिए कि वह घर बदले का घर है, इच्छाओं और कामनाओं का घर नहीं है, इस लिए ज़रूरी है कि मनुष्य अपने अमल का बदला पाए, अगर अच्छा काम है तो अच्छा बदला और अगर बुरा किया है तो बुरा बदला। तथा काफ़िर आख़िरत के घर में जो सब से बुरी सज़ा पायेगा वह नरक का अज़ाब है और अल्लाह ने नरकवासियों पर अज़ाब की श्रेणियों को अनेक प्रकार की कर दी है, ताकि वे अपने किए का मज़ा चखें। अल्लाह तआला ने फ़रमायाः

﴿هَٰذِهِۦ جَهَنَّمُ ٱلَّتِي يُكَذِّبُ بِهَا ٱلۡمُجۡرِمُونَ ٤٣ يَطُوفُونَ بَيۡنَهَا وَبَيۡنَ حَمِيمٍ ءَانٖ﴾

"यह है वह नरक जिसे अपराधी झूठा मानते थे। उसके और गर्म उबलते पानी के बीच चक्कर खायेंगे।" (सूरतुर्रहमानः ४३-४४)

और उनके पेय और पोशाक के बारे में फ़रमायाः

﴿فَٱلَّذِينَ كَفَرُواْ قُطِّعَتۡ لَهُمۡ ثِيَابٞ مِّن نَّارٖ يُصَبُّ مِن فَوۡقِ رُءُوسِهِمُ ٱلۡحَمِيمُ ١٩ يُصۡهَرُ بِهِۦ مَا فِي بُطُونِهِمۡ وَٱلۡجُلُودُ ٢٠ وَلَهُم مَّقَٰمِعُ مِنۡ حَدِيدٖ﴾

"काफ़िरों के लिए आग के कपड़े नाप कर काटे जायेंगे और उन के सिर के ऊपर से गर्म पानी की धारा बहाई जायेगी। जिस से उनके पेट की सब चीज़ें और खालें गला दी जायेंगी। और उन की सज़ा के लिए लोहे के हथौड़े हैं।" (सूरतुल हज्जः १९-२१)

समापन

हे मनुष्य!

तू अनस्तित्व मात्र था। जैसाकि अल्लाह तआला का फ़रमान है:

﴿أَوَلَا يَذْكُرُ الْإِنسَانُ أَنَّا خَلَقْنَاهُ مِن قَبْلُ وَلَمْ يَكُ شَيْئًا﴾

"क्या यह इंसान इतना भी याद नहीं रखता कि हम ने उसे इस से पहले पैदा किया जबकि वह कुछ भी नहीं था।" (सूरतु मरियमः ६७)

फिर अल्लाह ने तुझे वीर्य की एक बूंद से पैदा किया, तो तुझे श्रोता व द्रष्टा (सुनने और देखने वाला) बना दिया। अल्लाह तआला का फ़रमान है:

﴿هَلْ أَتَىٰ عَلَى الْإِنسَانِ حِينٌ مِّنَ الدَّهْرِ لَمْ يَكُن شَيْئًا مَّذْكُورًا ① إِنَّا خَلَقْنَا الْإِنسَانَ مِن نُّطْفَةٍ أَمْشَاجٍ نَّبْتَلِيهِ فَجَعَلْنَاهُ سَمِيعًا بَصِيرًا﴾

"वास्तव में इन्सान पर ज़माने का एक वह समय भी गुज़र चुका है जबकि वह कोई उल्लेखनीय चीज़ न थी। निःसंदेह हम ने इन्सान को मिले जुले वीर्य से परीक्षा के लिए पैदा किया, और उसको सुनने वाला और देखने वाला बनाया।" (सूरतुल इंसानः १,२)

फिर तू धीरे-धीरे कमज़ोरी की अवस्था से शक्ति की अवस्था की तरफ आया और फिर तुझे एक दिन कमज़ोरी की अवस्था की ओर पलट कर आना है। अल्लाह तआला का फ़रमान है:

﴿اللَّهُ الَّذِي خَلَقَكُم مِّن ضَعْفٍ ثُمَّ جَعَلَ مِن بَعْدِ ضَعْفٍ قُوَّةً ثُمَّ جَعَلَ مِن بَعْدِ قُوَّةٍ ضَعْفًا وَشَيْبَةً ۚ يَخْلُقُ مَا يَشَاءُ ۖ وَهُوَ الْعَلِيمُ الْقَدِيرُ﴾

"अल्लाह (सर्वशक्तिमान) वह है जिस ने तुम्हें कमज़ोर अवस्था में पैदा किया, फिर उस कमज़ोरी के बाद शक्ति प्रदान किया, फिर उस शक्ति के बाद कमज़ोरी और बुढ़ापा कर दिया, वह जो चाहता है पैदा करता है, वह सभी को अच्छी तरह जानता और सभी पर पूरी शक्ति रखता है।" (सूरतुर्रूमः ५४)

फिर तेरा अंत जिस में कोई संदेह नहीं मृत्यु है। तू उन चरणों में एक कमज़ोरी से दूसरी कमज़ोरी की तरफ स्थानांतरित होता रहता है, इस हाल में कि तू अपने आप से नुक़सान को दूर करने की शक्ति नहीं रखता है, न ही तू अपने लिए लाभ प्राप्त कर सकता है, सिवाय इस के कि तू उस पर अल्लाह की नेमतों, शक्ति व ताक़त और जीविका के द्वारा मदद हासिल करे। तथा तू प्राकृतिक रूप से दरिद्र और ज़रूरतमंद है। चुनाँचे कितनी ऐसी चीज़ें हैं जिनका तू अपने जीवन को बरक़रार रखने के लिए ज़रूरतमंद है जो तेरे हाथ में नहीं हैं, तो कभी तू उसे पा लेता है और कभी उस से वंचित रह जाता है। तथा कितनी ऐसी चीज़ें हैं जो तुझे लाभ पहुँचाती हैं और तू उन्हें प्राप्त करना चाहता है, परंतु कभी तो तू उन्हें प्राप्त कर लेता है और कभी वे तेरे हाथ नहीं आती हैं। तथा कितनी चीज़ें ऐसी हैं जो तुझे नुक़सान पहुँचाती हैं और तेरी आशाओं पर पानी फेर देती हैं, तेरे प्रयासों को नष्ट कर देती हैं, और तेरे लिए आपदाओं और कष्ट का कारण बनती हैं, और तू उन्हें अपने आप से दूर करना चाहता है। चुनाँचे कभी तो तू उसे दूर कर देता है और कभी तू अक्षम रहता है... क्या तुझे अपनी लाचारी और अल्लाह की ओर अपनी ज़रूरत का एहसास नहीं होता। जबकि अल्लाह का फ़रमान है:

﴿يَٰٓأَيُّهَا ٱلنَّاسُ أَنتُمُ ٱلْفُقَرَآءُ إِلَى ٱللَّهِ وَٱللَّهُ هُوَ ٱلْغَنِيُّ ٱلْحَمِيدُ﴾

"हे लोगो! तुम अल्लाह के भिखारी हो और अल्लाह ही बेनियाज़ तारीफ़ वाला है।" (सूरतु फ़ातिरः १५)

आप के ऊपर एक कमज़ोर वायरस का हमला होता है जिसे आप खुली आँखों से नहीं देख सकते, तो वह आप को बीमारी से ग्रस्त कर देता है, और आप उसे टालने और दूर करने की शक्ति नहीं रखते हैं। आप अपने ही जैसे एक कमज़ोर इन्सान के पास जाते हैं कि वह आप का उपचार करे, तो कभी दवा काम करती है और कभी चिकित्सक आप का इलाज करने में विफल रहता है। जिस पर बीमार और चिकित्सक दोनों आश्चर्यचकित रह जाते हैं।

हे आदम के बेटे! तू कितना कमज़ोर है। यदि मक्खी तुझ से कोई चीज़ छीन ले, तो तू उसे वापस लौटाने की शक्ति नहीं रखता है। अल्लाह तआला ने सच फ़रमाया है:

﴿يَٰٓأَيُّهَا ٱلنَّاسُ ضُرِبَ مَثَلٌ فَٱسْتَمِعُوا۟ لَهُۥٓ ۚ إِنَّ ٱلَّذِينَ تَدْعُونَ مِن دُونِ ٱللَّهِ لَن يَخْلُقُوا۟ ذُبَابًا وَلَوِ
ٱجْتَمَعُوا۟ لَهُۥ ۖ وَإِن يَسْلُبْهُمُ ٱلذُّبَابُ شَيْـًٔا لَّا يَسْتَنقِذُوهُ مِنْهُ ۚ ضَعُفَ ٱلطَّالِبُ وَٱلْمَطْلُوبُ﴾

“ऐ लोगो! एक उदाहरण (मिसाल) दिया जा रहा है, ज़रा ध्यान से सुनो, अल्लाह के सिवाय तुम जिन-जिन को पुकारते रहे हो वे एक मक्खी तो पैदा नहीं कर सकते अगर सारे के सारे जमा हो जायें, बल्कि अगर मक्खी उन से कोई चीज़ ले भागे तो यह तो उसे भी उस से छीन नहीं सकते। बड़ा कमज़ोर है माँगने वाला और बहुत कमज़ोर है जिस से माँगा जा रहा है।” (सूरतुल हज्जः ७३)

यदि आप उस चीज़ को वापस लौटाने पर सक्षम नहीं हैं जो मक्खी ने आप से छीन ली है, तो आप अपने किस काम के मालिक हैं? (आप का माथा अल्लाह के हाथ में है, आप की जान उसी के हाथ में है, आप का दिल रहमान (अल्लाह) की उंगलियों में से दो उंगलियों के बीच में है, वह उसे जिस तरह चाहता है उलटता-पलटता है, आप का जीवन और मृत्यु उसी के हाथ में है, आप की खुशहाली और दुर्भाग्य उसी के हाथ में है, आप की हरकात व सकनात (स्थिरता व गति) और आप के कथन अल्लाह की आज्ञा और इच्छा के अधीन हैं। चुनाँचे आप उसकी अनुमति के बिना हरकत (गति) नहीं कर सकते, उसकी इच्छा के बिना कुछ नहीं कर सकते, यदि वह आप को आप की आत्मा के हवाले कर दे तो उस ने आप को लाचारी, कमज़ोरी, कोताही, पाप और त्रुटि के हवाले कर दिया। और यदि उस ने आप को अपने अलावा के हवाले कर दिया तो उस ने आप को ऐसे व्यक्ति के हवाले कर दिया जो लाभ व हानि, मृत्यु और जीवन, तथा मरने के बाद पुनर्जीवन का मालिक नहीं है। अतः पलक झपकने के बराबर भी आप उस से बेनियाज़ नहीं हो सकते। बल्कि जब तक साँस बाक़ी है परोक्ष व प्रत्यक्ष रूप से आप उसके लाचार और ज़रूरतमंद हैं। वह आप को नेमतें प्रदान करता है और आप अवज्ञाओं, पापों, और नास्तिकता के द्वारा उसके क्रोध को आमंत्रित कर रहे हैं, जबकि आप को हर पहलू से उसकी सख़्त ज़रूरत है। आप ने उसे बिल्कुल भुला दिया है जबकि आप को उसी की ओर पलटकर जाना है और उसके सामने खड़ा होना है।[1]

हे मनुष्य! तेरी कमज़ोरी और अपने पापों के परिणाम को भुगतने में तेरी असमर्थता को देखते हुएः

﴿يُرِيدُ ٱللَّهُ أَن يُخَفِّفَ عَنكُمْ ۚ وَخُلِقَ ٱلْإِنسَٰنُ ضَعِيفًا﴾

१ इब्नुल क़ैयिम की किताब ‘अल-फ़वाइद’ पेज ५६ से कुछ संशोधन के साथ।

"अल्लाह तुम्हारे ऊपर आसानी करना चाहता है और इन्सान कमज़ोर पैदा किया गया है।" (सूरतुन निसाः २८)

अल्लाह तआला ने पैगंबरों को भेजा, पुस्तकें अवतरित कीं, धर्मशास्त्र निर्धारित किए, आप के सामने सीधा मार्ग स्थापित कर दिया, और प्रमाण, तर्क, साक्ष्य और सबूत क़ायम कर दिए, यहाँ तक कि आप के लिए हर चीज़ में एक निशानी ठहरा दिया जो उसकी एकता, उसकी रुबूबियत, उसकी उलूहियत पर दलालत करती है, और तू हक़ को बातिल से रोक रहा है, और अल्लाह को छोड़कर शैतान को दोस्त बनाता है, और बातिल तरीक़े से बहस करता है।

﴿وَكَانَ ٱلْإِنسَـٰنُ أَكْثَرَ شَىْءٍ جَدَلًا﴾

"और इन्सान सभी चीज़ों से ज़्यादा झगड़ालू है।" (सूरतुल कहफ़ः ५४)

अल्लाह तआला की उन नेमतों ने जिनका तू आनंद ले रहा है, तु ने अपने आरंभ और अंत को भुला दिया है। क्या तुझे याद नहीं कि तू वीर्य की एक बूँद से पैदा किया गया है और तेरी वापसी एक गढ़े (क़ब्र) की ओर है, और मरने के बाद तेरा अंतिम ठिकाना स्वर्ग या नरक है। अल्लाह तआला का फ़रमान हैः

﴿أَوَلَمْ يَرَ ٱلْإِنسَـٰنُ أَنَّا خَلَقْنَـٰهُ مِن نُّطْفَةٍ فَإِذَا هُوَ خَصِيمٌ مُّبِينٌ ۝٧٧ وَضَرَبَ لَنَا مَثَلًا وَنَسِىَ خَلْقَهُۥ ۖ قَالَ مَن يُحْىِ ٱلْعِظَـٰمَ وَهِىَ رَمِيمٌ ۝٧٨ قُلْ يُحْيِيهَا ٱلَّذِىٓ أَنشَأَهَآ أَوَّلَ مَرَّةٍ ۖ وَهُوَ بِكُلِّ خَلْقٍ عَلِيمٌ﴾

"क्या इंसान को इतना भी ज्ञान नहीं कि हम ने उसे वीर्य (नुत्फ़ा) से पैदा किया है? फिर भी वह खुला झगड़ालू बन बैठा। और उस ने हमारे लिए मिसाल बयान की और अपनी असल पैदाइश को भूल गया, कहने लगा इन गली सड़ी हड्डियों को कौन ज़िन्दा कर सकता है? आप जवाब दीजिये कि उन्हें वह जीवित करेगा जिस ने उन्हें पहली बार पैदा किया है, जो हर प्रकार की पैदाइश को भली-भांति जानने वाला है।" (सूरतु यासीनः ७७-७९)

अल्लाह तआला ने फ़रमायाः

﴿يَـٰٓأَيُّهَا ٱلْإِنسَـٰنُ مَا غَرَّكَ بِرَبِّكَ ٱلْكَرِيمِ ۝٦ ٱلَّذِى خَلَقَكَ فَسَوَّىٰكَ فَعَدَلَكَ ۝٧ فِىٓ أَىِّ صُورَةٍ مَّا شَآءَ رَكَّبَكَ﴾

"हे इंसान! तुझे अपने दयालु रब से किस चीज़ ने बहकाया। जिस (रब ने) तुझे पैदा किया फिर ठीक-ठाक किया फिर (मुनासिब तरीक़े से) बराबर बनाया, जिस रूप में उस ने चाहा तुझे जोड़ दिया।" (सूरतुल इंफ़ितारः ६-८)

इस्लाम के सिद्धांत और उस के मूल आधार

हे मनुष्य! तू अपने आप को अल्लाह के सामने खड़े होने के स्वाद (आनंद) से क्यों वंचित करता है कि तू उस से मुनाजात (विनति) करे; ताकि वह तुझे ग़रीब से धनी कर दे, तुझे बीमारी से सुस्थ कर दे, तेरी परेशानी को दूर कर दे, तेरे पाप को क्षमा कर दे, तेरे नुक़सान को हटा दे। अगर तुझ पर ज़ुल्म हो तो तेरी सहायता करे, यदि तू भटक जाए और पथभ्रष्ट हो जाए तो तेरा मार्गदर्शन करे, जिस से तू अनभिज्ञ है उसका ज्ञान प्रदान करे, अगर तू भयभीत है तो तुझे सुरक्षा व शांति प्रदान करे, तेरी कमज़ोरी की स्थिति में तुझ पर दया करे, तेरे दुश्मनों को तुझ से दूर कर दे और तुझे आजीविका प्रदान करे।''(1)

हे मनुष्य! -धर्म की नेमत के बाद- अल्लाह तआला की इन्सान पर सब से बड़ी नेमत बुद्धि की नेमत है, ताकि वह उसके द्वारा अपने लाभ और हानि की चीज़ों के बीच अंतर कर सके, और ताकि वह अल्लाह के आदेश और निषेध को समझ सके, और ताकि वह उसके द्वारा जीवन के सब से महान उद्देश्य को जान सके, और वह एकमात्र अल्लाह की उपासना है जिसका कोई साझी नहीं। अल्लाह तआला का फ़रमान है:

﴿ وَمَا بِكُم مِّن نِّعْمَةٍ فَمِنَ اللَّهِ ۖ ثُمَّ إِذَا مَسَّكُمُ الضُّرُّ فَإِلَيْهِ تَجْأَرُونَ ﴿٥٣﴾ ثُمَّ إِذَا كَشَفَ الضُّرَّ عَنكُمْ إِذَا فَرِيقٌ مِّنكُم بِرَبِّهِمْ يُشْرِكُونَ ﴾

''और तुम्हारे पास जितनी भी नेमतें हैं, सब उसी की दी हुई हैं, अब भी जब तुम्हें कोई कठिनाई आ जाये तो उसी की तरफ दुआ और विनती करते हो। और जहाँ उस ने वह कठिनाई तुम से दूर कर दी, तुम में से कुछ लोग अपने रब के साथ साझीदार बनाने लगते हैं।'' (सूरतुन नहलः ५३-५४)

हे मनुष्य! बुद्धिमान इन्सान बुलंद बातों को पसंद करता है और तुच्छ बातों को नापसंद करता है, वह प्रत्येक सदाचारी व दानशील जैसे ईशदूतों और पुनीत लोगों का अनुकरण करना चाहता है, और उस की मनोकामना उनके साथ मिलने की होती है भले ही वह उनको न पा सके। इसका रास्ता वह है जिसका अल्लाह तआला ने अपने इस कथन के द्वारा निर्देश दिया है:

﴿ قُلْ إِن كُنتُمْ تُحِبُّونَ اللَّهَ فَاتَّبِعُونِي يُحْبِبْكُمُ اللَّهُ وَيَغْفِرْ لَكُمْ ذُنُوبَكُمْ ۗ وَاللَّهُ غَفُورٌ رَّحِيمٌ ﴾

''कह दीजिए कि अगर तुम अल्लाह से मुहब्बत करते हो, तो मेरी आज्ञापालन

---

१ मिफ़ताहो दारिस्सआदहः १/२५१.

करो, (स्वयं) अल्लाह तुम से मुहब्बत करेगा और तुम्हारे पापों को माफ़ कर देगा।'' (सूरतु आले इमरानः ३१)

अगर वह इस का पालन करेगा तो अल्लाह तआला उसे ईशदूतों, संदेष्टाओं और सदाचारियों के संग कर देगा।

अल्लाह तआला ने फ़रमायाः

﴿وَمَن يُطِعِ ٱللَّهَ وَٱلرَّسُولَ فَأُوْلَٰٓئِكَ مَعَ ٱلَّذِينَ أَنْعَمَ ٱللَّهُ عَلَيْهِم مِّنَ ٱلنَّبِيِّـۧنَ وَٱلصِّدِّيقِينَ وَٱلشُّهَدَآءِ وَٱلصَّٰلِحِينَۚ وَحَسُنَ أُوْلَٰٓئِكَ رَفِيقًا﴾

''और जो भी अल्लाह और रसूल के हुक्म की पैरवी करे, वह उन लोगों के साथ होगा, जिन पर अल्लाह ने अपनी नेमतें की हैं, जैसे नबियों, सिद्दीक़ों, शहीदों और नेक लोगों के (साथ), और यह अच्छे साथी हैं।'' (सूरतुन निसाः ६९)

हे मनुष्य! मैं आप को इस बात की सलाह देता हूँ कि आप अपने नफ़्स के साथ एकान्त में हों फिर आप के पास जो सत्य आया है उस में विचार करें, उसके प्रमाणों में चिंतन करें, और उसके सबूतों में ग़ौर करें, यदि आप उसे सच्चा पायें तो उसका पालन करने के लिए जल्दी करें, और रीति-रिवाजों और परंपराओं के गुलाम न बनें। तथा इस बात को अच्छी तरह जान लें कि आप के लिए आप की आत्मा आप के दोस्तों, साथियों और आप के बाप-दादा की विरासत से अधिक प्यारी है। अल्लाह तआला ने काफ़िरों को इसका उपदेश दिया है और उन से इसका आहवान किया है। अल्लाह सर्वशक्तिमान ने फ़रमायाः

﴿قُلْ إِنَّمَآ أَعِظُكُم بِوَٰحِدَةٍۖ أَن تَقُومُواْ لِلَّهِ مَثْنَىٰ وَفُرَٰدَىٰ ثُمَّ تَتَفَكَّرُواْۚ مَا بِصَاحِبِكُم مِّن جِنَّةٍۚ إِنْ هُوَ إِلَّا نَذِيرٌ لَّكُم بَيْنَ يَدَيْ عَذَابٍ شَدِيدٍ﴾

''कह दीजिए कि मैं तुम्हें केवल एक ही बात की नसीहत करता हूँ कि तुम अल्लाह के लिए (ख़ालिस तौर से ज़िद को छोड़कर) दो-दो मिलकर या अकेले-अकेले खड़े होकर ख़्याल तो करो, तुम्हारे इस साथी को कोई जुनून नहीं। वह तो तुम्हें एक बड़े (कड़े) अज़ाब के आने से पहले आगाह करने वाला है।'' (सूरतु सबाः ४६)

हे मनुष्य! यदि तू ने इस्लाम स्वीकार कर लिया तो तेरा कुछ भी घाटा नहीं होगा। अल्लाह तआला का फ़रमान हैः

﴿وَمَاذَا عَلَيْهِمْ لَوْ ءَامَنُواْ بِٱللَّهِ وَٱلْيَوْمِ ٱلْـَٔاخِرِ وَأَنفَقُواْ مِمَّا رَزَقَهُمُ ٱللَّهُۚ وَكَانَ ٱللَّهُ بِهِمْ عَلِيمًا﴾

"और उनका क्या नुक़सान होता अगर वे अल्लाह और आख़िरत के दिन पर ईमान ले आते और अल्लाह ने उन्हें जो धन प्रदान किया है उस से ख़र्च करते, और अल्लाह तआला उन्हें अच्छी तरह जानने वाला है।" (सूरतुन निसाः ३९)

इब्ने कसीर رحمه الله ने फ़रमायाः "उनका क्या नुक़सान है यदि वे अल्लाह पर ईमान ले आए और उसके सराहनीय रास्ते पर चलें, अल्लाह पर ईमान लाएं आख़िरत के घर में उसकी उस वादा की हुई चीज़ की आशा में जो उस ने अच्छा अमल करने वालों के लिए किया है, और अल्लाह ने उन्हें जो कुछ दिया है उस से उन रास्तों में ख़र्च करें जिन्हें अल्लाह पसंद करता और उन से खुश होता है, और वह अल्लाह उनकी अच्छी और बुरी नियतों और इच्छाओं को जानता है, तथा वह यह भी जानता है कि उन में से कौन व्यक्ति तौफ़ीक़ के लायक़ है तो वह उसे तौफ़ीक़ प्रदान करता है, उसे उसके मार्गदर्शन का इलहाम करता है, और उसे नेक काम पर लगा देता है जिसके द्वारा वह उस से प्रसन्न हो जाता है, तथा यह कि कौन परित्याग और अल्लाह के महान दरबार से निष्कासन का हक़दार है कि जो व्यक्ति उसके दरवाज़े से निकाल दिया गया, वह दुनिया व आख़िरत में विफल रहा और घाटे का सामना किया।[1]

आप का इस्लाम स्वीकारना, आप के बीच और उस चीज़ के बीच रुकावट नहीं बनेगा जिसे आप अल्लाह की हलाल की हुई चीज़ों में से करना या अपनाना चाहते हैं, बल्कि अल्लाह तआला आप को हर उस चीज़ पर पुरस्कृत करेगा जिसे आप अल्लाह की प्रसन्नता प्राप्त करने के लिए करेंगे, भले ही उस काम का संबंध आपके सांसारिक हित से हो और उस से आप के धन या प्रतिष्ठा या पद में वृद्धि होती हो। बल्कि यहाँ तक कि जो जायज़ चीज़ें आप करते हैं यदि आप उन से हलाल चीज़ों के द्वारा हराम से बचने का इरादा करें; तो उस में आप के लिए अज्र व सवाब (पुण्य) है। अल्लाह के पैगंबर ﷺ ने फ़रमायाः

"और तुम्हारे सम्भोग करने में भी सद्क़ा (पुण्य) है, लोगों ने कहाः ऐ अल्लाह के रसूल! हम में से एक व्यक्ति अपनी काम- वासना की पूर्ति करता है और उसे उस में पुण्य भी मिलेगा? आप ने कहाः तुम्हारा क्या विचार है यदि वह अपनी काम- वासना को निषेध चीज़ों में पूरा करता तो क्या उसे उस पर पाप मिलता? तो इसी प्रकार जब उस ने उसे वैध (हलाल) चीज़ों में रखा तो उसे उस पर पुण्य मिलेगा।"

१ तफ़सीर इब्ने कसीर १/४९७, थोड़े संशोधन के साथ।

हे मनुष्य! ईशदूत सच्चा धर्म लेकर आए हैं और अल्लाह के उद्देश्य का प्रसार किया है, मनुष्य को अल्लाह की शरीअत का ज्ञान प्राप्त करने की ज़रूरत है; ताकि वह इस जीवन को ज्ञान और जानकारी के आधार पर गुज़ारे, और परलोक में सफलता प्राप्त करने वालों में से हो जाए। जैसाकि अल्लाह तआला का फ़रमान है:

﴿ يَٰٓأَيُّهَا ٱلنَّاسُ قَدْ جَآءَكُمُ ٱلرَّسُولُ بِٱلْحَقِّ مِن رَّبِّكُمْ فَـَٔامِنُوا۟ خَيْرًا لَّكُمْ ۚ وَإِن تَكْفُرُوا۟ فَإِنَّ لِلَّهِ مَا فِى ٱلسَّمَٰوَٰتِ وَٱلْأَرْضِ ۚ وَكَانَ ٱللَّهُ عَلِيمًا حَكِيمًا ﴾

"हे लोगो! तुम्हारे पास तुम्हारे रब की तरफ से सच लेकर संदेष्टा (मुहम्मद ﷺ) आ गए हैं, उन पर ईमान लाओ, तुम्हारे लिए बेहतर है और अगर तुम ने नकार दिया तो आसमानों और ज़मीन में जो भी हैं अल्लाह का है और अल्लाह जानने वाला हिक्मत वाला है।" (सूरतुन निसाः १७०)

तथा अल्लाह सर्वशक्तिमान ने फ़रमायाः

﴿ قُلْ يَٰٓأَيُّهَا ٱلنَّاسُ قَدْ جَآءَكُمُ ٱلْحَقُّ مِن رَّبِّكُمْ ۖ فَمَنِ ٱهْتَدَىٰ فَإِنَّمَا يَهْتَدِى لِنَفْسِهِۦ ۖ وَمَن ضَلَّ فَإِنَّمَا يَضِلُّ عَلَيْهَا ۖ وَمَآ أَنَا۠ عَلَيْكُم بِوَكِيلٍ ﴾

"आप कह दीजिए कि हे लोगो! तुम्हारे पास तुम्हारे रब की तरफ़ से हक़ पहुँच चुका है, इस लिए जो इंसान सीधे रास्ते पर आ जाए, तो वह अपने लिए सीधे रास्ते पर आयेगा, और जो इन्सान रास्ते से भटक गया, तो उसका भटकना उसी पर पड़ेगा, और मैं तुम पर प्रभारी (निगराँ) नहीं बनाया गया हूँ।" (सूरतु यूनुसः १०८)

हे मनुष्य! अगर तू ने इस्लाम स्वीकार कर लिया तो अपने आप ही को लाभ पहुँचाएगा, और अगर तू ने नास्तिक का मार्ग चुना तो तू अपना ही नुक़सान करेगा। निःसंदेह अल्लाह तआला अपने बन्दों से बेनियाज़ है, उसे अपने बन्दों की आवश्यकता नहीं है। अतः अवज्ञाकारियों की अवज्ञा उसे कोई नुक़सान नहीं पहुँचाती, और न ही आज्ञाकारियों की आज्ञाकारिता उसे कोई लाभ पहुँचाती है, चुनाँचे उसके ज्ञान के बिना उसकी अवज्ञा नहीं की जा सकती, और उसकी अनुमति के बिना उसकी आज्ञापालन नहीं की जा सकती।

जबकि अल्लाह तआला का फ़रमान है, जैसाकि उसके ईशदूत ने उसके बारे में सूचना दी है:

“हे मेरे बन्दो! मैं ने अपने ऊपर ज़ुल्म (अन्याय व अत्याचार) को वर्जित कर लिया है और उसे तुम्हारे बीच हराम (निषिद्ध) ठहराया है, अतः तुम आपस में एक-दूसरे पर ज़ुल्म न करो। हे मेरे बन्दो! तुम सब पथ-भ्रष्ट हो सिवाय उस के जिसे मैं मार्गदर्शन प्रदान कर दूँ, अतः तुम मुझ से मार्गदर्शन का अनुरोध करो मैं तुम्हें मार्गदर्शन प्रदान करूँगा। हे मेरे बन्दो! तुम सब के सब भूके हो सिवाय उसके जिसे मैं खाना खिला दूँ, अतः तुम मुझ से खाना माँगो, मैं तुम्हें खाना खिलाऊँगा। हे मेरे बन्दो! तुम सब के सब वस्त्रहीन हो सिवाय उसके जिसे मैं कपड़ा पहनाऊँ, अतः तुम मुझ से कपड़ा पहनाने का प्रश्न करो, मैं तुम्हें कपड़ा पहनाऊँगा। हे मेरे बन्दो! तुम रात-दिन ग़लती करते हो, और मैं सभी गुनाहों को क्षमा कर देता हूँ, अतः तुम मुझ से क्षमा-याचना करो मैं तुम्हें क्षमा कर दूँगा। हे मेरे बन्दो! तुम मेरे नुक़सान को कभी नहीं पहुँच सकते कि तुम मुझे नुक़सान पहुँचाओ तथा तुम कभी मेरे लाभ तक नहीं पहुँच सकते कि तुम मुझे लाभ पहुँचाओ। हे मेरे बन्दो! यदि तुम्हारे पहले के लोग और तुम्हारे बाद के लोग, तुम्हारे इंसान और तुम्हारे जिन्नात सब के सब तुम में से सब से अधिक परहेज़गार (संयमी) व्यक्ति के दिल के समान हो जाएं तो इस से मेरे सत्ता में कुछ भी वृद्धि नहीं होगी। हे मेरे बन्दो! यदि तुम्हारे पहले के लोग और तुम्हारे बाद के लोग, तुम्हारे इन्सान और तुम्हारे जिन्नात सब के सब तुम में से सबसे दुष्ट (पापी) व्यक्ति के दिल के समान हो जाएं तो इस से मेरे सत्ता में कुछ भी कमी नहीं होगी। हे मेरे बन्दो! यदि तुम्हारे पहले के लोग और तुम्हारे बाद के लोग, तुम्हारे इन्सान और तुम्हारे जिन्नात सब के सब एक मैदान में खड़े होकर मुझ से माँगें और मैं हर एक को उसकी मांग प्रदान कर दूं तो इस से मेरे पास जो कुछ है उस में इतनी ही कमी होगी जितनी कि सुई को समुद्र में डालने से होती है। हे मेरे बन्दो! ये तुम्हारे कार्य हैं जिन्हें मैं तुम्हारे लिए गिन कर रख रहा हूँ फिर मैं तुम्हें इन का पूरा बदला प्रदान करूँगा, अतः जो व्यक्ति भलाई पाए वह अल्लाह की प्रशंसा व गुणगान करे, और जो इसके अलावा पाए, वह केवल अपने आप को ही मलामत करे।”[1]

और सर्व प्रशंसा अल्लाह सर्वशक्तिमान के लिए ही योग्य है, उनके सभी साथियों में से प्रतिष्ठित ईशदूत व संदेष्टा हमारे पैगंबर मुहम्मद और उनकी संतान पर दया और शांति अवतरित हो।

१ इसे मुस्लिम ने किताबुल बिर्र वस्सिलह, तहरीमुज़्ज़ुल्म के अध्याय (हदीस संख्याः २५७७) में रिवायत किया है।

IslamHouse.com

Hindi.IslamHouse @IslamHouseHi IslamHouseHi https://islamhouse.com/hi/

IslamHouseHi

For more details visit
www.GuideToIslam.com

GUIDE TO ISLAM

contact us :Books@guidetoislam.com

GuidetoIslam.org Guidetoislam1 Guidetoislam www.Guidetoislam.com

المكتب التعاوني للدعوة وتوعية الجاليات بالربوة

هاتف: ٩٦٦١١٤٤٥٤٩٠٠+ فاكس: ٩٦٦١١٤٩٧٠١٢٦+ ص ب: ٢٩٤٦٥ الرياض: ١١٤٥٧

ISLAMIC PROPAGATION OFFICE IN RABWAH

P.O.BOX 29465 RIYADH 11457 TEL: +966 11 4454900 FAX: +966 11 4970126

www.ingramcontent.com/pod-product-compliance
Lightning Source LLC
LaVergne TN
LVHW040141080526
838202LV00042B/2978